高等职业教育新形态一体化系列教材
广州铁路职业技术学院“双高计划”资助项目

GSM-R 通信系统应用与维护

活页式

主 编 杨 静 戴俊勉
副主编 胡江云

西南交通大学出版社
·成 都·

图书在版编目（CIP）数据

GSM-R 通信系统应用与维护 / 杨静，戴俊勉主编. —
成都：西南交通大学出版社，2022.12
ISBN 978-7-5643-9132-4

Ⅰ. ①G… Ⅱ. ①杨… ②戴… Ⅲ. ①铁路通信 – 移动
通信 – 通信系统 – 高等职业教育 – 教材 Ⅳ. ①U285.21

中国版本图书馆 CIP 数据核字（2022）第 256057 号

GSM-R Tongxin Xitong Yingyong yu Weihu

GSM-R 通信系统应用与维护

主　编 / 杨　静　戴俊勉

责任编辑 / 何明飞
封面设计 / 吴　兵

西南交通大学出版社出版发行
（四川省成都市金牛区二环路北一段 111 号西南交通大学创新大厦 21 楼　610031）
发行部电话：028-87600564　028-87600533
网址：http://www.xnjdcbs.com
印刷：四川玖艺呈现印刷有限公司

成品尺寸　185 mm × 260 mm
印张　17　　字数　381 千
版次　2022 年 12 月第 1 版　　印次　2022 年 12 月第 1 次

书号　ISBN 978-7-5643-9132-4
定价　45.00 元

课件咨询电话：028-81435775
图书如有印装质量问题　本社负责退换

前言
PREFACE

移动通信技术以其突出的优势迅速发展，在公共领域和许多行业部门都得到了广泛的应用。铁路行业也离不开移动通信技术，它对于保证列车运行安全，提高铁路运营质量有着极为重要的作用。GSM-R 铁路专用移动通信系统是基于目前成熟的公共无线通信系统 GSM 平台，专门为满足铁路应用而开发的数字移动通信系统，提供了列车控制、指挥调度、设备监控、铁路信息服务等方面的功能。

本书编写的目的是使学生建立铁路移动通信系统概念，重点掌握 GSM-R 铁路移动通信的基本原理、关键技术、网络结构及业务应用，掌握 GSM-R 无线网络设备组成及原理，掌握网络工程施工及设备维护的内容、方法与要求。

本书共有六个模块，包含十一个任务。模块一至模块四主要讲述 GSM-R 通信系统原理和业务，模块五至六讲述 GSM-R 无线网络设备、工程施工和设备维护。模块一介绍移动通信分类、发展，移动通信在铁路中的应用及 GSM-R 的发展。模块二为本书重点内容，主要介绍 GSM-R 系统网络架构中的六大子系统及各子系统间协同工作的原理，讲解 GSM-R 系统主要接口类型及作用、GSM-R 空中接口技术，分析了我国 GSM-R 网络规划方案及编号计划。模块三为 GSM-R 无线信道、逻辑信道类型，物理信道及逻辑信道的映射，以及无线通信中常见的网络事件及流程。模块四介绍 GSM-R 的业务，包括业务模型、基本业务、高级语音业务、特色业务，并针对 GSM-R 的常见应用，对 GSM-R 调度通信、CTCS-3 无线列控通信和 GPRS 网络及其在铁路中的应用进行详细介绍。模块五介绍无线网络设备，主要包括基站控制器（BSC）、基站收发器（BTS）、天馈系统及直放站设备。模块六介绍 GSM-R 无线网络工程施工及无线网络设备维护，主要包括基站设备、天馈系统及直放站设备的安装调试，以及设备及系统的维护。

本书由广州铁路职业技术学院杨静、中国铁路广州局集团有限公司戴俊勉、胡江云共同编写。杨静主要编写模块一、二、三及模块四部分内容，并负责全书内容组织与定稿工作；戴俊勉主要编写模块四、五；胡江云编写模块六。本书可作为高等职业院校铁道通信与信息化技术、通信信号等专业的教材，也可作为铁路电务技术人员和通信专业相关人员的参考用书。

鉴于编者水平、经验有限，书中难免出现疏漏与不足之处，敬请读者予以指正。

编　者

2022 年 7 月

目录
CONTENTS

模 块 一

概 述

无线通信是利用电磁波信号可以在自由空间传播的特性进行信息交换的一种通信方式，近些年，其在信息通信领域中发展最快、应用最广。在移动中实现的无线通信又称为移动通信，人们把二者合称为无线移动通信。无线移动通信的主要目的是实现任何时间、任何地点和任何通信对象之间的通信。

移动通信以其显著的移动性特点获得了广泛应用。在公共服务领域，依托无线移动通信技术的发展，移动网络用户数量快速增长，移动通信为用户提供了及时有效、种类丰富及高质量的通信服务。GSM-R 技术是基于成熟、通用的公共无线移动通信系统 GSM 平台，专门为满足铁路应用而开发的数字式无线移动通信技术，以 GSM-R 为代表的铁路专用移动通信系统为铁路运输提供了安全保障和优质服务。

本章将介绍移动通信的基本概念及系统特征，移动通信在铁路中的作用及发展，以及铁路移动通信系统 GSM-R 的整体状况。

任务一　GSM-R 通信系统概述

一、移动通信系统概述

（一）移动通信系统发展简史

移动通信技术可以说从无线电通信发明之日就产生了。现代移动通信技术的发展始于 20 世纪 20 年代，归纳起来大致经历了 5 个发展阶段。

1. 第一代移动通信系统

第一代移动通信系统（1G）指采用蜂窝技术组网，仅支持模拟语音通信的移动电话标准。这一标准制定于 20 世纪 80 年代，主要采用的是模拟技术和频分多址（Frequency Division Multiple Access，FDMA）技术，以美国的高级移动电话系统（Advanced Mobile Phone System，AMPS）、英国的全接入移动通信系统（Total Access Communications System，TACS），以及日本移动通信制式为代表。各标准彼此不能兼容，无法互通，不能支持移动通信的长途漫游，只是一种区域性的移动通信系统。

第一代移动通信系统的主要特点：

（1）模拟话音直接调频。

（2）多信道共用和 FDMA 接入方式。

（3）频率复用的蜂窝小区组网方式和越区切换。

（4）无线信道的随机变参特征使信号受多径衰落和阴影衰落的影响。

（5）环境噪声与多类电磁干扰。

（6）无法与固定电信网络迅速向数字化推进相适应。

2. 第二代移动通信系统

由于模拟移动通信系统本身的缺陷，如频谱效率低、网络容量有限、业务种类单一、保密性差等，已使得其无法满足人们的需求。因此，人们于 20 世纪 90 年代初期开发了基于数字技术的移动通信系统——数字蜂窝移动通信系统，即第二代移动通信系统（2 G）。第二代移动通信系统主要采用时分多址（Time Division Multiple Access，TDMA）技术或者是窄带码分多址（Code Division Multiple Access，CDMA）技术。最具代表性的全球移动通信系统为 GSM（Global System of Mobile communication）和 CDMA 系统，这两大系统在目前世界移动通信市场占据着主要的份额。

第二代移动通信系统主要特点：

（1）有效利用频谱。数字方式比模拟方式能更有效地利用有限的频谱资源，随着更好的语音信号压缩算法的推出，每个信道所需的传输带宽越来越窄。

（2）高保密性。模拟系统使用调频技术，很难进行加密；而数字调制是在信息本身编码后再进行调制，故容易引入数字加密技术。

（3）可灵活地进行信息变换及存储。

3. 第三代移动通信系统

第三代移动通信系统（3G）是在第二代移动通信技术基础上进一步演进，以宽带 CDMA 技术为主，并能同时提供话音和数据业务。

3G 与 2G 的主要区别是在传输语音和数据速率上的提升，它能够在全球范围内更好地实现无线漫游，处理图像、音乐、视频流等多种媒体形式，提供包括网页浏览、电话会议、电子商务等多种信息服务，同时也考虑了与已有第二代系统的良好兼容性。中国使用国际电信联盟确定的三个无线接口标准，分别是中国电信运营的 CDMA 2000、中国联通运营的 WCDMA 和中国移动运营的 TD-SCDMA。

表 1-1　列举了三种移动通信标准的对比。

表 1-1　三种移动通信标准的对比

制式	WCDMA	CDMA2000	TD-SCDMA
继承基础	GSM	窄带 CDMA	GSM
同步方式	异步	同步	同步
码片速率	3.84 Mb/s	1.228 8 Mb/s	1.28 Mb/s
系统带宽	5 MHz	1.25 MHz	1.6 MHz
核心网	GSM MAP	ANSI 41	GSM MAP
语音编码方式	AMR	EVRC	AMR

4. 第四代移动通信系统

第四代移动通信系统（4G）是第四代移动通信及其技术的简称，是集 3G 与 WLAN 于一体，并能够传输质量与高清晰度电视不相上下的高质量视频图像的技术系统。4G 系统能够以 100 Mb/s 的速度进行下载，比拨号上网快 2 000 倍，上传的速度也能达到 20 Mb/s，并能够满足几乎所有用户对于无线服务的要求。而在用户最为关注的价格方面，4G 与固定宽带网络在价格方面不相上下，而且计费方式更加灵活机动，用户完全可以根据自身的需求确定所需的服务。此外，4G 可以在 DSL 和有线电视调制解调器没有覆盖的地方部署，然后再扩展到整个地区。

4G 商用无线通信技术发展和演进过程如图 1-1 所示。

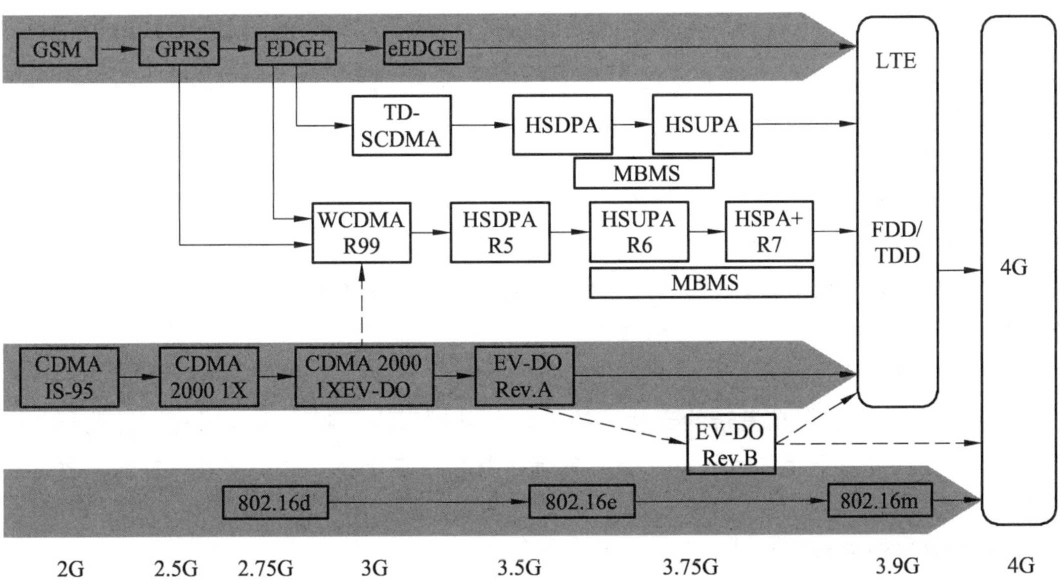

图 1-1　4G 商用无线通信技术发展和演进过程

5. 第五代移动通信系统

5G，是指第五代移动通信系统，是具有高速率、低时延和大连接特点的新一代宽带移动通信技术，5G 通信设施是实现人机物互联的网络基础设施。随着各种智能移动终端的普及，移动用户和移动数据流量呈现爆炸式增长，4G 已经无法满足未来发展的需求。5G 定义了三大类应用场景，即增强移动宽带（eMBB）、超低时延高可靠通信（uRLLC）和海量机器通信（mMTC）。增强移动宽带（eMBB）主要面向移动互联网流量爆炸式增长，为移动互联网用户提供更加极致的应用体验，5G 的峰值速率可以达到 10 ~ 20 Gb/s；超低时延高可靠通信（uRLLC）主要面向工业控制、智能制造、远程医疗、自动驾驶等对时延和可靠性要求极高的垂直行业应用需求，空中接口时延低至 1 ms；海量机器通信（mMTC）主要面向智慧城市、智能家居、环境监测等以传感和数据采集为目标的应用需求，具备百万连接每平方千米的设备连接能力。2018 年 6 月 13 日，3GPP 5G NR 标准 SA（Standalone，独立组网）方案在 3GPP 第 80 次 TSG RAN 全会正式完成并发布，这标志着首个真正完整意义的国际 5G 标准正式出炉。2019 年 4 月 3 日，韩国电信公司（KT）、SK 电讯株式会社以及 LG U+三大韩国电信运营商正式向普通民众开启 5G 入网服务。2019 年 6 月 6 日，工信部正式向中国电信、中国移动、中国联通、中国广电发放 5G 商用牌照，我国正式进入 5G 商用元年。截至 2021 年底，我国已建成 142.5 万个 5G 基站，总量占全球 60%以上，5G 用户数达到 3.55 亿户，移动网络已迈入 5G 引领时代。

（二）移动通信系统的特点及分类

1. 移动通信的特点

由于移动通信系统允许在移动状态（甚至很快速度、很大范围）下通信，所以，系统与用户之间的信号传输一定得采用无线方式，且系统相当复杂。移动通信的主要特点如下。

1）信道特性差

由于采用无线传输方式，电波会随着传输距离的增加而衰减，不同的地形、地物对信号也会有不同的影响；信号可能经过多点反射，会从多条路径到达接收点，产生多径效应（电平衰落和时延扩展）；当用户的通信终端快速移动时，会产生多普勒效应（附加调频），影响信号的接收。并且，由于用户的通信终端是可移动的，所以，这些衰减和影响还是不断变化的。

2）干扰复杂

移动通信系统运行在复杂的干扰环境中，如外部噪声干扰（天线干扰、工业干扰、信道噪声）、系统内干扰和系统间干扰（邻道干扰、互调干扰、交调干扰、共道干扰、多址干扰和远近效应等）。如何减少这些干扰的影响，也是移动通信系统要解决的重要问题。

3）频谱资源有限

考虑到无线覆盖、系统容量和用户设备的实现等问题，移动通信系统基本上选择在特高频 UHF（分米波段）上实现无线传输，而这个频段还有其他的系统（如雷达、电视、其他的无线接入），移动通信可以利用的频谱资源非常有限。随着移动通信的发展，通信容量不断提高，因此，必须研究和开发各种新技术，采取各种新措施，提高频谱的利用率，合理地分配和管理频率资源。

4）用户终端设备（移动台）要求高

用户终端设备除技术含量很高以外，对于手持机（手机）还要求体积小、质量轻、防振动、省电、操作简单、携带方便，对于车载台，还应保证在高低温变化等恶劣环境下也能正常工作。

5）要求有效的管理和控制

由于系统中用户终端可移动，为了确保与指定的用户进行通信，移动通信系统必须具备很强的管理和控制功能，如用户的位置登记和定位、呼叫链路的建立和拆除、信道的分配和管理、越区切换和漫游的控制、鉴权和保密措施、计费管理等。

2. 移动通信的分类

移动通信主要有以下分类：

（1）按使用对象可分为民用设备和军用设备。

（2）按使用环境可分为陆地通信、海上通信和空中通信。

（3）按多址方式可分为频分多址（FDMA）、时分多址（TDMA）和码分多址（CDMA）。

（4）按覆盖范围可分为广域网和局域网。

（5）按业务类型可分为电话网、数据网和综合业务网。

（6）按工作方式可分为同频单工、异频单工、异频双工和半双工。

（7）按服务范围可分为专用网和公用网。

（8）按信号形式可分为模拟网和数字网。

二、铁路移动通信概述

（一）移动通信在铁路中的应用

随着现代铁路运输的不断发展，对移动通信系统提出了越来越高的要求。移动通信系统对铁路，尤其是高速铁路至关重要。目前，全球铁路移动通信系统支持列车调度指挥、CTCS-3 级列车运行控制信息、列车调度指令、无线电列车号码查询信息，以及信令设备动态监测信息等应用服务。由于第四代移动通信技术的发展，在 GSM-R 通信系统基础上，高速铁路宽带移动通信系统（LTE-R）还可以为高速列车运行提供高速的信息传输通道、列车安全视频监控、列车状态监控和远程故障诊断、基础设施无线监控、应急业务处理和乘客信息服务等。

1. 调度指挥与安全生产

铁路移动通信系统作为列车调度无线电通信系统的更新和换代，旨在支持各种移动语音通信，如区段业务移动、紧急救援、调车编组操作、车站无线通信等。同时，对移动和固定无线数据传输的要求，如无线电列车号码传输、列车后端气压、机车状态信息、列车车轴温度检测、桥梁和隧道监控、铁路电源状态交叉保护与监测等，都需要在铁路无线通信中得到解决。安全信息分配和预警系统以移动列车为主体，确保在平交道口或车站铁路沿线施工、轨道维护中设备及人员的安全，从而减少事故。

2. 列车运行控制安全防护

铁路移动通信在 CTCS-3 级列车运行控制系统中提供列车到基础设施的安全数据传输， 为列车控制系统提供实时透明的双工传输通道，确保列车高速安全运行。同时，铁路移动通信系统还能够进行机车同步运行控制的安全数据传输，保证重载铁路多机车同步运行，提高运营效率。

3. 铁路信息化

乘客被视为移动信息服务系统的主体，需要车载票务服务、移动电子商务和客运移动增值服务等。机车、车辆、集装箱等铁路网络中的移动体需要实时动态跟踪信息传输，为实时在线信息查询和各种管理信息系统提供移动传输通道。显然，铁路信息化是必然选择。图 1-2 所示为铁路信息化体系结构，各系统在信息化体系中处于不同的层次并相互作用、相互支撑，构成了紧密相连的有机整体。

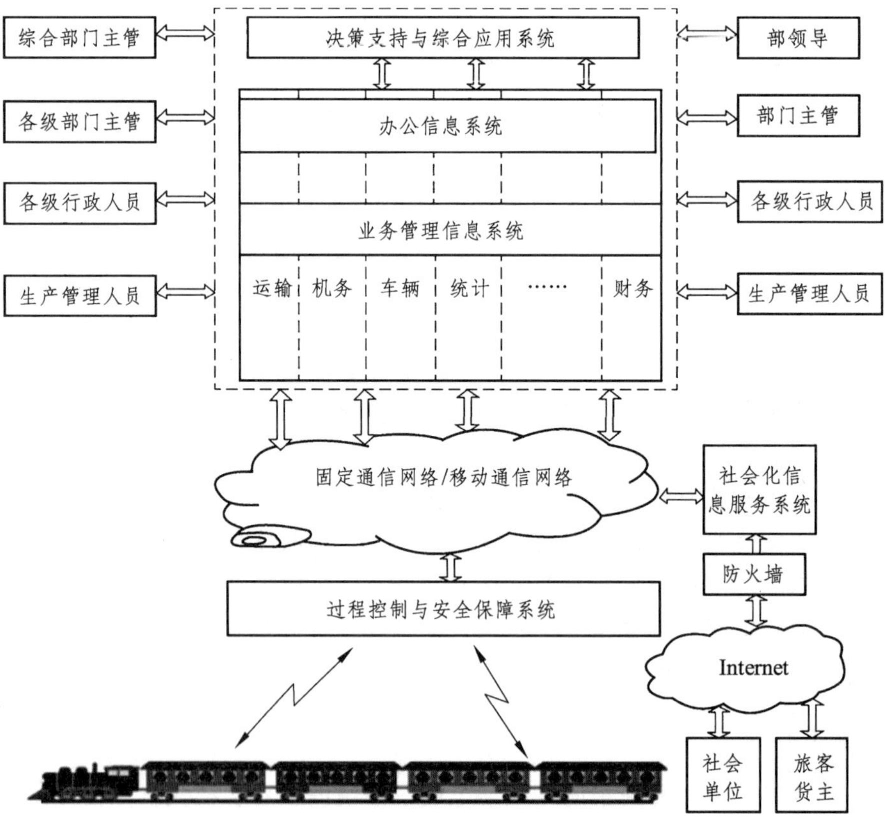

图 1-2　铁路信息化体系结构图

4. 铁路移动互联网

铁路移动互联网被视为“互联网 + 铁路”战略的组成部分，其发展将有助于加速互联网和铁路领域的深度融合，促进技术进步和效率提升，组织铁路运输改革，推动铁路部门的创新与生产，提高资源利用效率和精细化管理水平。在复杂多变的铁路环境中，为了实现大规模高速运行下的一些高级功能，如列车运行状态查询、铁路要素在线水平的提高和列车安全运行控制，具有大带宽特点的下一代铁路移动通信系统，高实时性、高可靠性是不可或缺的基础。

（二）GSM-R 通信系统简介

铁路专用移动通信系统（GSM-R）是基于成熟、通用的公共移动无线通信系统 GSM 平台，专门为满足铁路应用而开发的数字式移动无线通信技术，目的是建立一个全面的话音和数据移动通信平台，并构建一个调度通信、列车控制、公共移动和信息传输的综合通信系统。该系统与铁路调度通信、列车控制、运营管理密切相关。充分利用移动通信技术，结合铁路运输的实际需要，形成覆盖全系统的铁路移动通信网络，为铁路运输提供一个移动的综合通信平台。

GSM-R 是专门为铁路通信设计的综合专用数字移动通信系统，它基于 GSM 的基础设施及其提供的语音调度业务（ASCI），其中包含增强的多优先级预占和强拆（eMLPP）、语音组呼（VGCS）和语音广播（VBS），并提供铁路特有的调度业务，包括功能寻址、功能号表示、接入矩阵和基于位置的寻址，并以此作为信息化平台，使铁路部门用户可以在此信息平台上开发各种铁路应用。图 1-3 所示为 GSM-R 系统的业务模型层次结构，可以概括地说：

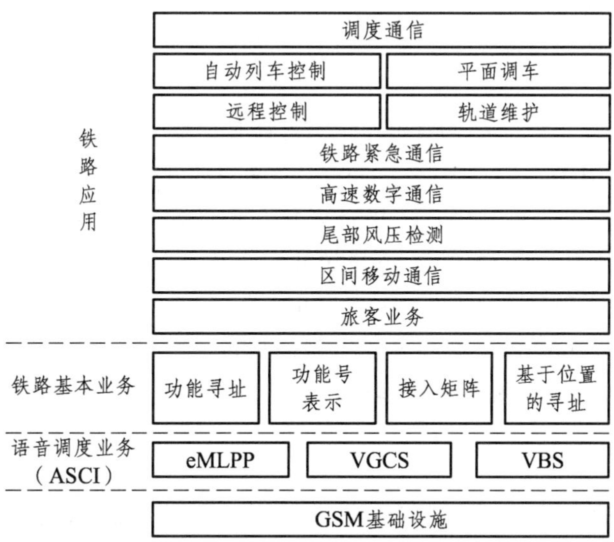

图 1-3　GSM-R 系统的业务模型层次结构

GSM-R 业务= GSM 业务+集群+铁路特色功能

GSM-R 与 GSM 的关系主要体现在以下几个方面：

（1）GSM-R 理论建立在 GSM 理论基础之上。

（2）GSM-R 技术建立在 GSM 技术基础之上。

（3）GSM-R 工业以 GSM 工业为基础。
（4）GSM-R 工程建设以 GSM 工程经验为基础。
（5）GSM-R 应用开发吸收 GSM 成功经验。
（6）GSM-R 的市场是铁路专用，GSM 的市场是公众商用。

（三）GSM-R 的发展历程

1. GSM-R 在全球的发展

GSM-R 通信系统的发展大致经历了三个阶段，即标准制定阶段、实验验证阶段和项目实施阶段。

1）标准制定阶段

1992 年，国际铁路联盟（UIC）认为 GSM 正在逐渐成为移动通信的适用标准，并发现 GSM 技术可以为新的铁路移动数字通信系统提供一个理想的平台。通过可行性研究，在 1993 年欧洲铁路局决定引入 GSM 技术作为下一代铁路移动通信系统的基础，即 GSM-R 系统。在此基础上，UIC 制定了相关标准和测试方法，建立了标准化的组织体系，制定了一系列铁路需求规范，并设计了业务功能、服务质量和电磁环境等指标。同时，GSM 技术的不断更新为 GSM-R 的发展奠定了坚实的基础。

2）实验验证阶段

为了验证 GSM-R 系统的可靠性、移动性和兼容性，UIC 成立了另一个专门的组织，包括铁路运营商、设备制造商和研究机构，专注于 GSM-R 高速环境下的性能验证。1997—2000 年，GSM-R 系统分别在法国、意大利和德国的高速铁路上进行了严格的测试和验证。

3）项目实施阶段

自 1999 年以来，欧洲一些国家开始了 GSM-R 网络的运行测试和商业建设。瑞典是第一个正式使用 GSM-R 网络的国家。1999 年，第一个 GSM-R 网络在瑞典和丹麦的厄勒海峡大桥上建成并投入使用。2001—2004 年间，德国实施了第一阶段建设；2005—2007 年，实施第二阶段建设。ETCS-2 系统在柏林—莱比锡的铁路上进行了试验，2005 年完成了调试，2006 年实现了商业化。2002—2003 年，意大利对 ETCS-2 系统和公共 GSM 进行了测试。2003—2008 年，法国完成了基础建设。芬兰、挪威、英国、比利时和西班牙陆续开展了全国范围的 GSM-R 网络建设。

2. GSM-R 在中国的发展

我国 GSM-R 建设和发展服从《中长期铁路网规划》安排，分为三个阶段。第一阶段为青藏线、大秦线和胶济线的建设与试验。该阶段的主要任务是把 GSM-R 网络引入中国铁路并与中国铁路的具体应用相结合，再配套国内的自主研发成果，实现中国铁路特有的应用，证明 GSM-R 完全能够满足中国铁路的调度、运输和生产对移动通信网络的需求。该阶段的建设为 GSM-R 在中国铁路的全面推广应用积累了丰富的经验并打下了坚实的基础。第二阶段为客运专线建设，着重构建中国铁路 GSM-R 核心网络的中心节点，搭建网络骨架结构，并且以客运专线为主干线，建设相关的无线接入网络，为客运专线的各种铁路应用提供完整的网络服务。第三阶段为全国铁路 GSM-R 网络的形成与完善阶段。随着新线的建设和既有线的改造，逐渐构建相关的无线接入网络，最终形成覆盖全国铁路的 GSM-R 网络。

3. 未来铁路移动通信的发展

移动通信系统是高速铁路重要的基础设施之一，承载着铁路调度指挥、列车运行控制、故障告警、危险告警、紧急救援等多种服务。但是，在 GSM-R 系统的实际使用过程中，仍然在技术方面存在一定的问题，需要进一步去突破和发展。

1）安全性有待提升

我国地大物博、幅员辽阔，不同地区的自然环境各不相同，同时受地区地质条件或相关自然条件的影响，自然灾害频发，对通信系统的破坏程度大。目前，稍微严重的自然灾害都会给铁路沿线的通信设备带来重大的打击，中断 GSM-R 无线通信的信息交互，从而给铁路运输造成严重影响。因此，在未来，有必要进一步提升 GSM-R 技术的安全性，有效克服各种自然环境对通信带来的损害。

2）设备的规格和标准有待统一

目前，我国 GSM-R 设备生产的规格没有实现统一，不同厂商出于对市场需求的不同考量以及对市场的预期有所差异，所生产出来的 GSM-R 设备暂未实现完全的统一，在实际运用的过程中，仍然存在不兼容的情况，使成本增加，同时在一定程度上加大了铁路通信设备更新改造的难度。因此，统一设备生产管理的规范，保障设备间的兼容性，是未来发展的趋势。

课程	GSM-R 通信系统应用与维护	任务	GSM-R 通信系统概述
班级		姓名	

活页笔记

自我分析与总结

课程	GSM-R 通信系统应用与维护	任务	GSM-R 通信系统概述
班级		姓名	

同步练习

1. 选择题

（1）第一代移动通信系统不具备的技术特点有（　　）。

A. 模拟话音　　B. 数字编码

C. 多信道共用　　D. 频率复用

（2）第二代移动通信系统不具备的技术特点有（　　）。

A. 有效利用频谱　　B. 灵活地进行信息变换及存储

C. 高保密性　　D. 同时提供话音和数据业务

（3）中国持国际电信联盟确定的三个 3G 无线接口标准不包括（　　）。

A. CDMA　　B. WCDMA

C. TD-SCDMA　　D. TDMA

（4）5G 定义了三大类应用场景不包括（　　）。

A. eMLPP　　B. uRLLC

C. mMTC　　D. eMBB

（5） 移动通信的工作方式不包括（　　）。

A. 同频单工　　B. 异频单工

C. 同频双工　　D. 异频双工

2. 填空题

（1）移动通信按照多址方式可分为_____、_____、_____。

（2）WCDMA 的同步方式是_____。

（3）移动通信系统外部噪声干扰可分为_____、_____、_____。

（4）移动通信系统系统间噪声干扰可分为_____、_____、_____、_____、_____、_____。

（5）GSM-R 中 eMLPP 的全称是指_____。

3. 简答题

（1）移动通信系统具备哪些特点，其可按照什么方式进行分类。

（2）移动通信在铁路的应用有哪些?

（3）GSM-R 系统承在哪些铁路应用?

实操

1. 查阅移动通信的发展史，并讨论 GSM-R 网络在铁路的作用。

2. 查阅 5G-R 的相关资料，并讨论 5G-R 在铁路进行应用需要考虑哪些。

课程	GSM-R 通信系统应用与维护	任务	GSM-R 通信系统概述
班级		姓名	

任务与考核

任务名称		GSM-R 通信系统概述		
任务	知识技能目标	考核项目	自我评价	教师评价
移动通信系统概述	1. 了解移动通信系统。 2. 掌握移动通信系统的特点及分类	第一代移动通信系统的特点（10 分）		
		第二代移动通信系统的特点（10 分）		
		5G 的三大应用场景（15 分）		
		移动通信的特点和分类（25 分）		
铁路移动通信概述	1. 了解 GSM-R 的发展历程。 2. 掌握移动通信在铁路中的应用	移动通信在铁路中的应用场景（10 分）		
		GSM-R 系统业务模型（20 分）		
		GSM-R 的发展（10 分）		
总分 100 分				

模块二

GSM-R 系统结构

GSM-R 系统在 GSM 规范协议的基础上，增加了优先级、语音组呼、语音广播及铁路运输等专业的调度通信，满足铁路通信的需要。GSM-R 网络以 GSM 网络设施为基础，并引入 GPRS 和智能网设备，对相关硬件和软件进行了功能适配。GSM-R 业务系统除了具有语音传送功能外，还具有数据传送功能，通过与 GPS 卫星定位系统、机车车载计算机结合后能够实现机车和地面之间列车控制信息的实时传送，确保列车运行安全，并与铁路专用电话网、铁路各种 MIS 信息网络互联互通。

任务二　GSM-R 网络结构及接口

一、GSM-R 网络结构

GSM-R 网络主要由六个子系统组成：移动台（MS）、基站子系统（BSS）、移动交换子系统（SSS）、通用分组无线业务子系统（GPRS）、智能网子系统（IN）以及操作维护子系统（OSS）。

典型的 GSM-R 网络结构如图 2-1 所示。

GSM-R 网络结构在 GSM 系统结构的基础上引入了通用分组无线业务子系统（GPRS）与智能网子系统（IN），满足铁路移动通信的需求。

移动台是接入 GSM-R 网络的用户设备，包括有线终端和无线终端设备。移动台除了具有通过无线接口（Um）接入到 GSM-R 系统的一般处理功能外，还为移动用户提供了人机接口。

基站子系统由一个基站控制器（BSC）和若干个基站收发信机（BTS）组成。BTS 主要负责与一定覆盖区域内的移动台进行通信，并对空中接口进行管理。BSC 用来管理 BTS 与 MSC 之间的信息流。BTS 与 BSC 之间通过 Abis 接口通信。BSS 中还可能存在编码速率适配单元（TRAU），它实现了 GSM-R 编码速率向标准 PSTN 或 ISDN 速率的转换。TRAU 与 BSC 通过 Ater 接口连接。

移动交换子系统（SSS）建立在移动交换中心（MSC）上，负责端到端的呼叫、用户数据管理、移动性管理和与固定网络的连接。NSS 通过 A 接口连接 BSS，与固定网络的接口取决于互联网络的类型。

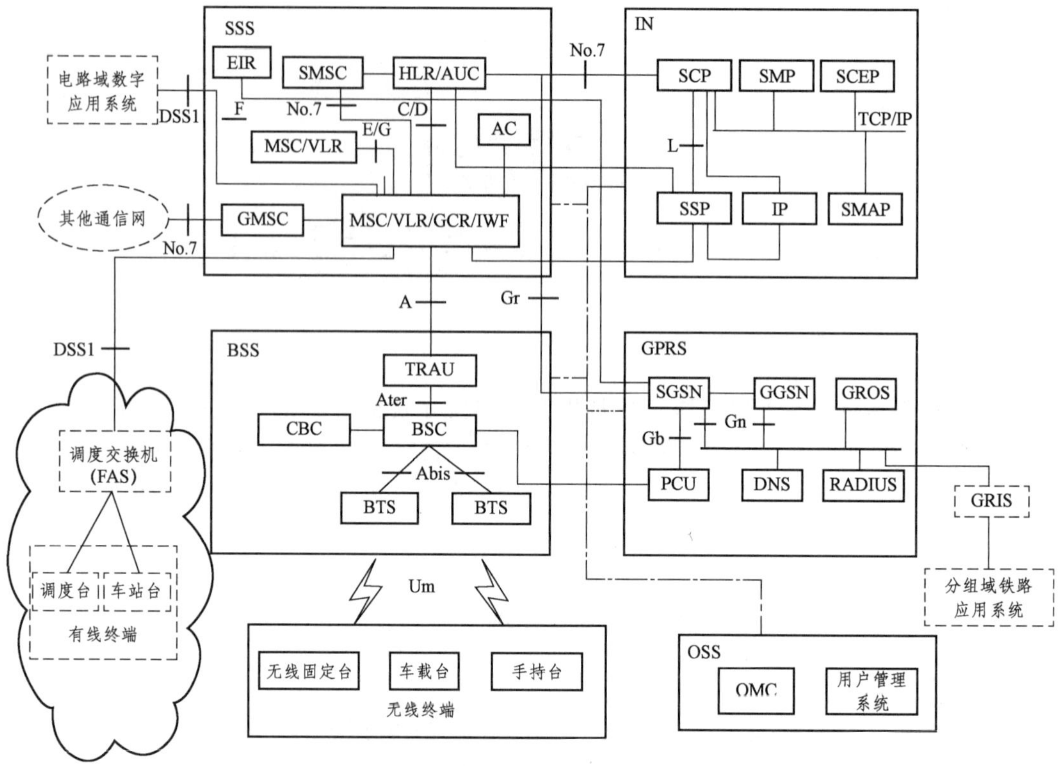

图 2-1　典型的 GSM-R 网络结构

通用分组无线业务子系统（GPRS）是由机车综合无线通信设备（CIR）、GPRS 网络设备、GPRS 接口服务器、GPRS 归属服务器、铁路信息系统通信服务器等设备组成的铁路 GSM-R 分组域通信系统，完成车地之间各种数据信息的安全传输，实现行车调度、无线车次号、CIR 活动性监测、机车 IP 地址更新与查询等功能。

智能网子系统（IN）主要由业务交换点（SSP）、业务控制点（SCP）、信令转换点（STP）、智能外围业务节点（IP）和业务管理系统（SMS）等网络单元组成，采用 CAMEL3 协议，实现 GSM-R 网络中的功能寻址、接入矩阵、位置寻址、位置呼叫限制、调度命令的传送、短消息业务等功能。

操作维护子系统是相对独立的子系统，为 GSM-R 网络提供管理和维护功能，它的具体功能由操作维护中心（OMC）来完成。其中，OMC-R 负责管理 BSS，OMC-S 负责管理 NSS。OSS 主要提供移动用户管理、移动设备管理、网络操作和控制三类功能。

任何 GSM-R 陆地移动通信网络都必须与固定网络连接，一同完成移动用户与移动用户之间、移动用户与固定用户之间的通信。组成 GSM-R 网络的各个子系统之间、BSS 与移动台及 GSM-R 与固定网络之间的互联都具有标准的接口。网络中的不同设备可以通过标准的接口来实现移动业务的本地和国际互联。

（一）移动终端设备

GSM-R 系统属于铁路专用综合移动通信系统，主要用于铁路运输生产指挥和运输行政管理通信、列车控制安全信息传输和通用数据传输等。终端用户包括国家、地方及合资铁路运输业生产人员、运输行政管理人员及铁路公安等其他部门的人员，以及用于数据传输的各种数据终端。提供的主要功能可总结成以下几点：

（1）接口单元。连接设备内部有关单元，并为数据、话音应用业务提供接入接口。

（2）GSM-R 数据单元。在主控单元的控制下完成数据的收发（支持 GPRS 方式）。

（3）GSM-R 语音单元。在主控单元的控制下完成语音的收发。

辅助作用：记录单元具有对话音、承载业务信息及操作过程等记录和话音回放的功能；MMI 实现人机信息的交互。

GSM-R 系统终端设备包括移动台和无线固定台，表 2-1 简单归纳出 GSM-R 终端设备类型及使用范围，除了调度终端、车站终端和有线电话外，其他终端设备均属于移动终端。这里主要介绍移动终端的构成、类型及功能。

表 2-1　GSM-R 终端设备类型及使用范围

终端设备类型	用户类型及范围
作业手持台（OPH）	用于列车上，以及车站、编组站、沿线区间及其他铁路作业区的各工种工作人员的话音和数据通信
通用手持台（GPH）	用于铁路公务人员与铁路业务相关人员的话音和数据通信
调车手持台（OPS）	用于编组场调车作业的话音和数据通信
固定无线台	用于区间、站场各类信息点、业务点的通用数据传输或话音通信
机车综合通信设备	用于运营机车、救援机车、维修检测机车、编组场调车机车、轨道车等机车司机的话音通信和通用数据传输
列控机车台	用于运营机车、救援机车、维修检测机车、编组场调车机车、轨道车等机车司机与地面控制中心之间的安全信息传输
机车同步操作机车台	用于分布动力重载列车本务机车和补机车之间的同步操作数据传输
汽车车载台	用于各工种维护维修用车辆的话音和数据通信
列尾通信设备	用于列车尾部风压及控制信息的传输
调度终端	用于各工种调度员、值班室值班员的话音和数据通信
车站终端	用于车站（场）值班员、其他工种值班员的话音和数据通信
有线电话	需要纳入 GSM-R 网络的固定电话用户

移动终端由终端设备和 SIM（Subscriber Identity Module）卡组成，终端设备可以完成话音编码、信道编码、信息加密、信息的调制和解调、信息的发送与接收。SIM 卡称为用户识别模块，它包含所有与用户相关的信息。使用 GSM-R 网络的移动台都需要插入 SIM 卡，只有当处理异常的紧急呼叫时，可以在不用 SIM 卡的情况下操作移动台。图 2-2 显示了移动终端的组成。

移动终端包括车载台（如机车台、汽车台）、手持台（如通用手持台、运营手持台），以及其他列控数据传输设备、列尾信息传输设备等。

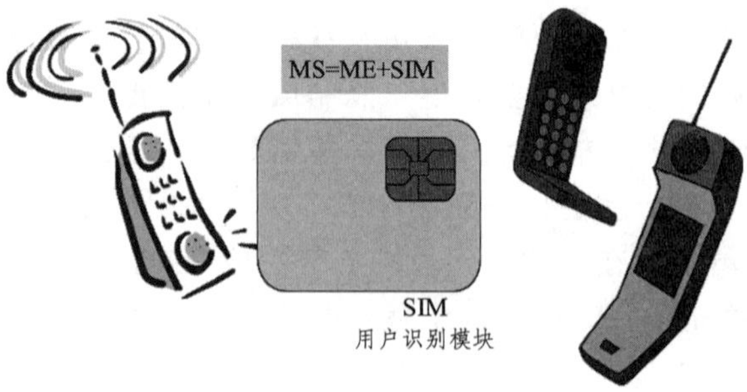

图 2-2 移动终端的组成

1. 机车综合无线通信设备（CIR）

CIR 设备放置在机车驾驶室中，供机车司机通信使用，CIR 是对无线列调机车电台、GSM-R 车载综合平台、800 MHz 安全预警机车设备、450 MHz 调度命令无线传送机车装置、列车尾部风压传送设备等进行统一规划和综合使用的设备。CIR 由主机、操作显示终端（MMI）、扬声器、打印终端、连接电缆、天线、射频馈线等组成，如图 2-3 所示。

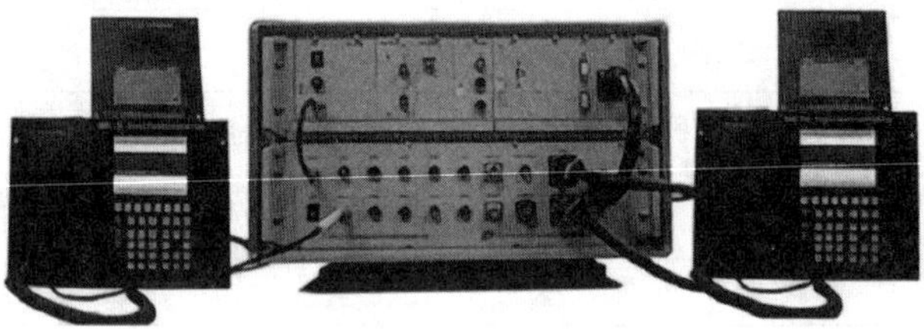

图 2-3 CIR 设备

2. GSM-R 手持台

GSM-R 手持台与普通手机的主要区别在于，它支持铁路特色业务，如语音呼叫、语音组呼、语音广播、铁路紧急呼叫、功能号拨号等。

手持台分为作业手持台（OPH）和通用手持台（GPH），如图 2-4 所示。

（a）OPH （b）GPH

图 2-4 手持台

OPH 主要用于列车、车站、编组场、沿线区间及其他铁路作业区各工种的工作人员进行话音和数据通信。GPH 主要用于各类管理人员、铁路业务相关人员进行话音和数据通信。两种手持台的业务功能要求见表 2-2。

表 2-2　GPH 与 OPH 手持台业务功能要求

种类	电信业务	通用手持台（GPH）	作业手持台（OPH）
语音传输	语音呼叫	必选	必选
	公众紧急呼叫	必选	必选
短消息业务	短消息 MT/PP	必选	必选
	短消息 MO/PP	必选	必选
	短消息小区广播	必选	必选
传真传输	第三类传真和语音交替	可选	可选
	自动第三类传真	可选	可选
语音组业务	语音组呼业务（VGCS）	必选	必选
	语音广播业务（VBS）	必选	必选

由于 OPH 的工作环境更为复杂和恶劣，因此对 OPH 的性能要求高于 GPH。

（二）基站子系统（BSS）

BSS 是 GSM-R 系统网络中最基本的组成部分。它有两种基本组成设备，分别是基站收发信机（BTS）和基站控制器（BSC）。一台 BSC 可以管理多达几百个 BTS。此外，还有一种可选择设备——速率适配单元（TRAU）。在隧道等弱场区，为了提高无线信号强度，还需要配置直放站设备，如近端机、远端机、漏缆和天线等。

广义来说，基站子系统包含了 GSM-R 数字移动通信系统中无线通信部分的所有基础设施，它通过空中无线接口直接与移动台实现通信连接，同时又连到网络端的交换机，为移动台和交换子系统提供传输通路，因此，BSS 可以看作移动台与交换机之间的桥梁。BSS 系统的总体结构如图 2-5 所示。

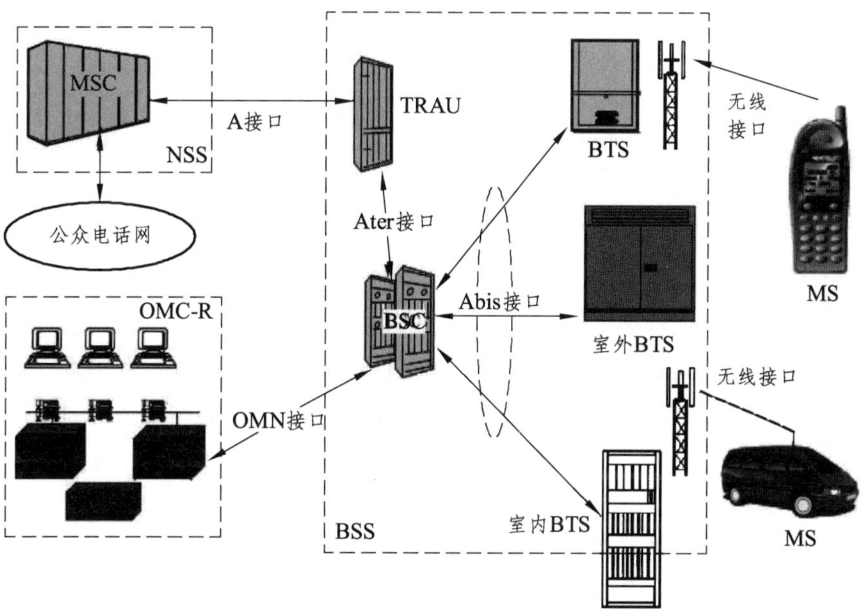

图 2-5　BSS 系统总体结构

从功能上看，BSS 通过无线接口直接与移动台相连，负责无线发送接收和无线资源管理；通过 A 接口与 NSS 相连，实现移动用户之间或移动用户与固定网用户之间的通信连接，并且传送系统信令和用户信息等。

1. 基站收发信机（BTS）

BTS 在网络的固定部分和无线部分之间提供中继，移动用户通过空中接口（Um 口）与 BTS 相连，BTS 通过内部 Abis 接口与 BSC 连接。BTS 包括收发信机和天线，以及与无线接口有关的信号处理电路等，它也可以看作是一个复杂的无线解调器。为了保持 BTS 尽可能简单，BTS 往往只包含那些靠近无线接口所必需的功能。

BTS 由天线、耦合系统、收发信机（TRX）及基站公共功能（BCF）组成，其结构及功能如图 2-6 所示。

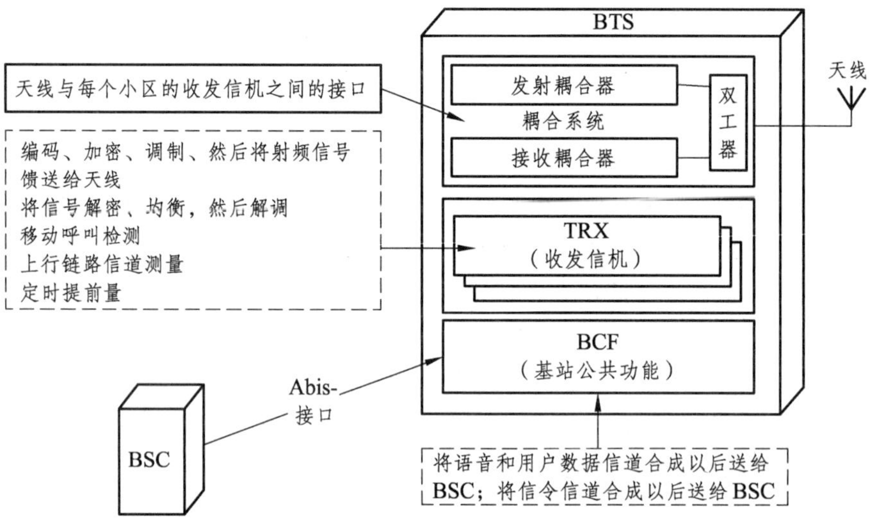

图 2-6　BTS 的结构及功能

其中，天线负责将传送给移动台的信号电流转换成无线电波发出去，同时接收来自移动台的无线电波并转换为电流。

2. 基站控制器（BSC）

BSC 通过 BTS 和移动台的远端命令管理所有的无线接口，主要进行无线信道的分配、释放及越区信道切换的管理等，起着 BSS 系统中交换设备的作用。BSC 由 BTS 控制部分、交换部分和公共处理器部分等组成。根据 BTS 的业务能力，一台 BSC 可以管理多达几百个 BTS。此外，BSS 还包括码型变换器 TRAU。基站控制器 BSC 的地位与作用如图 2-7 所示。

BSC 的基本功能如下：

（1）无线呼叫处理：建立与释放无线链路和进行 MSC 和 BTS 之间的信道交换。

（2）无线资源管理：无线接入处理，无线信道分配（业务和信令），无线信道监控。

（3）业务集中管理：可以减少传送费用。

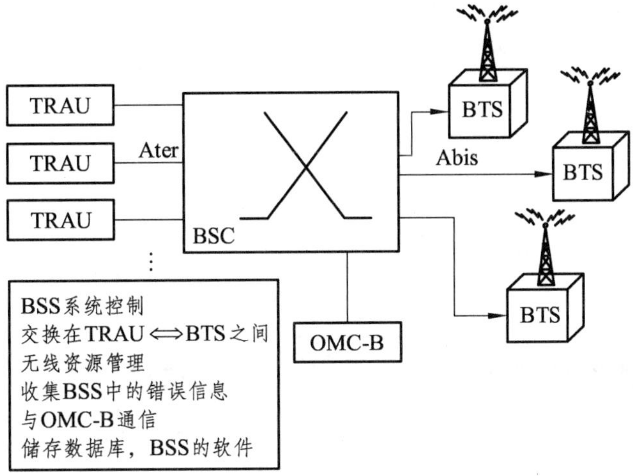

图 2-7　基站控制器 BSC 的地位与作用

（4）短消息业务（小区广播管理）：向 OMC-R 所规定的目标小区广播短消息。

BSC（基站控制器）的主要操作维护功能包括：OSS 接口管理，BTS 和 TRAU 管理。

简单总结 BSC 的功能为：具有对一个或多个 BTS 进行控制的功能，主要负责无线网络资源的管理、小区配置数据管理、功率控制、定位和切换等，是个很强的业务控制点。

3. TRAU 结构及功能

TRAU 由编译码器、控制器和外部 PCM 接口组成。它通过 Ater 接口与 BSC 相连，通过 A 接口与 MSC 相连。码型变换器在实际应用中一般是置于 BSC 和 MSC 之间，因为 BSS 内使用 16 kb/s 的 RPE-LTP（规则脉冲激励长期预测编码）编码方案，而 MSC 侧使用 64 kb/s 的 PCM 编码方案，为了实现互通，必须要有一个设备进行码型转换。将 13 kb/s 的话音（或数据）复用成多路传输，即转换成标准的 64 kb/s 数据流。在 BTS 中，13 kb/s 的话音（或数据）通过插入附加同步数据，使其和较低速率数据不同，插入数据后的速率变为 16 kb/s；TRAU 将上述数据再转化为 64 kb/s 的 T1 级 μ 律 PCM 时隙或者 E1 级 A 律 PCM 时隙。值得注意的是，TRAU 可以嵌入基站子系统 BSS 内，和 BSC 合成在一个物理实体中，也可以进行远置，放在 MSC 侧。TRAU 的结构如图 2-8 所示。

4. CBC 小区广播中心

在 GSM-R 系统中，BSS 子系统增加了 CBC（小区广播中心）是为了实现小区广播的功能，由 CBC 控制 BSC 在某一个或者某一些小区发送小区广播，使这些区域的移动台都能收到小区广播。

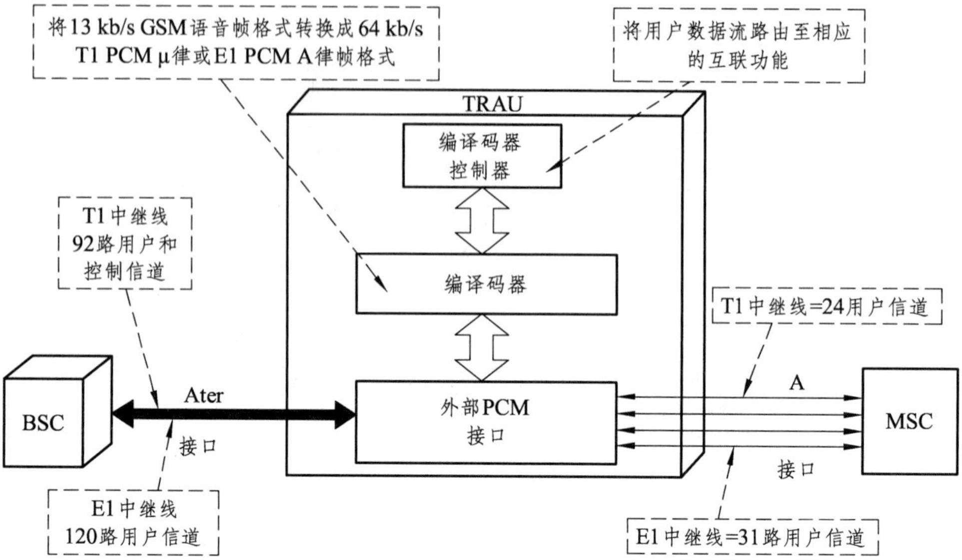

图 2-8 TRAU 的结构

（三）移动交换子系统（SSS）

SSS 主要完成 GSM-R 系统的基本交换功能、呼叫接续功能，以及用户数据管理和移动性管理。提供基本话音呼叫业务和电路域数据传输业务。其中，话音呼叫业务包括点对点话音呼叫（MS 之间、MS 与有线 FT 之间）、组呼、广播呼叫、多方通信、公众紧急呼叫。电路域数据传输业务包括提供透明传输通道。如与列控 RBC 节点、机车同步操控地面节点之间进行互联，实现车—地、车—车之间数据信息传送。

移动交换子系统（SSS）包括实现 GSM-R 的主要交换功能的交换中心，以及管理用户数据和移动性所需的数据库。它由一系列功能实体构成，各功能实体间及 SSS 与 BSS 之间通过符合 CCITT（国际电报电话咨询委员会）信令系统 No.7 协议规范的 7 号信令网络互相通信。它的主要作用是管理 GSM-R 用户和其他网络用户之间的通信。

移动交换子系统由移动交换中心（MSC）、归属位置寄存器（HLR）、拜访位置寄存器（VLR）、鉴权中心（AuC）、设备识别寄存器（EIR）、互联功能单元（IWF）、组呼寄存器（GCR）、短消息服务中心（SMSC）等功能实体构成。

1. 移动交换中心（MSC）

MSC 是 SSS 子系统的核心，SSS 主要完成 GSM-R 系统的基本交换功能、呼叫接续功能，以及用户数据管理和移动性管理。提供面向系统其他功能实体的接口、到其他网络的接口，以及与其他 MSC 互联的接口。实现对本 MSC 所属无线网络范围内的移动用户进行移动性管理、业务控制管理、连接管理、呼叫控制、话务转接等。MSC 的主要功能归类如下：

（1）处理用户呼叫的交换功能。

（2）协调自己所辖区域的呼叫，特别是寻呼移动台的功能。

（3）与 BSS 协作动态分配接入资源。

（4）监督 BSS 与 MS 之间的无线连接。

（5）进行呼叫的统计。

（6）作为短消息网关，连接用户与短消息服务中心。

2. 归属位置寄存器（HLR）

HLR 是系统的中央数据库，存放与用户有关的所有信息，包括用户的 MSISDN、用户类别、漫游权限、IMSI、Ki、基本业务、补充业务及当前位置信息等，从而为 MSC 提供建立呼叫所需的路由信息。一个 HLR 可以覆盖几个 MSC 服务区甚至整个移动网络。HLR 中永久存储了移动用户的静态数据信息和部分临时动态数据信息。静态信息包括用户的 IMSI、MSISDN、业务限制信息、补充业务信息、承载业务和能力定义、鉴权信息等；动态信息则主要是用户位置信息等。

一个 GSM-R 网络中可以有不止一个 HLR，它的数量取决于用户的数量、设备的容量和网络的组织结构。HLR 的任务与用户数据存储可以用图 2-9 所示。

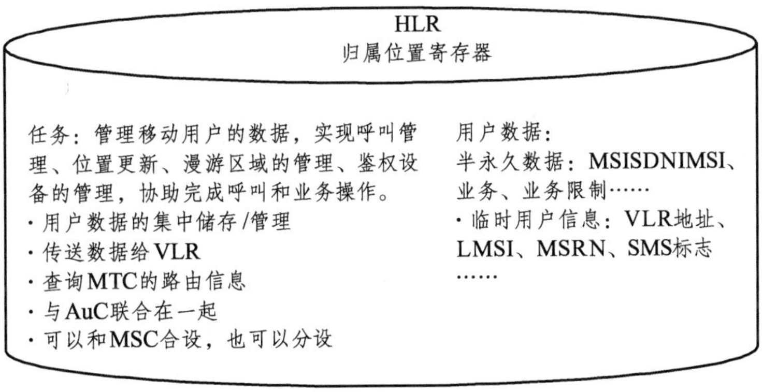

图 2-9 HLR 任务与用户数据存储

3. 拜访位置寄存器（VLR）

VLR 是一个动态数据库，负责存储进入该控制区域内的移动用户的相关信息，为移动用户提供呼叫接续的必要数据。VLR 存储了进入其覆盖区的所有用户的信息，为已经登记的移动用户提供建立呼叫接续的条件。VLR 需要与有关的归属位置寄存器 HLR 进行大量的数据交换以保证数据的有效性。当用户离开该 VLR 的控制区域，则重新在另一个 VLR 登记，原 VLR 将删除临时记录的该移动用户数据。在物理上，MSC 和 VLR 通常合为一体。

VLR 的主要功能：负责存储属于本 MSC 网络下的移动用户数据，类似 MSC 的内存。由于 VLR 与 MSC 之间有大量的数据需要存取，为了提高移动管理和呼叫建立的速度，VLR 总是与 MSC 实现功能综合，采用内部接口直接集成。VLR 的功能及数据存储可以用图 2-10 所示。

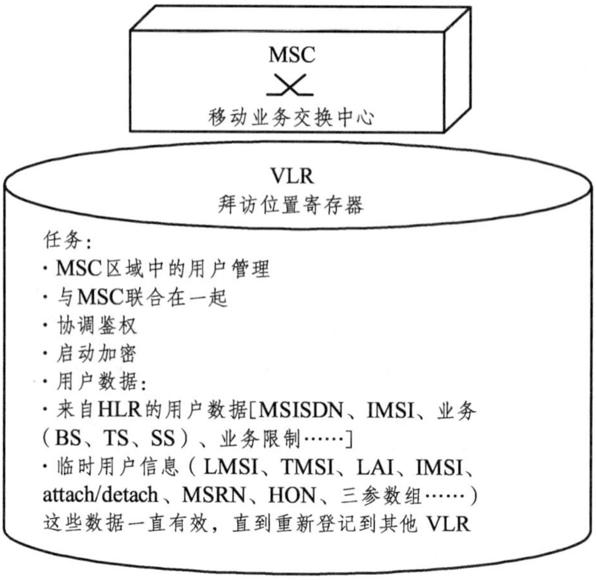

图 2-10　VLR 的功能及数据存储

4. 鉴权中心（AuC）

AuC 是存储用户鉴权算法、加密密钥，以及产生鉴权信息的网元。AuC 的主要功能：一是对用户的身份进行鉴权；二是为移动台和网络之间在无线链路上的通信进行加密。AuC 将鉴权和加密数据通过 HLR 发往 MSC/VLR 及 SGSN，对用户接入的合法性进行鉴权。AuC 中的存储信息与移动用户 SIM 卡中的加密信息一致时，AuC 负责提供鉴权信息，供网络设备（主要是 MSC 和 SGSN）对用户进行身份鉴别和确认。AuC 的功能可用图 2-11 所示。

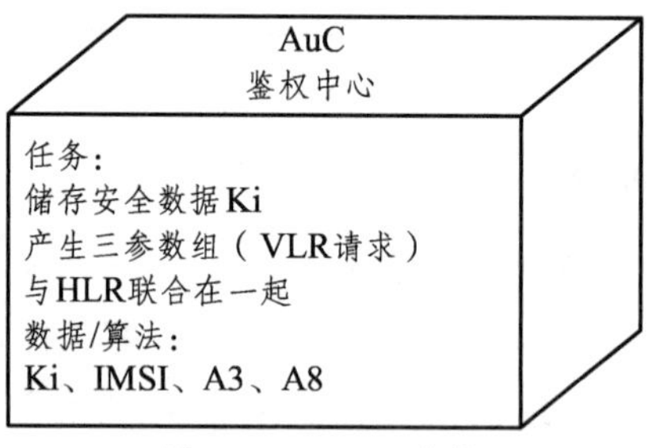

图 2-11　AuC 功能

5. 互联功能单元（IWF）

IWF 负责在 GSM-R 网络与固定网络的数据终端之间提供速率和协议的转换，具体功能取决于互联的网络类型和互联的业务。IWF 常与 MSC 在同一个物理设备中实现，提供 GSM-R 网络与其他固定网络的互联，通过不同的硬件板卡或软件驱动实现。IWF 在 GSM-R 网络中的作用可由图 2-12 所示。

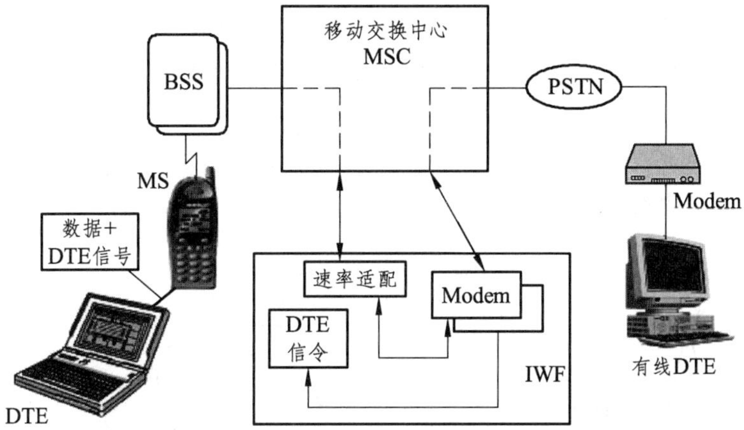

图 2-12 IWF 在 GSM-R 网络中的作用

6. 组呼寄存器（GCR）

组呼寄存器（GCR）用于存储移动用户的组 ID、移动台利用语音组呼（VGCS）和语音广播（VBS）参考发起呼叫的小区信息，以及发起呼叫的 MSC 是否负责处理呼叫的指示。

7. 短消息服务中心（SMSC）

短消息服务中心（SMSC）负责从 MSC 接收、存储用户短消息信息，以及通过 MSC 向用户转发短消息信息，即向 MSC 传送短消息信息。

短消息系统针对铁路业务的可扩展业务包括：

（1）铁路信息查询业务，如列车到发时刻、票务查询。

（2）铁路政策、法规、业务等宣传。

（3）铁路内部信息发送。

（4）提供与 GPS 系统的标准接口，支持 GPS 业务及 Wap、Internet 业务。

（5）提供 API 接口，支持增值业务的二次开发。

8. 确认中心（AC）

AC 是 GSM-R 网络的特殊部件，负责记录、存储铁路紧急呼叫相关信息。

（四）通用分组无线业务子系统（GPRS）

通用分组无线业务（GPRS）是在 GSM 技术基础上提供的一种端到端分组交换业务。负责为无线用户提供分组数据承载业务，GPRS 系统基于标准的开放接口，与已有的 GSM-R 电路交换系统有很多交互接口。

GPRS 被引入铁路 GSM-R 系统中，使得移动通信与数据网络合二为一，为铁路数据业务的开展提供了空间。铁路也存在许多数据应用的需求，需要解决车地之间、现场与数据中心之间的数据传输，如书面调度命令传输、无线车次号传输、旅客信息服务、移动互联网接入等。这些业务的特点是业务点分散、非周期间断数据传输、频繁小容量数据传输及个别大容量数据传输，有些业务点同时又是移动的。在GSM-R网络中应用GPRS系统，具有通信实时性好、数据量大、免维护、高可靠性等明显优势，能够以无线方式实现数据传输。

GPRS与GSM-R是两个不同的网络，但具有相似性和对称性，它们共用基站和HLR设备等，两个网络的对比如图2-13所示。

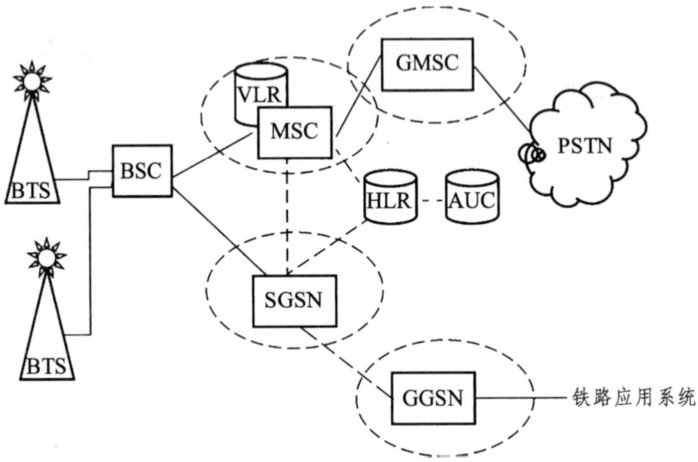

图 2-13　GSM-R 网络与 GPRS 网络对比

铁路GPRS从公众网络中引入，但又与公众GPRS网络要求不同，主要表现在：公众GPRS网络用户多数处于静止状态或者缓慢移动状态，传送信息内容一般为公众服务信息，因此公众GPRS网络服务质量为“尽力而为”的信息传送，对可靠性、实时性要求不高。而铁路GPRS网络中的用户多处于移动状态下甚至高速移动状态，数据内容为铁路运输生产相关的信息，因而对可靠性、实时性要求高。所以，铁路GPRS网络与公众GPRS网络两者在网络结构、业务功能、参数设置上均有所不同。

GPRS子系统主要由GPRS服务支持节点（SGSN）、网关支持节点（GGSN）、分组控制单元（PCU）、域名服务器（DNS）、认证服务器（RADIUS）、接口服务器（GRIS）、归属服务器（GROS）等节点组成。其中，GPRS网络核心层由SGSN、GGSN、DNS、RADIUS等功能实体组成；GPRS无线接入层由PCU（分组控制单元）、基站、终端等组成。GPRS无线接入层组网应充分利用GSM-R系统的设备资源，保护投资，与GSM-R系统共用频率资源。利用GSM-R系统的基站实现无线覆盖，不单独增加GPRS系统基站。

1. 服务支持节点（SGSN）

SGSN是为移动台MS服务的GPRS支持节点，SGSN主要负责移动台当前位置信息的登记，负责完成移动台和网络之间移动分组数据的存储与转发。其功能如下：

（1）移动性管理。

（2）会话管理。

（3）用户数据管理。

（4）安全性管理。

（5）计费。

2. 网关支持节点（GGSN）

GGSN 为 GPRS 网络与外部数据网络提供互联的网关，实现路由选择、与外部网络协议转换等功能。

GGSN 是 GPRS 网络与外网的接口设备和分界线，对内负责 Gn 接口的信息交互，对外是一台路由器。GGSN 对内通过基于 IP 协议的 GPRS 骨干网与其他 GGSN 和 SGSN 相连，对外通过 IP 网络与其他网络互联。其功能如下：

（1）网络接入控制功能：具有网络控制的信息屏蔽功能，可以选择哪些分组能够进入 GPRS 网络，以便保证 GPRS 网络的安全。

（2）维护路由表：实现路由选择和分组的转发功能。

（3）用户数据管理：实现对分组数据的过滤功能，能够存储、修改及删除用户数据，实现对用户分组数据的过滤。

（4）移动性管理功能：能够配合 SGSN 实现移动性管理的功能，主要是 MS 在不同的 SGSN 登录时的位置管理功能。

（5）其他功能：具有为 MS 动态分配 IP 地址的功能，或配置 DHCP（动态主机配置协议）服务器来实现动态分配 IP 地址的功能；GGSN 具有接入 RADIUS（远端拨入用户验证服务）服务器，实现用户认证的功能。

3. 分组控制单元（PCU）

PCU 是在 BSS 侧增加的一个处理单元，可以使 BSS 提供数据功能，控制无线接口使多个用户使用相同的无线资源。PCU 主要完成数据分组、无线信道的管理、错误发送检测和自动重发等功能。

4. 域名服务器（DNS）

在 Internet 上域名与 IP 地址之间是一一对应的，域名虽然便于人们记忆，但机器之间只能互相识别 IP 地址，它们之间的转换工作称为域名解析，域名解析需要由专门的域名解析服务器来完成。DNS（Domain Name Server）就是进行域名解析的服务器，能够将网元域名转化成实际的 IP 地址。

铁路 GPRS 网络的域名解析主要有 4 个用途：

（1）在 PDP 上下文激活过程中，SGSN 将 APN 提交给 DNS 进行解析，获得用户所使用的 GGSN 的 IP 地址。

（2）在 SGSN 间路由区更新过程中，新的 SGSN 通过域名解析查找原 SGSN 的 IP 地址。

（3）实现系统各网元之间通信时，网元域名至网元 IP 地址间的解析。

（4）机车台、列尾主机等车载 GPRS 设备的域名至其 IP 地址的解析。

5. 认证服务器（RADIUS）

RADIUS 负责存储用户身份信息，对用户认证请求（用户名、密码）进行确认，给用户分配权限，完成用户的认证和鉴权功能；存储所有机车号、车次号与 IP 地址的映射表。

6. 接口服务器（GRIS）

GRIS 系统是 GSM-R 系统 GPRS 网络的标准应用设备之一，提供了 GPRS 网络与外部铁路专用网络间的接口，并对经过本网元的所有信息进行记录和存储，具备统计功能。GRIS 系统负责将铁路其他专用网络（如 CTC 网络）发给 GPRS 网络用户终端（主要是车载通信 CIR 设备）的信息进行记录后，转发给 GPRS 网络终端用户；并负责将 GPRS 网络终端用户发给其他专用网络的信息，通过 GRIS 系统进行存储后转发给外部目的网络。

按照规划，每个铁路局设置一套 GRIS。GRIS 是铁路信息化的重要组成设备之一，是连接 GPRS 网络与外部分组数据网，以及 CTC 的核心设备，实现了车地之间各种分组数据信息的高效与可靠传输。

GRIS 主要功能如下：

（1）调度命令转发：调度命令转发主要包括调度命令、行车凭证、调车作业通知单、调车请求、列车进路预告等信息类型的转发。其中，调度员在列车调度台上发送的调度命令信息包括调度命令、行车凭证、调车作业通知单；车站值班员在终端上发送的调度命令信息包括行车凭证、调车作业通知单；列车进路预告信息由 CTC/TDCS 自动生成；调车请求信息由司机按调车请求键发送。

（2）无线车次号校核信息：无线车次号信息是 GSM-R 网络为铁路运输提供的一个重要业务。CIR 设备在 GSM-R 网络中开机后，获得司机注册的车次号信息（CIR 非监控模式）或从车载设备读取车次号信息（CIR 监控模式），并通过 GSM-R 的 GPRS 向 GRIS 设备发送无线车次号校核信息。

（3）告警提示功能：当 GRIS 与其他设备之间发生通信异常时，可自动发出声光告警和信息提示。

（4）日志记录和管理功能：应对所有运行数据和操作进行记录，并能根据需要查询和统计并生成报表。

7. 归属服务器（GROS）

GROS 系统是 GPRS 子系统网络的重要应用网元。GROS 的主要功能如下：

（1）为机车提供当前归属 GRIS 的 IP 地址信息。

（2）当 CIR 机车用户跨界，进入非当前 GRIS 管辖范围时，由 GROS 向 CIR 设备发送 GRIS 地址更新指令，更新当前归属 GRIS 地址信息。

按照规划，GROS 系统为全路共用设备，应满足地理异步冗余备份功能需要，全路设置两个 GROS 系统，安装在不同地理位置，异地利用数据同步方式保持数据一致性，采用主备方式工作。

（五）智能网子系统（IN）

智能网子系统是一种附加在移动交换网基础之上的业务网。其基本思想是依靠 No.7 信令网和 SCP 大型数据库的支持，将网络的交换和控制功能相分离。通过简化交换机的软件，使交换机只完成基本的接续功能，由智能网中的 SCP 业务控制节点根据智能业务的业务逻辑完成呼叫的接续。

智能网的引入可以快速、经济、灵活和方便地提供铁路应用的各种新业务，可减少对 GSM-R 网络的改造。使得 GSM-R 网络能够方便地实现功能寻址、位置寻址等铁路专有业务，并有利于解决不同厂家设备组网环境下业务漫游的问题，支持可变长度的功能号等注册业务。

图 2-14 显示了智能网在 GSM-R 网络中的作用与地位。通过在交换子系统中引入的智能网功能实体，实现对呼叫的智能控制，主要目的是实现操作的便捷和智能。

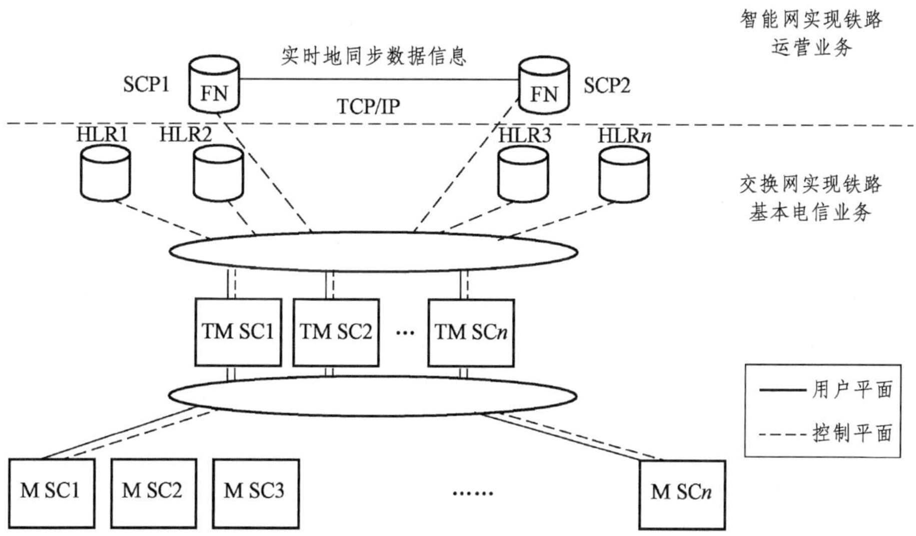

图 2-14　智能网在 GSM-R 网络中的作用与地位

智能网的主要网络节点包括 GSM 业务交换点（gsmSSP）、GPRS 业务交换点（gprsSSP）、业务控制点（SCP）、智能外设（IP）、业务管理点（SMP）、业务管理接入点（SMAP）、业务生成环境点（SCEP）等。连接 GSM-R 智能网节点的网络包括 No.7 信令网、数据传送网、话音网等。

1. 智能网中各主要节点的功能

1）GSM 业务交换点（gsmSSP）

gsmSSP 具有业务交换功能，作为 MSC 与 SCP 之间的接口，可检测出 GSM-R 智能业务的请求，并与 SCP 进行通信，对 SCP 的请求做出响应，允许 SCP 中的业务逻辑控制呼叫处理。

2）GPRS 业务交换点（gprsSSP）

gprsSSP 具有业务交换功能，作为 SGSN 与 SCP 之间的接口，可检测出 GPRS 智能业务的请求，并与 SCP 进行通信，对 SCP 的请求做出响应，允许 SCP 中的业务逻辑控制呼叫处理。

3）业务控制点（SCP）

SCP 具有业务控制功能，包含 GSM-R 智能网的业务逻辑，通过对 SSP 发出的指令，完成对智能网业务接续和计费的控制，以实现部分铁路特定的业务。同时还具有业务数据功能，包含用户数据和网络数据，供业务控制功能在执行 GSM-R 智能网业务时实时提取。

SCP 一般由小型机、高性能微机和大型实时数据库组成。要求具有高度的可靠性，每年的服务中断时间不得超过 3 min。配置至少是双备份的，具有与容灾备份系统的接口，可以在线增加新业务，在线接收 SMP 对现有业务的修改和删除并可在线进行硬件设备扩容。主备倒换时，不影响已经进入稳定状态的呼叫。

4）智能外设（IP）

IP 在 SCP 的控制下提供业务逻辑程序所指定的各种专用资源，包括 DTMF 接收器、信号音发生器、录音通知等。

5）业务管理点（SMP）

SMP 能配置和提供 GSM-R 智能网业务，它包括对 SCP 中业务逻辑的管理，用户业务数据的增删、修改等，也可以管理和修改在 SSP（IP）中的有关业务信息。

6）业务管理接入点（SMAP）

SMAP 具有业务管理接入功能，为业务管理员提供接入到 SMP 的能力，并通过 SMP 来修改、增删用户数据和业务性能等。

7）业务生成环境点（SCEP）

SCEP 用于开发、生成 GSM-R 智能网业务，并对这些业务进行测试和验证，并将验证后的智能网业务的业务逻辑、管理逻辑和业务数据等信息输入到 SMP 中。

智能网子系统的构成如图 2-15 所示。

2. 智能网提供的业务

（1）基本业务：功能号注册、注销与管理，功能寻址，位置寻址，精确位置寻址、基于 MSISDN 呼叫限制。

（2）扩展业务：基于位置的呼叫限制、基于号码的呼叫限制、短信智能业务、自动获取调度中心 IP 地址。

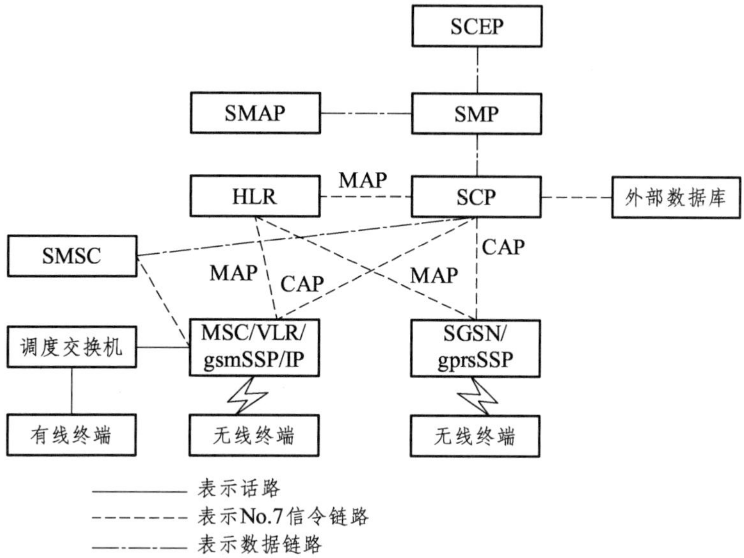

图 2-15　智能网子系统的构成

（六）操作维护子系统（OSS）

OSS 是操作人员与系统设备之间的中介，它实现了系统的集中操作与维护，完成了包括移动用户管理、移动设备管理及网络操作维护等功能，OSS 一侧与设备相连（不包括 BTS，对 BTS 的操作维护通过 BSC 进行），另一侧作为人机接口的计算机工作站。这些专门用于操作维护的设备被称为操作维护中心 OMC。系统的每个组成部分都可以通过特有的网络连接至 OMC，从而实现集中维护。

OSS 主要包括网络管理系统和用户管理系统。网络管理系统主要包括 5 种功能：安全管理、配置管理、故障管理、告警管理、性能管理。用户管理系统主要管理本网用户的相关数据，提供开户、销户及用户业务权限更改等操作功能。

根据所操作维护对象的不同，OSS 分为无线网络管理子系统（OMC-R）、交换网络管理子系统（OMC-S）、GPRS 管理子系统（OMC-D）、FAS 管理子系统（OMC-F）和隧道设备管理子系统（OMC-RF），各分类子系统及主要功能如图 2-16 所示。

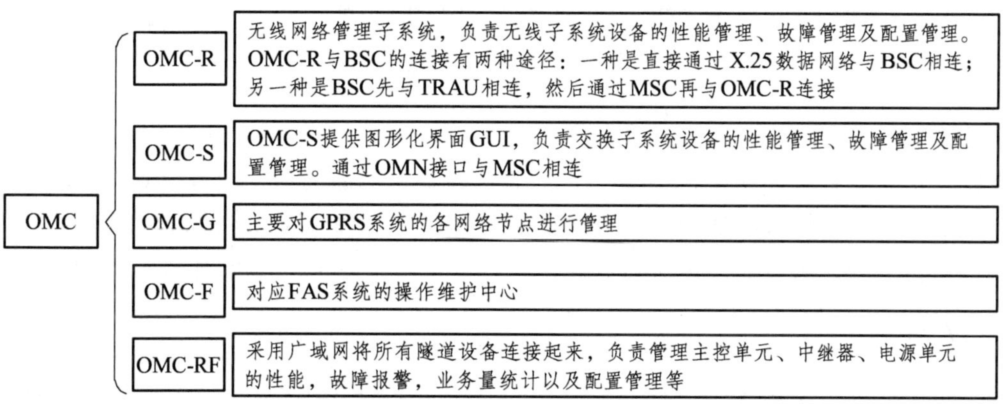

图 2-16　OSS 各分类子系统及主要功能

二、GSM-R 系统接口

GSM-R 系统是由多个功能单元通过接口互联构成的。接口就是各组成单元之间物理上和逻辑上遵守一定协议的连接。在 GSM-R 系统中主要的接口有无线接口（Um）、Abis 接口、Ater 接口、A 接口、网络交换子系统内部接口、PSTN/ISDN/PSDN 接口和 GPRS 子系统接口。

（一）Um 接口

Um 接口（空中接口）定义为移动台与基站收发信台（BTS）之间的通信接口，用于移动台与 GSM 系统固定部分之间的互通，其物理链接通过无线链路实现。此接口传递的信息包括无线资源管理、移动性管理和接续管理等。数字移动通信网与模拟移动通信网主要区别之一是无线接口不同。

Um 是完全标准化的接口，也称开放式接口，来自不同厂商所生产的 MS 和 BTS 之间都可以通过标准化的 Um 接口连接。

（二）基站子系统内部接口

1. Abis 接口

Abis 接口定义为基站子系统（BSS）中的两个功能实体基站控制器（BSC）和基站收发信台（BTS）之间的通信接口，用于 BTS 与 BSC 之间的互联，物理链接通过采用标准的 2.048 Mb/s 或 64 kb/s PCM 数字传输链路来实现。其接口特性如图 2-17 所示。

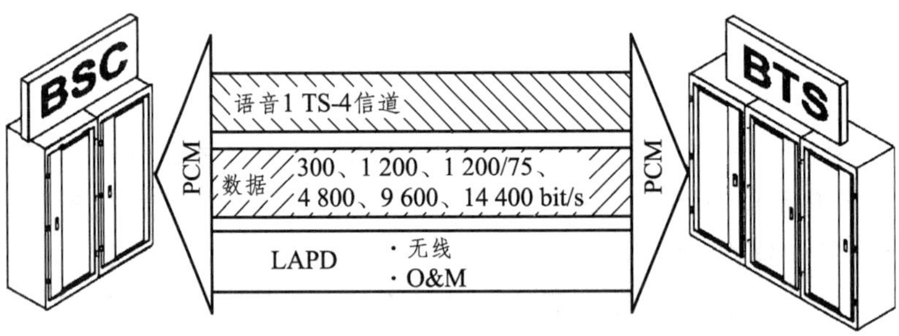

图 2-17　Abis 接口特性

需要注意的是，Abis 接口并不是完全标准化的接口，不存在专有的互操作性；由于空中接口单路语音编码速率为 13 kb/s，而有线接口单时隙的最低速率为 64 kb/s。因此，在无线接口到有线接口传递话音信息时，需要将话音以每时隙 4×16 kb/s 的速率扩充后进行传输；在有线接口到无线接口传递语音时，需对语音信号进行速率映射匹配。

2. Ater 接口

Ater 接口位于 BSC 和 TRAU 之间，用于处理 BSC 和 TRAU 之间的消息，同时支持 16 kb/s 的语音与数据通道，根据 CCITT No.7（CCS7）保留有信令通道，并定义 BSC 与

TRAU 之间的信令链路为 LAPD，同时通过 MSC 到 OMC-R 可实现网络数据管理功能。以 E1 或者 T1 的速率物理接入，可承载 120 路 E1 通信话路或 92 路 T1 通信话路。Ater 接口的基本特性及功能如图 2-18 所示。

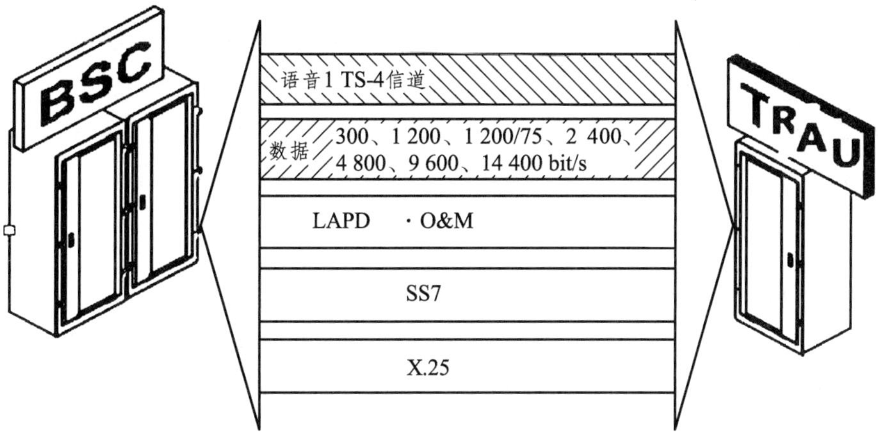

图 2-18　Ater 接口的基本特性及功能

（三）网络交换子系统内部接口

网络交换子系统内部接口如图 2-19 所示。

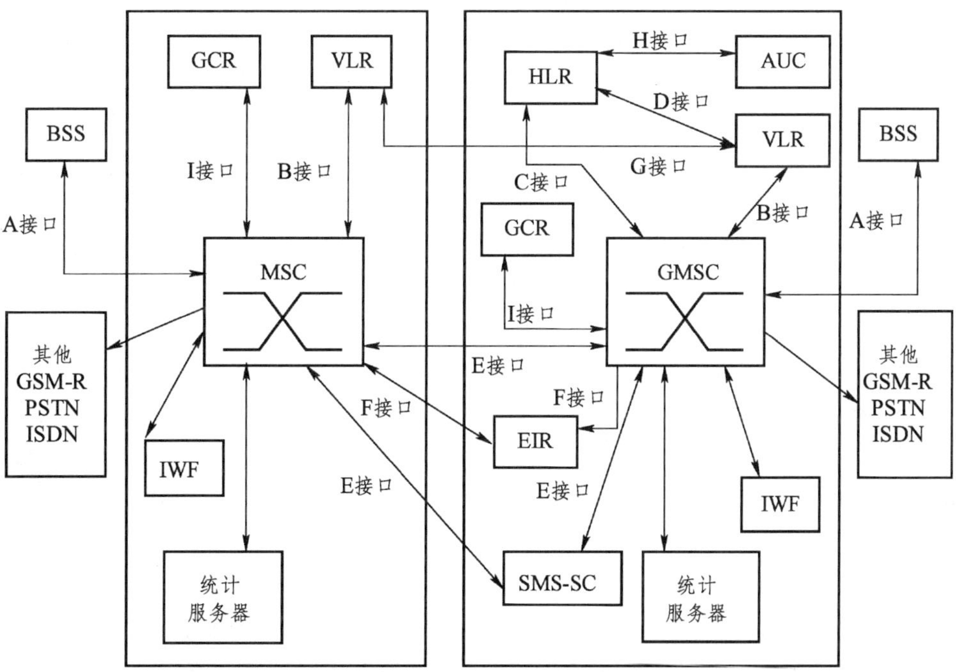

图 2-19　网络交换子系统内部接口

1. A 接口

A 接口定义为网络子系统（NSS）与基站子系统（BSS）之间的通信接口，从系统的功能实体来说，就是移动业务交换中心（MSC）与基站控制器（BSC）之间的互联接口，其物理链接通过采用标准的 2.048 Mb/s PCM 数字传输链路来实现。此接口传递的信息包括移动台管理、基站管理、移动性管理、接续管理等。

2. B 接口

B 接口是 MSC 与 VLR 之间的接口。当移动台在相应的 MSC 控制区域内进行漫游时 VLR 起定位和管理数据库功能。MSC 可以向 VLR 查询和更新移动台的当前位置。当用户使用特殊的附加业务或改变相关业务时，MSC 将通知 VLR。需要时，相应的 HLR 也要更新。MSC 和 VLR 在物理实体上是集成在一起的，属于内部接口。

3. C 接口

C 接口是 MSC（GMSC）与 HLR 之间的接口。它主要用于传递管理与路由选择信息。当呼叫结束时，相应的 MSC 向 HLR 发送计费信息。当固定网不能查询 HLR 以获得所需移动用户位置信息时，有关的 GMSC 就应查询此用户归属的 HLR，以获得被呼移动台的漫游号码，再传递给固定网。C 接口的物理链接通过标准的 2.048 Mb/s PCM 数字传输链路实现。

4. D 接口

D 接口是 HLR 与 VLR 之间的接口，用于移动台位置和用户管理的信息交换。为支持移动用户在整个服务区内发起或接收呼叫，两个位置寄存器间必须交换数据。VLR 将归属于 HLR 的移动台当前位置通知 HLR，再提供该移动台的漫游号码；HLR 向 VLR 发送支持该移动台服务所需的所有数据。当移动台漫游到另一个 VLR 服务区时，HLR 应通知原来的 VLR 消除移动台的有关信息。当移动台使用附加业务或改变某些参数时，也要用 D 接口交换信息。D 接口的物理链接通过标准的 2.048 Mb/s PCM 数字传输链路实现。

5. E 接口

E 接口是移动交换中心之间的接口，在两个 MSC（GMSC）之间交换有关越区切换等信息。当移动台在通话过程中从一个 MSC 服务区移动至另一个 MSC 服务区时，为维持连续通话，要进行越区切换。此时，在相应 MSC 之间通过 E 接口交换切换过程中所需的信息。

6. F 接口

F 接口是 MSC 与 EIR 之间的接口，用于在 MSC 与 EIR 之间交换有关移动设备的管理信息，如国际移动台设备识别码等。F 接口的物理链接通过标准的 2.048 Mb/s 的 PCM 数字传输链路实现。

7. G 接口

G 接口是 VLR 之间的接口，当某个移动台使用临时移动台号码（TMSI）在新的 VLR

中登记时，通过 G 接口在 VLR 之间交换有关信息。此接口还用于从登记 TMSI 的 VLR 中检索用户的国际移动用户识别码 IMSI。

8. H 接口

H 接口是 HLR 与 AuC 之间的接口，通过此接口，对移动台发来的 IMSI 进行鉴权和身份认证。HLR 和 AuC 在物理实体上是集成在一起的，属于内部接口。

9. I 接口

I 接口是 MSC 与 GCR 之间的接口，主要用于发起 VGCS 和 VBS 呼叫时，通过 GCR 来确定相关的主呼属性。

10. PSTN/ISDN/PSDN 接口

PSTN/ISDN/PSDN 接口是 MSC 与公共交换电话网络（PSTN）、综合业务数字网络（ISDN）和分组交换公共的数字网络（PSDN）之间的接口。GSM-R 系统通过 MSC 与这些公用电信网互联，其接口必须满足 ITU-T 和国家的相关接口和信令标准。

GSM-R 系统与 PSTN 或 ISDN 的互联方式采用 No.7 信令系统接口，其物理链接方式通过 MSC 与 PSTN 或 ISDN 交换机之间的标准 2.048 Mb/s PCM 数字链路实现。

（四）GPRS 子系统内部接口

GPRS 子系统内部接口主要包括 Gn、Gi、Gb 等接口。

1. Gn 接口

Gn 接口为同一 PLMN 中 SGSN 与 SGSN 间的接口，以及 SGSN 与 GGSN 之间的接口。支持用户数据和有关信令的传输，支持移动性管理 MM，采用 TCP/IP 协议。Gn 提供数据和信令接口，在基于 IP 的骨干网中，Gn 接口使用 GPRS 通道协议 GTP。

2. Gi 接口

Gi 接口为 GPRS 与外部分组数据网之间的接口，GPRS 通过 Gi 接口和各种公众分组网，如 Internet 或 ISDN 网实现互联，所有用户和控制平面的功能都基于终端 IP 层之上来处理，所有 3 GPP 范畴的终端移动性能在 Gi 接口前处理，在 Gi 接口上需要进行协议的封装/解封装、地址转换（如私有网 IP 地址转换为共有网 IP 地址）、用户接入时的鉴权和认证等操作。

3. Gb 接口

Gb 接口是 SGSN 和 BSS 间的接口。通过该接口，SGSN 完成与 BSS 系统、MS 之间的通信，以完成分组数据传送、移动性管理、会话管理方面的功能。该接口是 GPRS 组网的必选接口。

典型案例

一、案例背景

在 GSM-R 网络中，GRIS 接口服务器提供了 GPRS 网络与铁路调度集中系统 CTC 业务专用网络之间的接口服务，负责 CTC 与 CIR 业务数据的转发。GRIS 对经过它的所有信息进行记录和存储，同时具备数据的查询和统计功能。某日，GRIS 接口服务器上报告警信息，GRIS 监控管理终端显示整个 GRIS 接口服务器指示灯变为灰色灭状态，CTC 与 CIR 业务数据的转发出现故障，如图 2-20 所示。

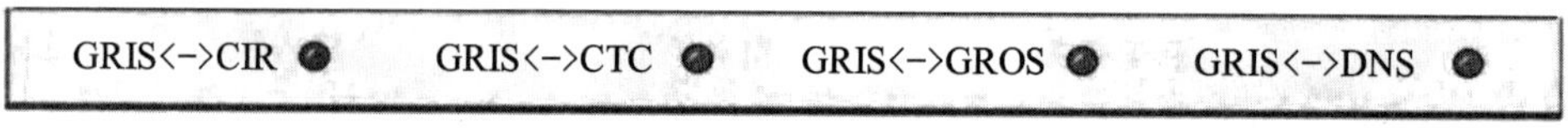

图 2-20　GRIS 系统指示灯

二、案例分析

GRIS 接口服务器和监控管理终端软件界面包含 4 个业务状态指示灯，分别是 GRIS 与 CIR、GRIS 与 CTC、GRIS 与 GROS、GRIS 与 DNS 的连接状态指示灯。每当任意两者之间产生数据交互时指示灯显示绿灯闪烁，而当任意两者之间产生故障或访问超时时指示灯显示红灯闪烁，GRIS 接口服务器自身故障时指示灯显示灰色，同时产生声音告警。

例如，如果 GRIS 与 CTC 指示灯显示红灯闪烁，表示 GRIS 与其相连的某个或多个 CTC 通信服务器之间的链路检测数据包超时，此时需检查两者之间的数据网连接是否正常，CTC 通信服务器工作是否正常。如果 GRIS 与 GROS 指示灯显示红灯闪烁，表示 GRIS 与全路两套 GROS 之间的数据交互超时，需要确认 GRIS 与 GROS 之间的数据网路由是否出现问题。如果 GRIS 与 DNS 指示灯闪红，表示 GRIS 在向 DNS 查询 CIR 车载终端 IP 地址时出现错误，需要确认 GRIS 与 DNS 之间的路由是否出现问题，CIR 车载终端机车号是否正确，DNS 中相应机车号数据是否错误，等等。

三、故障处理

GRIS 接口服务器故障期间，4 个业务状态指示灯均显示灰色，并且产生声音告警，GSM-R 维护人员远程登录 GRIS 接口服务器，发现 GRIS 接口服务器转发软件“GRIS 监控管理终端”显示软件界面卡死。此时，GRIS 接口服务器无法正常工作，某局管内所有基于 GSM-R 的列车调度业务受到影响，列车调度命令和列车接车进路预告信息等业务数据发送失败，立刻重启 GRIS 接口服务器软件后业务恢复正常。

课程	GSM-R 通信系统应用与维护	任务	GSM-R 网络结构及接口
班级		姓名	

活页笔记

自我分析与总结

课程	GSM-R 通信系统应用与维护	任务	GSM-R 网络结构及接口
班级		姓名	

同步练习

1. 选择题

（1）下列哪一个数据库主要用于铁路组呼业务（　　）。

A. HLR　　B. VLR

C. GCR　　D. EIR

（2）在 BSS 中，（　　）实现 GSM-R 编码速率向标准的 PSTN 或 ISDN 速率的转换。

A. CBC　　B. BSC

C. TRAU　　D. BTS

（3）（　　）是为 CIR 分配归属局 GRISIP 地址的关键设备。

A. GROS　　B. GRIS

C. DNS　　D. PCU

（4）下列哪一个接口属于 BSS 的内部接口（　　）。

A. Um 接口　　B. Abis 接口

C. Ater 接口　　D. A 接口

（5）下列哪一个接口不属于 NSS 内部接口（　　）。

A. D 接口　　B. B 接口

C. C 接口　　D. A 接口

2. 填空题

（1）_____为 GPRS 网络与外部数据网络提供互联的网关。

（2）BTS 由天线、_____、收发信机（TRX）及基站公共功能（BCF）组成。

（3）GPRS 网络中，_____负责存储用户身份信息，对用户认证请求进行确认。

（4）BSS 分别由基站收发信机（BTS）和_____组成。

（5）移动用户通过_____与 BTS 相连。

3. 简答题

（1）GSM-R 通信系统由哪几部分组成，简单画出 GSM-R 通信系统整体架构图。

（2）GSM-R 终端有哪些类别?

（3）简述 BSS 子系统组成部分及各部分功能。

实操

1. 现场确认移动终端 GSM-R 手持机的组成部分，并对其功能模块进行学习，确认如何通过功能模块完成车次功能号的注册。

2. 现场确认基站的组成模块，并阐述模块对应的功能。

课程	GSM-R 通信系统应用与维护	任务	GSM-R 网络结构及接口
班级		姓名	

任务与考核

任务名称		GSM-R 网络结构及接口		
任务	知识技能目标	考核项目	自我评价	教师评价
GSM-R 网络结构	1. 了解 GSM-R 网络结构。 2. 掌握 GSM-R 网络结构模块组成及功能	BSS 子系统的组成及功能（15 分）		
		SSS 子系统的组成及功能（15 分）		
		GPRS 子系统的组成及功能（20 分）		
		IN 子系统的组成及功能（10 分）		
GSM-R 系统接口	1. 了解 GSM-R 系统接口的组成及功能。 2. 掌握 GSM-R 系统接口的使用场景	Um 接口的使用场景（10 分）		
		基站子系统内部接口组成（10 分）		
		网络交换子系统内部接口组成（10 分）		
		GPRS 子系统内部接口组成（10 分）		
总分 100 分				

任务三　GSM-R 网络区域划分

GSM-R 网络服务区是指所有 GSM-R 运营商提供的网络覆盖区域的总和。在物理上，它由若干个 MSC 服务区组成，而每个 MSC 服务区由若干个小区（CELL）组成。在逻辑上若干个小区归为一个位置区（LA）。

1. GSM 服务区

GSM 服务区是指移动用户可以通过 GSM 终端获得通信服务的所有区域，可由若干个 PLMN 服务区组成。

2. PLMN 服务区

PLMN（Public Land Mobile Network，公共陆地移动网络）服务区是由一个公用陆地移动通信网提供通信业务的地理区域。一个 PLMN 区可由一个或若干个 MSC 服务区组成。在该区域内具有共同的编号制度和共同的路由计划。如我国的中国移动、中国电信、中国联通等，均有各自的 PLMN 网络及编号。

3. MSC 服务区

一个 MSC 服务区指由该 MSC 所覆盖的服务区域和该 MSC 相连的所有 BSC 所控制的 BTS 的覆盖区域的总和， 位于该区域的移动台均在该服务区的拜访寄存器（VLR）中进行登记。因此，在实际网络中，MSC 总是和 VLR 集成在一起，在网络中形成一个节点。

4. 位置区（LA）

每个 MSC/VLR 服务区又被划分为若干个位置区。在一个位置区内，移动台可以自由地移动，而不需要进行位置更新，因此一个位置区是广播寻呼消息的寻呼区域。一个位置区只能属于某一个 MSC/VLR，即位置区的划分不能跨越 MSC/VLR。利用位置区识别码（LAI），系统可以区别不同的位置区。

5. 小区（CELL）

一个位置区包括若干个小区，小区是指一个 BTS 所覆盖的全部或部分区域，是最小的可寻址无线区域，有时也称基站区。每个小区具有专门的识别码（CGI），它表示网络中一个基本的无线覆盖区域。GSM 网络中各种覆盖区域之间的关系如图 2-21 所示。

图 2-21　GSM 网络中各种覆盖区域之间的关系

一、GSM-R 网络规划

在无线通信网络中如何通过合理的网络规划用更少的设备、资源投资获取更大的利益是网络规划的主要目的。GSM-R 网络规划主要有以下几个方面：核心网规划（移动交换子系统、智能网子系统、GPRS 子系统、GSM-R 与外网接口）、无线网规划（网络结构、无线覆盖、基站容量及频率配置、小区切换和小区重选）和传输网规划。

（一）GSM-R 组网技术概述

1. 区域覆盖方式

移动通信网的区域覆盖方式可分为大区制和小区制两种。

1）大区制

大区制是指采用一个基站覆盖整个服务范围，完成服务区内移动通信的联络和控制。由于整个服务区域半径较大（半径为 30 ~ 50 km），需要架设较高的天线（几十米至上百米），如图 2-22 所示，增大信号发射功率，才能保证移动台可以接收到基站的信号。这种覆盖方式的优点是网络结构简单、经济，一般不需要交换设备（控制方式简单、设备成本低）。适用于用户密度不大或通信容量较小的系统，一般用户数只能有几百个。

但是，由于受到移动台发射功率的限制，基站无法收到较远处移动台发来的信号。为解决这个问题，可以在服务区内设若干分集接收点与基站相连，使移动台发出的信号经分集接收点转发至基站。大区制覆盖方式示意如图 2-23 所示。

在大区制中，服务范围仍然有限，频率不能重复使用，用户容量小，因此满足不了用户数日益增长的需要。如果用增大基站发射功率或增大其天线高度的办法来扩大服务范围，就有可能使电磁波辐射到不需要的地区，形成干扰并降低频率的有效利用。

图 2-22　大区制基站

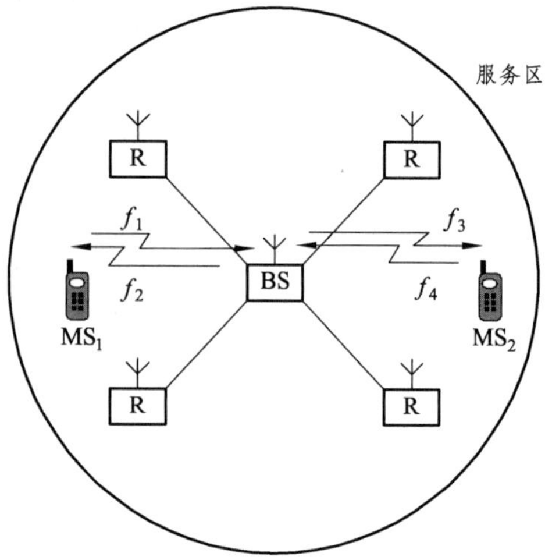

图 2-23　大区制覆盖方式示意图

2）小区制

为了加大服务面积，从经济、频率有效利用的综合观点出发，可以将整个服务区划分成半径为 2～10 km 的许多小区域，在每一个小覆盖区设置一个基站，这种方式称为小区制。小区制覆盖方式如图 2-24 所示。

小区制中，大的小区被分成若干个小区后，相隔一定距离的两个小区使用相同的频率组以实现各自区域内的通信联系，一个频率可以重复使用多次，从而增加了单位面积上可供使用的频道数，提高了频率利用率。小区制在服务区内，随着用户数的增加，每个覆盖区还可以继续划小，以不断适应用户数增长的需要，组网比较灵活。但同时各小区的基站间要进行信息交换，需要增加交换设备，而且各基站间交换机需要有一定的中继线，这将使建网成本和复杂性增加。

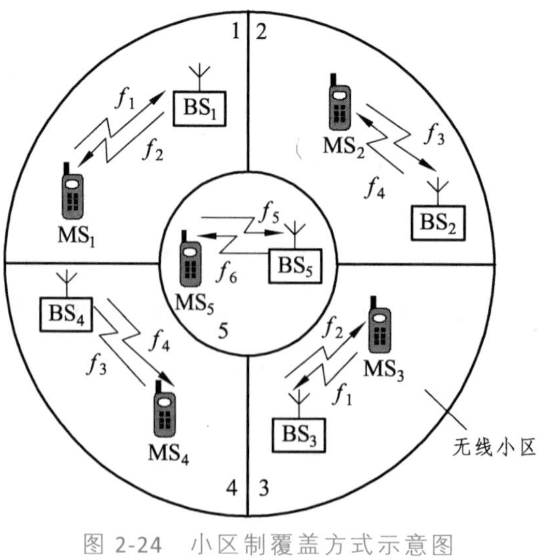

图 2-24　小区制覆盖方式示意图

2. 频率分配

1）GSM-R 工作频段

我国 GSM-R 有 2 个 4 MHz 频率带宽：885～889 MHz（移动台发，基站收），930～934 MHz（基站发，移动台收）。

双工收发频率间隔 45 MHz，相邻频道间隔为 200 kHz。按等间隔频道配置的方法，共有 21 个载频。频道序号从 999～1 019，扣除低端 999 和高端 1 019 作为隔离保护，实际可用频道 19 个。此频段为中国移动 GSM 的扩展频段，因此在线路穿越繁华地市时干扰严重（广珠城际）。根据《关于铁道部和中国移动共用 900 MHz 移动通信网频率资源问题的函》（信部无函〔2007〕136 号），自 2009 年底起，铁路 GSM-R 频段专用。

2）频率复用

频率资源始终是一项珍贵资源，如何提高频谱资源的利用效率是运营商、设备商和众多专家学者关注和研究的重要课题。提高频谱资源利用效率就是在有限的频谱资源范围内，在保证网络质量可以被接受的前提下，提高网络容量。在不考虑增加频率资源的前提下，提高 GSM-R 网络容量的途径主要有两个：一是小区分裂，通过增加基站密度，提高网络容量；二是频率复用技术。下面重点介绍频率复用技术。

频率复用技术，即小区之间在间隔足够远的情况下（干扰信号不至于影响有用信号的接收），可使用相同的频率，一般情况下把可用的 N 个频道分成 F 组，依次把 F 组频道分配给相邻小区使用，如图 2-25 所示。其中，每个小区的频道数约为 N/F 个。如果采用全向型天线，通常在每个小区的中心位置设立一个基站，称为 O 型站点；如果采用定向扇形天线，则通常在三个小区的交叉点上设立一个基站，称为 S 型站点，该站点覆盖相邻的三个小区。在 GSM 系统中常采用 4/12 和 3/9 频率复用方式。

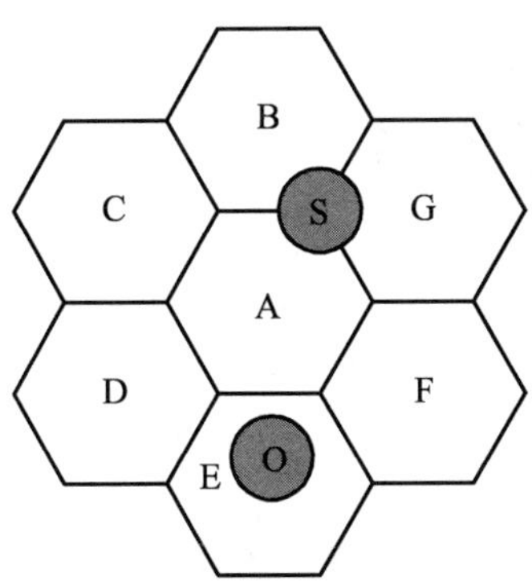

图 2-25　蜂窝小区中频率复用示意图

4/12 复用方式是把频率分成 12 组，并轮流分配到 4 个站点（A、B、C、D），每个站点可用 3 个频率组，按 4/12 方式复用的小区组成示意如图 2-26 所示。

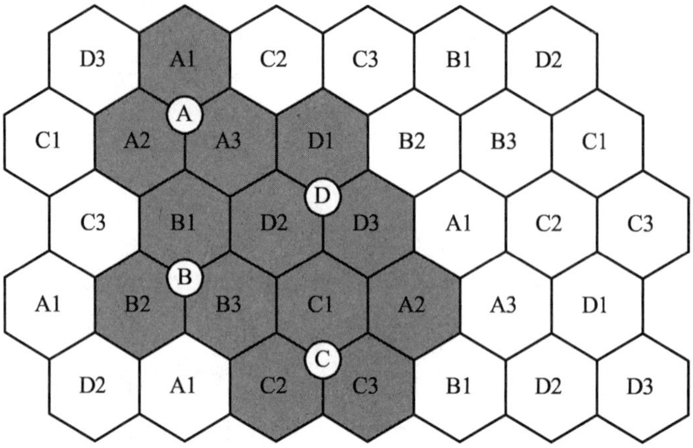

图 2-26　按 4/12 方式复用的小区组成示意图

按 3/9 复用方式时，即把有限的频率分成 9 组，并轮流分配到 3 个站点（A、B、C），每个站点可用到 3 个频率组，如图 2-27 所示。

从以上两种频率复用方式可看出，随着频率复用密度的增加，即频率分组的减少，频率的利用率就越高，用户数会增加，但是频率复用的间距也减少了，同时也造成了小区间的干扰，如载干比 *C/I*（当不同小区使用相同频率时，另一小区对服务小区产生的干扰）、*C/A*（在频率复用模式下，邻近频道对服务小区使用的频道产生的干扰）减小等。

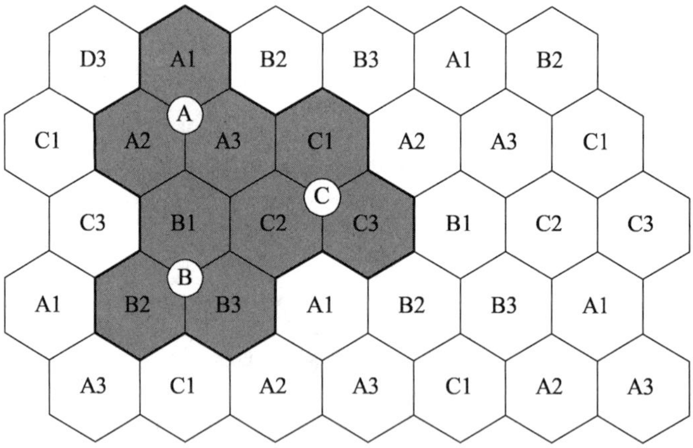

图 2-27　按 3/9 方式复用的小区组成示意图

3）频率规划

要提高网络容量，就必须对有限的频率资源进行重复使用。频率复用提高了网络容量，但又带来了新问题——通话质量的恶化。频率复用越紧密，带来的网络干扰也越大。如何取得网络容量和话音质量的平衡是频率规划必须解决的问题。也就是说，一个良好的频率规划可以在维持良好话音质量的基础上实现网络容量的提升。

在进行频率规划时，一般采用地理分片的方式进行，但需要在分片交界处预留一定频点（频率足够使用时）或进行频段划分。交界处的选择尽量避开热点地区或组网复杂区，通常从基站最密集的地方开始规划。不管采用何种方式进行频率规划，必须遵循以下原则：

（1）同基站内不允许存在同频、邻频频点。

（2）同一小区内 BCCH 和 TCH 的频率间隔最好在 400 kHz 以上。

（3）没有采用跳频时，同一小区 TCH 间的频率间隔最好在 400 kHz 以上。

（4）直接邻近的基站应避免同频（即使其天线主瓣方向不同，旁瓣及背瓣的影响也会带来较大的干扰）。

（二）核心网规划

核心网规划包括移动交换子系统、智能网子系统、GPRS 子系统、GSM-R 与外网接口等。

1. 移动交换子系统

1）GSM-R 核心网络设置

GSM-R 核心网络采用二级网络结构，包括移动汇接网和移动本地网。具体交换网设置及节点分配如图 2-28 和表 2-3 所示。

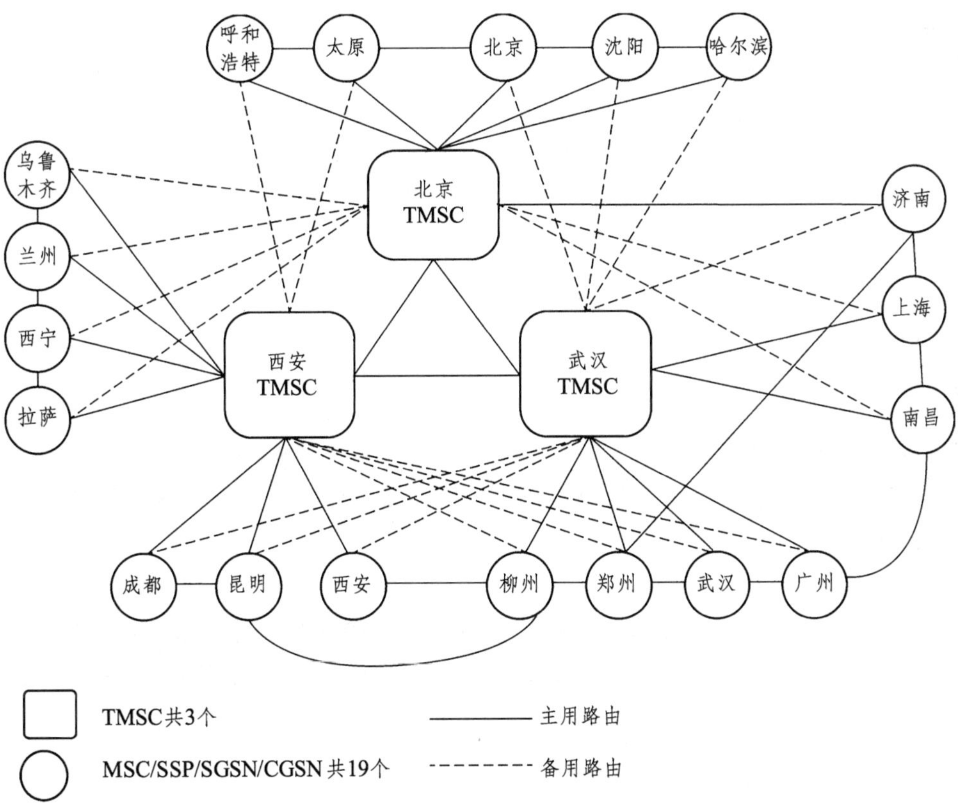

图 2-28　交换网设置

表 2-3　节点分配

大区汇接中心 TMSC(3 个，兼作 MSC 和 GMSC)	汇接的移动业务本地网端局 MSC（19 个，设在 18 个铁路局所在地及拉萨）
北京	北京、沈阳、太原、呼和浩特、哈尔滨、济南
武汉	武汉、上海、南昌、广州、郑州、柳州
西安	西安、昆明、成都、拉萨、西宁、兰州、乌鲁木齐

MSC 设置：在 18 个铁路局集团公司（以下简称铁路局）所在地及拉萨设置 MSC，共计 19 个。具体工程建设时由中国国家铁路集团有限公司（以下简称国铁集团）统一归口管理 MSC 数量和设置地点。

网关局 GMSC 设置：与 MSC 同址设置，作为与其他网间的互联互通点。网络建设初期由移动端局 MSC 兼任，当网络规模和业务量达到一定程度时，可考虑独立设置。

HLR 设置：全路在北京和武汉设置 2 个 HLR，采用地理冗余成对配置，北京主用，武汉备用，成对的两个 HLR 间实时数据复制。容量按照全网 MSC 用户容量的 120%～150%进行配置，确定 HLR 容量为 80 万用户，远期可进行扩容。

短消息服务中心 SMSC 设置：在北京、武汉分别设置 1 套 SMSC，并互为备用。根据全路 19 个 MSC 的用户容量，按每用户每天发送 3 条短信的话务模型，确定 SMSC 容量为 40 万 BHSM，远期可根据全路 GSM-R 系统建设的情况进行扩容。

紧急呼叫确认中心 AC 设置：在 MSC 所在地各设置 1 套 AC 记录存储设备，对紧急呼叫的相关信息进行记录、储存。

2）固定用户接入交换系统设置

固定用户一般指调度员或者车站值班员，采用有线方式和 FAS 连接，FAS 再与 MSC 相连实现无线和有线的互通。

2. 智能网子系统

智能网规划包括业务控制点 SCP 的设置、业务交换点 SSP 设置，以及其他设备的设置。在北京、武汉各设置 1 套智能网设备，采用主备工作方式。其他核心网节点与 MSC 合设一套 SSP。

1）业务控制点 SCP 的设置

北京和武汉设置 2 个 SCP 节点，每个节点均采用硬件和软件冗余备份，2 个 SCP 节点间建立主备用关系，通过广域网实现高速互联，保证 SCP 数据实时同步。图 2-29 所示为 SCP 的异地容灾备份。

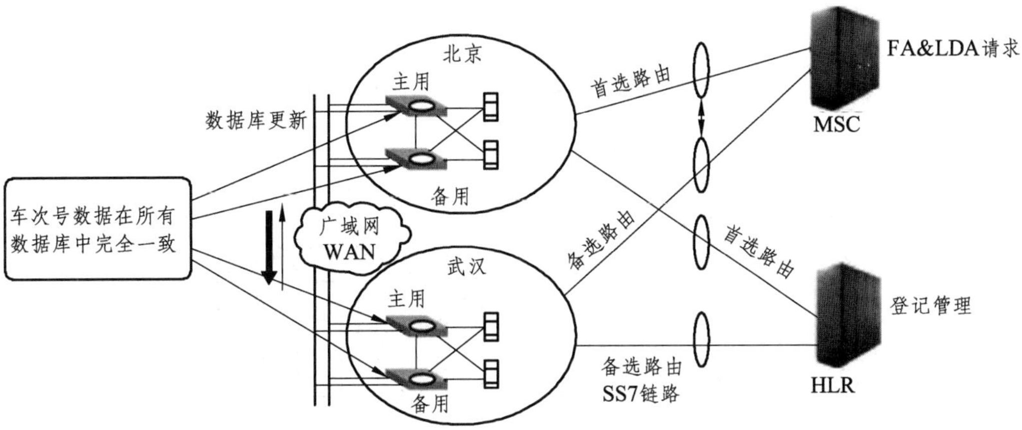

图 2-29 SCP 异地容灾备份

2）业务交换点 SSP 的设置

SSP 是受 SCP 指令控制起接续作用的部件，SSP 与 MSC 合设。

3. GPRS 子系统

通用分组无线业务子系统（GPRS）的业务承载网络采用二级网络结构，包括全国骨干数据网和各路局本地数据网，如图 2-30 所示。

（1）全路骨干数据网负责为不同路局本地数据网业务互联提供通道，网络采用 MPLS BGP VPN（基于 BGP 的多协议标签交换虚拟专用网技术）协议，在国铁集团、北京、武汉、成都、上海和西安设置了骨干核心路由器（CR），其余路局骨干接入路由器（AR）接入骨干核心路由器。

（2）各路局本地数据网负责为用户提供 GPRS 业务接入，由 GPRS 接入交换机（CE）上联 GPRS 接入路由器（PE），通过 MPLS BGP VPN 协议，GPRS 路由信息发布至各路局核心路由器，各路局核心路由器与各路局骨干接入路由器建立 EBGP 邻居关系，实现 GPRS 网络的互联互通。全国设置若干个 GPRS 本地网，本地网由 SGSN（服务 GPRS 支持节点）、GGSN（网关 GPRS 支持节点）、DNS（域名服务器）、RADIUS（远程拨入用户验证服务）、BG（边界网关）、CG（计费网关）以及本地网络接入设备等组成，通过铁路数据通信网的接入路由器接入骨干网，同时 GPRS 本地网络接入设备进行冗余设置，保证安全性。

GSN 组网设置：本地 SGSN、GGSN、GRIS 设置之间应通过 GPRS 本地网络接入设备互连；异地 SGSN 与 GGSN、SGSN 与 DNS、GGSN 与 RADIUS 等设备之间通过数据通信网互连，SGSN、GGSN 与 HLR、SCP、EIR 设备之间通过信令网互连，并符合业务使用需要。

DNS 组网设置：DNS 采用集中设置方式，具有网络容灾备份机制；成对 DNS 采用主备工作方式，正常情况下由主用 DNS 负责全网域名解析，当主用 DNS 故障，SGSN、GRIS 等终端自动尝试向备用 DNS 发起请求，转由备用 DNS 为全网提供服务，保证分组业务不受影响。

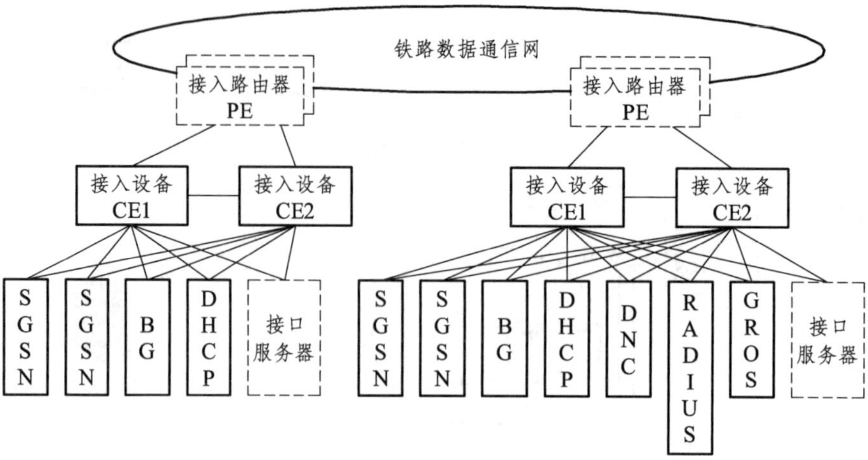

图 2-30　GPRS 子系统网络结构示意图

注：图中实框表示 GSM-R/GPRS 系统设备，虚框表示其他系统设备。

RADIUS 组网设置：RADIUS 采用集中设置方式，具有网络容灾备份机制；成对 RADIUS 采用主备工作方式，正常情况下由主用 RADIUS 负责全网用户身份认证，当主用 RADIUS 故障，GGSN 等终端自动尝试向备用 RADIUS 发起请求，转由备用 RADIUS 为全网提供服务，保证分组业务不受影响。

4. GSM-R 与外网的接口

主要包括以下接口：

（1）GSM-R 与列控系统 RBC 的接口。

（2）GSM-R 与同步操控系统地面应用节点的接口。

（3）GSM-R 与铁通 PSTN 专网交换机的接口。

（4）GSM-R 与 FAS 系统的接口。

（5）GSM-R 与 TDCS 及其他应用系统的接口。

（三）无线网规划

1. 基站子系统组网方式

BSS 基站子系统有星型组网、链型组网、环型组网和树型组网。

（1）星型组网方式：星型组网时每个站点上由 BSC 直接引入 n 条 E1 PCM 链路。每个站点上的 BTS 设备都是末端设备。这种方式组网简单，易于维护。信号经过环节少，线路可靠性较高，可用于城市人口稠密地区组网。

（2）链型组网方式：链型组网适用于一个站点多台 BTS 的情况，信号经过的环节较多，线路可靠性较差。适用于呈带状分布的、用户密度较小的地区，可以大量节省传输设备。实际工程组网时，由于站点的分散性，与基本组网方式不同的是在 BSC 和 BTS 之间常常需采用传输设备作为中间连接。常用的传输方式有：微波传输、光缆传输、HDSL 电缆传输和同轴电缆传输等。

（3）环型组网方式：环型组网有两套互为备用的链路。环中的每个节点都有两个上级节点，提高了链路的可靠性。如果一个站点损坏或一条链路失效，则其下级节点可以选择另一条链路作为主用。

（4）树型组网方式：树型组网方式实际上是星型和链型混合组网方式。它适用于面积大，用户密度较低的地区，其组网方式复杂，经过环节多，线路可靠性高。由于站点的分散性，BTS 和 BSC 间通常会采用其他传输方式，如微波、光缆、HDSL 和同轴电缆等。

GSM-R 系统无线网络规划的目标是沿铁路线实现场强无缝连续覆盖并达到系统业务质量要求。在密集市区基站间距不大于 3 km，郊区基站间距不大于 5 km，开阔地基站间距一般为 6 ~ 7.5 km。铁路无线弱场强覆盖情况比较复杂，工程中应结合具体应用和现场情况合理选择方案，铁路沿线隧道、路堑等区域的无线覆盖多采用光纤直放站结合漏缆或天线来满足覆盖要求。在站房内、地下通道和旅客车厢内，可根据需要采用室内分布。

GSM-R 系统沿着路轨方向安装定向天线，以形成沿轨的椭圆形小区。在话务量较大但对速度要求较低的编组站内采用扇形小区覆盖；在人口密度不高的低速路段和轨道交织处一般采用全向小区覆盖。

为了满足铁路对系统安全性、可用性、可靠性和可维护性方面的要求，GSM-R 在网络上采用冗余覆盖的方式，常见的有单网交织冗余覆盖、同站址无线双层覆盖、交织站址无线双层覆盖。

2. 单网交织冗余覆盖

单网交织冗余覆盖，如图 2-31 所示，是指铁路沿线由一层无线网络进行覆盖，在系统设计时通过加密基站，使线路上的某个地点的基站出现故障时，该地点的场强仍然能够通过相邻基站得到保证，使得沿线业务应用不会因个别无线设备的故障而中断。

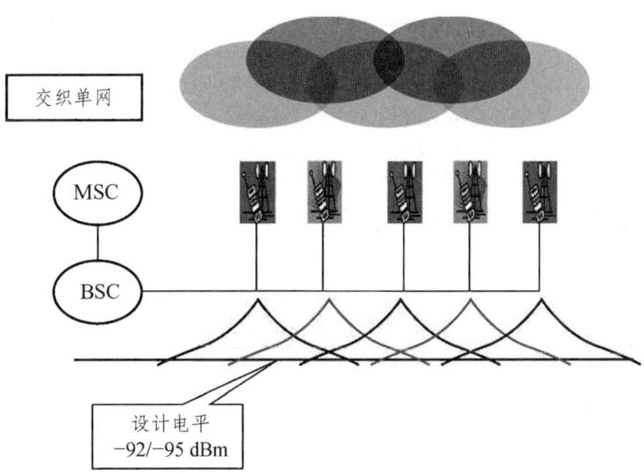

图 2-31　单网交织冗余覆盖

单网交织冗余覆盖网络所需的小区数在原有的单层网络上增加了一倍，因此将GSM-R的19个频点分为8组，见表2-4。由于实际应用中可能有一些特殊站型和特殊环境，预留了三个频点1001、1009、1017号作为整个网络调整使用。

表2-4 频率分组表

组号	1	2	3	4	5	6	7	8
频率分组	1000	1002	1005	1006	1010	1011	1014	1015
	1003	1004	1007	1008	1012	1013	1016	1018

频率分配的秩序可以按1、3、5、7、2、4、6、8的秩序进行，每个基站四载频，一个基站两扇区，每个扇区两个载频。每个小区配置两个载频，可保证同一小区和邻小区的频点不相邻。

3. 同站址无线双层覆盖

同站址无线双层网络是指两个基站并列设在同一站点，形成了铁路沿线的两个无线网络层，如图2-32所示，同一站点的两个基站安装在同一个机房内，有类似的覆盖区域。这种方式易于安装，还可降低安装成本，但未考虑容灾问题。如果某地发生灾害（如火灾、洪水、闪电等），同一站点的两个基站都会损坏，造成在某一路段内同时失去双层网络的覆盖。

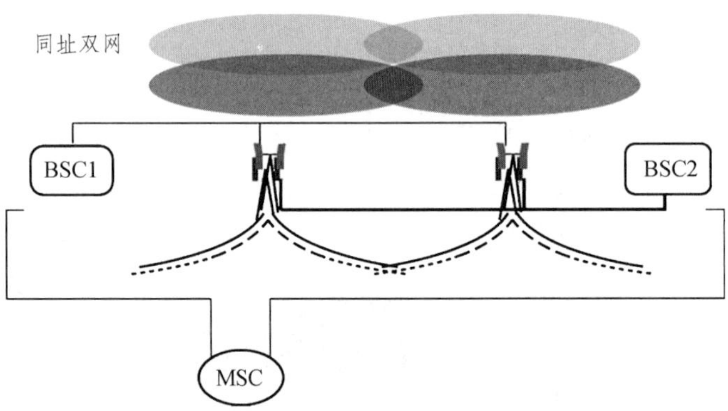

图2-32 同站址无线双层网络

同站址无线双层网络的频率分配可在表2-4的基础上，对频率进行重新组合见表2-5。

表2-5 频率分组

组号		频率重组	
1	3	1000，1003	1005，1007
5	7	1010，1012	1014，1016
2	4	1002，1004	1006，1008
6	8	1011，1013	1015，1018

4. 交织站址无线双层网络

与同站址方式不同，交织站址无线双层网络中的第二层基站位于一层两个连续的基站之间。如图 2-33 所示，每个基站有独立的机房和天馈系统。其优点是如果某地发生灾害，只有其中一层失去覆盖，另外一层的服务不受影响。但与此同时也带来了小区规划复杂，以及站址和安装成本增加的问题。

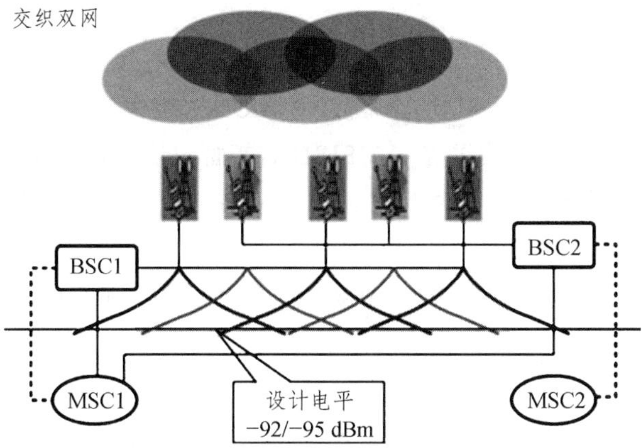

图 2-33　交织站址无线双层网络

网络的频率规划既可按单网交织冗余覆盖网络的方式进行，也可按同站址无线双层网络的方式进行，其等效的最大小区配置也是四载频。

二、GSM－R 系统编号

GSM-R 系统提供了多种号码，用于实现用户识别、设备识别和区域识别等功能。下面分别从 GSM 公共编号和 GSM-R 专有编号来介绍。

（一）GSM 公共编号

1. 移动用户的 ISDN 号码（MSISDN）

MSISDN 号码是呼叫数字公用陆地蜂窝移动通信网中某一用户时，主叫用户所拨的号码。简单地说，其实就是我们的手机号码。手机号码组成为：MSISDN = CC + NDC+SN，如图 2-34 所示。

国家代码 CC	国内有效移动用户电话号码 NDC+SN

图 2-34　MSISDN 号码组成

其中，CC 是国家码，我国的国家号码为 86；NDC 是国内目的代码，我国的 GSM-R 网络国内目的代码为 149。

SN 是用户号码，其结构如图 2-35 所示，其中 H0H1H2 为 HLR 的识别码，H0=CT=8，

H1H2 为地区号码；ABCDE 为移动用户号码，首位 A 或 AB 表示用户类型，E 表示号码所属站段。

HLR识别号 $H_0H_1H_2$	移动用户号码 ABCDE

图 2-35　SN 号码组成

2. 国际移动用户识别码（IMSI）

IMSI 是在 PLMN 网中唯一识别一个移动用户的号码，它就像每一个用户的身份证一样。如果把 MSISDN 和 IMSI 对比起来看，MSISDN 就像我们的名字，而 IMSI 就像我们的身份证号码一样。值得注意的是，MSISDN 是面向用户的，而 IMSI 是面向网络的，网络通过 IMSI 号码来识别用户的身份。此号码存储于用户端的 SIM 卡和网络侧，它由 15 位数字组成，如图 2-36 所示。

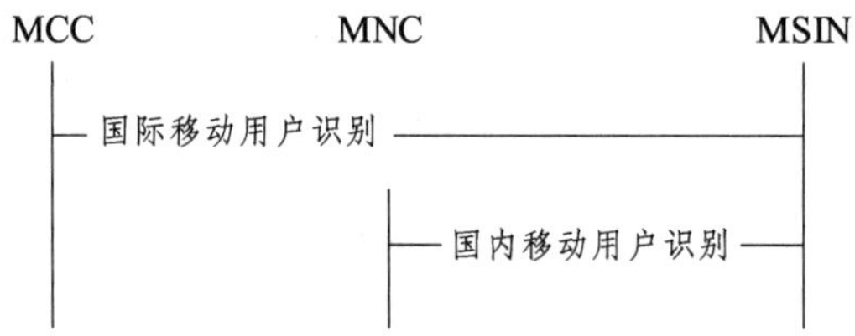

图 2-36　IMSI 号码组成

MCC 为移动国家号码，由 3 位数字组成，唯一地识别移动用户所属的国家，我国为 460。MNC 为移动网号，由两位数字组成，用于识别移动用户所归属的移动网。

MSIN 为移动用户识别号码，是一个 10 位的等长号码，为 H1H2H3 9××××××。其中，H1H2H3 与 MSISDN 号码中的 H1H2H3 相同；9 代表 GSM 900 MHz；××××××为用户号码。

IMSI 用于 GSM 移动通信网所有信令中，存储在 HLR、VLR 和 SIM 卡。

3. 移动用户漫游号码（MSRN）

为什么要引入移动用户漫游号码 MSRN 呢？例如，深圳用户所有的开户信息都是存储于深圳的 HLR 中，而其激活信息是在 VLR 里的，这个 VLR 的位置跟我所在的物理位置一致。假设现在到了上海，那么我激活信息应该在上海的 VLR。这个时候，如果有一个寻呼找我，寻呼方怎么找到我呢？寻呼方不可能直接知道我漫游到了上海吧。所以寻呼方先通过号码分析找到我的归属地，即深圳的 HLR。HLR 永远知道我在哪里，然后就要求当前位置的 VLR，即上海的 VLR 分配一个路由信息，这个路由信息就是 MSRN。深圳的 HLR 获得了这个路由信息以后，反馈给寻呼方，寻呼方通过这个路由信息直接找到上海的 VLR。这样就建立了一条链路实现通信。

总结一下，MSRN 是在每次呼叫移动用户时，为了使网络再次选择路由，根据 HLR 的请求，由用户所处漫游地的 VLR 临时分配给移动用户的一个号码。该号码在接续完成后即可释放给其他用户使用。它的结构与 MSISDN 一样。

4. 临时移动用户识别码（TMSI）

GSM 系统提供了在空中接口传递 TMSI 代替 IMSI 的保密措施。TMSI 是由当前所属 VLR 为来访移动用户在鉴权成功后分配的一个临时用户识别码，TMSI 是一个 4 字节的 BCD 码，仅限在本地使用，由各 MSC/VLR 自行分配。该号码在呼叫完成后即可释放给其他用户使用。

5. 国际移动设备识别码（IMEI）

IMEI 号码用于唯一地识别一个移动台设备，而与使用该手机的 SIM 卡用户无关。在用户不用 SIM 卡做紧急呼叫时，IMEI 可被用作用户标识号码，这也是唯一将 IMEI 号码用于呼叫的情况。IMEI 号码是一个 15 位的十进制编码，由 4 部分组成：IMEI=TAC+FAC+SNR+CD/SD，如图 2-37 所示。

TAC 为型号批准码，表示设备型号。

FAC 为最后装配码，表示生产厂家及其装配地。

SNR 为流水序列号，表示设备生产顺序号。

CD/SD 为备用码，其中 CD 为校验位，SD 为空闲位。

型号核准码 TAC（6位）	最后装配码 FAC（2 位）	流水序列号 SNR（6位）	备用码 CD/SD（1位）

图 2-37　IMEI 号码组成

6. 位置区识别码（LAI）

LAI（Location Area Identification）代表 MSC 业务区的不同位置区，用于移动用户的位置更新，号码结构为：LAI=MCC+MNC+LAC。其中，MCC 与 IMSI 中的相同，即移动用户国家号码。MNC 为移动网号，用于识别国内的 GSM 网。LAC（Location Area Code）为位置区号码，用于识别一个 GSM 网中的位置区，是 2 个字节长的十六进制 BCD 码。

7. 全球小区识别码（CGI）

CGI（CellGlobalIdentifier）是用来识别一个位置区的小区，它是在位置区识别码（LAI）后加上一个小区识别码（CI）。CI 是 2 个字节长的十六进制 BCD 码，可由运营部门自定。

8. 基站识别色码（BSIC）

BSIC（Base Station Identity Code）主要用于识别不同的基站或扇区，特别用于识别在不同国家和国内不同网络边界地区的基站。通常，对于采用相同载频的不同相邻基站或扇区分配不同的 BSCI 码。

9. 移动用户切换号码（HON）

HON（Hand Over Number）同 MSRN 一样属于局数据范畴，HON 切换号码编码方案与 MSRN 类似，主要用于在移动用户做跨 MSC 切换时，当前 MSC 向新 MSC 申请切换成功后，新 MSC 将临时分配一个 HON 号码用于标识该次切换呼叫，当前 MSC 根据返回的 HON 号码分析，与被叫用户所在的新 MSC 建立通话话路，从而实现跨 MSC 切换呼叫。HON 号码在全网范围内的每个 MSC 交换机上唯一分配，不可重复。

（二）GSM-R 专有编号

GSM - R 专有编号按照《铁路 GSM-R 数字移动通信系统编号计划（V3.0）》（铁运〔2013〕3 号）执行。码号资源由数字、符号组成，用于实现电信功能的用户编号和网络编号，遵循国际标准对电信码号的长度、结构要求。我国铁路 GSM - R 网络包括以下类型的号码：

（1）国内 GSM- R 网络用户号码：用于同一国家 GSM- R 网络内注册的用户之间的呼叫。

（2）国际 GSM- R 网络用户号码：用于不同国家 GSM- R 网络内注册的用户之间的呼叫。

（3）短号码：用于 GSM- R 网络内快速拨号。

（4）引示号：用于 GSM- R 网络用户呼叫其他网络用户的分隔码。

（5）移动用户及固定用户号码：用于 GSM- R 网络用户之间、其他通信网络的用户与 GSM-R 网络用户之间的呼叫。

（6）特服号：用于特服业务呼叫。

（7）GSM- R 网络设备编号：用于标识 GSM-R 网络设备。

（8）IP 地址：用于 GPRS 网络设备、终端设备及网管设备的 TCP/IP 寻址。

（9）信令点编码：用于采用 No.7 信令方式的信令点寻址。

编号原则：

（1）号码应在全网范围内统一分配，应满足互联互通的要求。

（2）编号方案应保证网络之间的互操作性，有助于用户身份的识别和权限限制，并保持稳定。

（3）编号方案应具有灵活性和可扩充性，采用不等位编号，最长不超过 15 位，并且由 0 到 9 的数字组成。

（4）为方便用户拨号，给特定用户分配功能号码，标识用户的职能身份。

（5）可以用字母，字母在终端被转换成数字串，转换关系应由铁道部统一制定。

下面主要介绍下功能号码、短号码、组呼参考 ID 号码、网络设备号码、网络 IP 地址、APN 的编号。

1. 功能号码

功能号码是 GSM-R 网络应用的精华部分。调度员也可以通过功能号拨叫，在不知道列车上工作人员（如列车本务机司机、列车长、随车机械师等）MSISDN 号码的情况下，准确地找到要找的司乘人员。

随着运行列车数量的增多和跨线机车的大量运行，调度员或者其他移动用户一般只知道某列车的车次信息，或者知道该车的机车号信息，不可能知道某辆车移动用户的 MSISDN 号码是多少，那么可以通过功能号的编号规则进行拨打，在对应角色人员已注册的情况下，可以不必知道 MSISDN 号码即可准确找到对方。

GSM-R 网络的功能号大致分为 4 种：车次功能号 TFN、机车功能号 EFN、车号功能号、调度员功能号。功能号的总体编号规则：

FN（功能号）=CT（功能号类型）+UN（用户号码）+FC（功能码）其中，功能码 FC 的编码规则见表 2-6。

表 2-6　功能码 FC 的编码规则

功能码	功能描述	功能码	功能描述
00	告警保留	40	ETCS/CTCS 使用
01	本务机司机（车载台）	41～49	国际（ETCS/CTCS）预留
02～05	补机 1～4 司机（车载台）	50～53	国内（车载台）预留
06～08	国内预留	54～59	国际（车载台）预留
09	国际预留	60～62	国内（旅客服务）预留
10	列车长 1	63～69	国际（旅客服务）预留
11	列车长 2	70～79	国内预留
12～19	国际（列车员）预留	80	国际预留
20	国内（餐车人员、列车员）预留	81	本务机司机（手持终端）
21～27	国际（餐车人员、列车员）预留	82～85	补机 1～4 司机（手持终端）
28～30	国内（乘检、列检人员）预留	86	运转车长 1/随车机械师 1
31	乘警长 1	87	运转车长 2/随车机械师 2
32	乘警长 2	87～89	保留国内使用
33～39	国际（乘警）预留	90～99	保留国内使用

1）车次功能号 TFN（TrainFunctionNumber）

编码规则：TFN（功能号）=CT（功能号类型）+TN（车次号）+FC（功能码）

其中，CT= 2；TN=车次号字母部分+车次号数字部分（字母部分长度最大支持两位字符，编码符合 ASCII 编码表，见表 2-7，每个字母用十进制数字表示，车次号数字部分最长为 5 位）；FC 可查表 2-6。

表 2-7 ASCII 编码表

字母	十进制数字	字母	十进制数字	字母	十进制数字
A	65	J	74	S	83
B	66	K	75	T	84
C	67	L	76	U	85
D	68	M	77	V	86
E	69	N	78	W	87
F	70	O	79	X	88
G	71	P	80	Y	89
H	72	Q	81	Z	90
I	73	R	82		

具体编码规则可总结为表 2-8。

表 2-8 车次功能号编码规则

车次功能号（TFN）	备注
2 CCCC ××××× FF	共 8～12 位数字。 CCCC：车次号是 0～2 位字母转换的 4 位数字，符合 ASCII 码转换规则，当车次号中带 1 位字母时，CCCC=00CC，车次号中不带字母字母时，CCCC=0000；当车次号为 0+1 位字母+xxxx 时，CCCC=48CC；当车次号为 00+xxxx 时，CCCC=4848。 ×××××：车次号中的数字位，1～5 位可变长，分别为×、××、……、×××××。 FF：2 位数字功能码 FC

思考：Z1 次列车司机功能号是多少呢?

2）机车功能号 EFN（EngineFunctionNumber）

编码规则：EFN（功能号）=CT（功能号类型）+EN（机车号）+FC（功能码）

其中：CT=3；EN=机车类型代码+机车编号（机车类型代码按规定编码；固定 3 位；机车编号以实际机车的编号为准，固定 5 位），FC 可查表 2-6。说明：动车组等列车两端都有牵引机车（0 端和 1 端），其机车号相同，因此使用 4 位表示机车号，以第 5 位表示 0 端和 1 端。其余机车号不足 5 位的，高位补 0 占位。

3）调度用户功能号码 LN

FN（功能号）=CT（功能号类型）+LN（位置区）+FC（功能码）

其中，CT = 91，LN = L1L2L3L4L5，用以确定被叫方的注册位置，包括调度辖区、车站（场）、编组场（分场）位置号，由 5 位数字组成，在全路范围内统一分配。L1L2=H1H2，与 MSISDN 号码的 H1H2 相同。其中，调度用户功能码 FC 见表 2-9。

表 2-9 调度用户功能码 FC

功能码	功能描述	功能码	功能描述
00	通用调度员（用于不受基于位置呼叫限制的各类调度员）	39	预留
01	列车调度员	40	货运调度员
02	列车助理调度员	41～49	预留
03～04	预留	50	牵引供电调度员
05	车站（场）、编组场（分场）值班员（主信号楼）	51～79	预留
06～09	车站（场）、编组场（分场）值班员（其他信号楼）	80	电务调度员
10	车站（场）调度值班员	81	车务调度员
11～19	车站（场）内其他值班员	82	工务调度员
20	客运调度员	83	供电调度员
21～29	车站（场）1～9 外勤助理值班员	84	水电调度员
30	机车/动车调度员	85	机务调度员
31	机务段调度员	86	车辆调度员
32	机务折返段调度员	87	公安调度员
33～34	机务段运转值班员	88～89	预留
35	列车段（车务段）值班员	90	救援中心指挥员
36	列车段（客运段）值班员	91	应急救援指挥中心调度台
37	救援列车主任	92～98	预留
38	动车司机调度员	99	通信机房试验台

2. 短号码

短号码用于 GSM-R 网络内的快速拨号，GSM-R 移动用户可以在不知道实际 FAS 号码的情况下，拨打预定义的短号码，正确地呼叫当前本线行车调度员、本线电力调度员、本线客服调度员、前方/后方/本站车站值班员等功能。短号码由 4 位数字组成，第一位数字 CT=1。短号码应在全国范围内统一定义，但某些号码必须作为国际通用号，以实现互联互通。短号码的规划及呼叫功能见表 2-10。根据短号码规划，目前网络中实际实施的短号码主要有 1200、1300、1400 等。

表 2-10 短号码的规划及呼叫功能

短号码	功能说明	短号码	功能说明
1000	试验号	182×	保留国内使用
1001	最适当的 GSM-R 业务障碍申告台	183×～189×	保留国内使用
10××	国内预留	1900	最适当的动车司机调度台
11××	保留特服号使用	1901	最适当的机务段运转值班台
12X0	最适当的列车调度台	190×	保留国内使用（机务）
12X1～12X9	国内预留（最适当的列车调度台）	1910	货运调度台
13X0	最适当的车站值班员	1911	车站（场）货运室值班台
13X1～13X9	国内预留（最适当的车站值班台）	191×	保留国内使用（货运）
14XX	最适当的牵引供电调度台	1920	牵引变电所值班台
1500	最适当的 RBC 设备	192×	保留国内使用（牵引供电）
15××	国内预留	1930	最适当的客运调度台
1612	铁路紧急呼叫确认中心	193×	保留国内使用（客运）
16××	国际预留	1940	最适当的动车调度台
1700	司机安全设备	194×	保留国内使用
17××	国际预留	1950	工务调度台
1800	调车机车信号监控信息传送节点	195×	保留国内使用（工务）
180×	保留国内使用	1960	电务调度台
1810	机车同步操作无线传输业务节点	196×	保留国内使用（电务）
181×	保留国内使用	197×～199×	保留国内使用

3. 组呼参考 ID 号码

GSM-R 系统的一个特色功能就是为铁路工作人员提供语音组呼和语音广播业务。要实现这两种业务，必须要确定通信参与者的所在区域和身份。组呼参考就是用于定义语音组呼和语音广播呼叫参与者的区域和身份。

组呼参考由组标识和组呼区域唯一确定。组标识说明该组的功能，即由哪些身份的成员组成，一个用户可以同时签约多个组 ID，并给它们设置不同的优先级。组呼区域是指组呼通信所覆盖的地理范围，可以由若干个蜂窝小区组成。

4. 网络设备号码

网络设备号码用于标识 GSM-R 网络设备。网络设备号码包括 MSC/VLR/GCR/SSP、HLR/AUC、SCP、SMSC 识别码、位置区识别码 LAI、全球小区识别码 CGI、基站识别色码 BSIC、漫游区域识别码 RSMN、国际移动设备识别码 IMEI。

5. 网络 IP 地址

用于 GPRS 网络设备、终端设备，以及网管设备的 TCP/IP 寻址。GSM-R 网络中 IP 地址主要包括 GPRS 网络中网络设备和用户的 IP 地址两部分。

1）分配范围

GPRS 网络设备、GPRS 用户终端、GSM-R 网管设备。

2）分配原则

（1）内部专网，使用 RFC1918 规范中规定的私有 IP 地址，采用铁路计算机网络 IP 地址段。

（2）采用结构化、层次化的地址分配方式。

（3）各个层次的地址空间中都要有充分的预留。

（4）各铁路信息系统的 GPRS 通信服务器 IP 地址应由各信息系统分配。

3）地址分配

（1）GPRS 网络设备及终端：10.12.0.0 ~ 10.15.127.255。

（2）GSM-R 网络管理设备：10.15.128.0 ~ 10.15.255.255。

6. APN

APN（接入点名称），是非常重要的参数，没有 APN，就不知道哪个 GGSN 激活。国铁集团要求 GPRS 网络用户终端（主要是机车 CIR）必须按照属地化原则进行配置，即机车属于哪个铁路局，其相关 GPRS 数据必须按照该局的规划进行配置。

为此，必须对 APN 进行网络规划，以满足铁路属地化管理的要求。同时由于铁路专用的 GRIS 系统是唯一提供 GPRS 网络到其他任何网络的接口设备，因此 APN 的规划应与 GRIS 系统相关，以体现其网络结构。目前，国铁集团对 APN 的规划见表 2-11。

表 2-11　APN 的规划

序号	铁路局集团有限公司	域名	序号	铁路局集团有限公司	域名
1	哈尔滨	HEB	10	上海	SH
2	沈阳	SY	11	南昌	NC
3	北京	BJ	12	广州	GZ
4	太原	TY	13	南宁	NN
5	呼和浩特	HHHT	14	成都	CD
6	郑州	ZZ	15	昆明	KM
7	武汉	WH	16	兰州	LZ
8	西安	XA	17	乌鲁木齐	WLMQ
9	济南	JN	18	青藏	QZ

典型案例

一、案例背景

某铁路局既有 C3 线路，在 A 基站覆盖区域出现多次 C3 降级现象，通过对接口监测数据进行分析，A 基站的 1 个频点存在连续的 7 ~ 8 级质差。

二、案例分析

由于多趟车运行经过 A 基站均出现质差情况，排除车载原因，质差的原因一般由无线网络或基站等因素导致，质差可能原因如下：

（1）设备硬件故障。

（2）天馈系统存在连接松动或者馈线头工艺差。

（3）基站存在外界或内部干扰。

（4）小区参数设置不合理。

三、故障处理

根据可能存在的原因，故障定位及处理过程如下：

（1）检查基站设备告警及基站日志未发现有硬件告警。

（2）测试天馈驻波为 1.2，驻波正常。

（3）检查设备天馈接头制作工艺，都已拧紧，连线正确，未发现异常。

（4）检查小区参数设置，符合规范。

（5）A 基站现场使用扫频仪进行干扰排查未发现明显干扰源。

（6）通过 A 基站所在地理位置分析，A 基站附近有新建线路正在单站调试阶段，核查 A 基站附近新建站点的工参，发现新建线路 B 基站和既有线路 A 基站的两个小区存在邻频现象，将新建 B 基站小区进行锁闭。观察 A 站小区质差提升为 0 ~ 1 级，再未出现 C3 降级现象，最后重新规划 B 基站的频点后一切恢复正常。

在以后的分析中，要学会借助接口监测数据辅助分析，排查时要分内部干扰和外部干扰来区别定位。同时在新建线路调试时，要严格核查频点、编号方案数据，尤其对于现网交叉区域要严格与现网数据进行核对避免发生相互干扰。

课程	GSM-R 通信系统应用与维护	任务	GSM - R 网络区域划分
班级		姓名	

活页笔记

自我分析与总结

课程	GSM-R 通信系统应用与维护	任务	GSM - R 网络区域划分
班级		姓名	

同步练习

1. 选择题

（1）在我国 GSM-R 中，呼叫类型 CT=1，表示用来进行（　　）。

A. 短号码　　B. 车次功能号

C. 机车功能号　　D. 车号功能号

（2）在我国 GSM-R 中，进行车次功能号呼叫时，CT=（　　）。

A. 1　　B. 2

C. 3　　D. 4

（3）在我国 GSM-R 中，进行机车功能号呼叫时，CT=（　　）。

A. 1　　B. 2

C. 3　　D. 4

（4）我国 GSM-R 相邻频道的间隔是（　　）。

A. 45MHz　　B. 4MHz

C. 200kHz　　D. 900MHz

（5）我国 GSM-R 共有（　　）个载频。

A. 8　　B. 19

C. 21　　D. 18

2. 填空题

（1）我国 GSM-R 网络共有_____个可用载频。

（2）我国 GSM-R 通信系统的上行频段是_____MHz。

（3）我国铁路沿线采用_____用方式。

（4）我国铁路枢纽地区采用_____复用方式。

（5）车次功能号的标号规则为 FN（功能号）=_____ + UN（用户号码）+_____。

3. 简答题

（1）简述 GSM-R 无线组网方式。

（2）GSM-R 的频率是如何分配的？

（3）短号码中拨打 1200、1300、1400，分别对应什么值班员。

实操

1. 现场通过 GSM-R 手持机完成机车功能号的注册，并实现功能号的相互拨打。

2. 研讨 BSS 基站子系统常见的组网方式，并分析每种组网模式下如何实现频率分配，不会导致同频干扰。

课程	GSM-R 通信系统应用与维护	任务	GSM - R 网络区域划分
班级		姓名	

任务与考核

任务名称		GSM-R 网络区域划分		
任务	知识技能目标	考核项目	自我评价	教师评价
GSM-R 网络规划	1. 了解 GSM-R 组网技术。 2. 掌握核心网和无线网网络规划	GSM - R 工作频段及复工原理（20 分）		
		移动交换子系统节点组成（10 分）		
		智能网子系统节点组成（10 分）		
		基站子系统组网方式（20 分）		
GSM-R 系统编号	1. 了解 GSM 公共编号的组成。 2. 掌握 GSM-R 专有编号规则	功能号码的使用场景（10 分）		
		车次功能号 TFN 编码规则（10 分）		
		机车功能号 EFN 编码规则（10 分）		
		调度用户功能号码 LN 编码规则（10 分）		
总分 100 分				

任务四　GSM-R 无线信道空中接口技术

由于地理环境的复杂性和多样性，以及用户移动的随机性和多径传播现象等因素的存在，使得移动通信系统的信道变得十分复杂。为了克服无线环境传播的各种问题，引入了多项关键技术来实现空中接口，如用功率控制来克服路径损耗和阴影效应，通过分集技术和跳频技术来解决无线环境的干扰问题，从而实现移动通信。

一、功率控制技术

所谓功率控制，就是在无线传播上对手机或基站的实际发射功率进行控制，以尽可能降低基站或手机的发射功率，这样就能达到降低手机和基站的功耗，以及降低整个 GSM-R 网络干扰的目的。功率控制的前提是要保证正在通话的呼叫拥有比较好的通信质量。

从图 2-38 可见，在 A 点的手机离基站的天线比较远，而电波在空间的传播损耗与距离的 N 次方成正比。因此，为了保证一定的通信质量，A 点手机在通信时就要使用比较大的发射功率。相比而言，由于 B 点离基站的发射天线比较近，传播损耗也就比较小。因此，为了得到类似的通信质量，B 点的手机通信时就可以使用比较小的发射功率。当一个正在通话的手机从 A 点向 B 点移动时，功率控制可以使它的发射功率逐渐减小。相反，当正在通话的手机从 B 点向 A 点移动时，功率控制可以使它的发射功率逐渐增大。

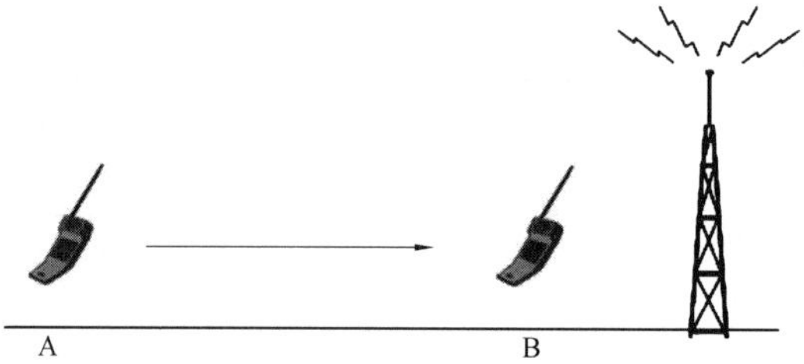

图 2-38　功率控制示意图

功率控制可以分为上行（移动台端发射，基站端接收）功率控制和下行（基站端发，移动台端接收）功率控制，上行和下行功率控制是独立进行的。所谓的上行功率控制，也就是对移动台的发射功率进行控制；而下行功率控制，就是对基站的发射功率进行控制。不论是上行功率控制还是下行功率控制，通过降低发射功率，都能够减少上行或下行方向的干扰，同时降低移动台或基站的功耗，表现出来的最明显的好处就是整个 GSM-R 网络的平均通话质量大大提高，移动台的电池使用时间也大大延长。

在功率控制过程中，确定功率控制过程决策原始的信息是来自手机和基站的测量数据，通过处理和分析这些原始数据，做出相应的控制决策。和切换控制过程类似，一般来说，整个功率控制过程如图 2-39 所示。

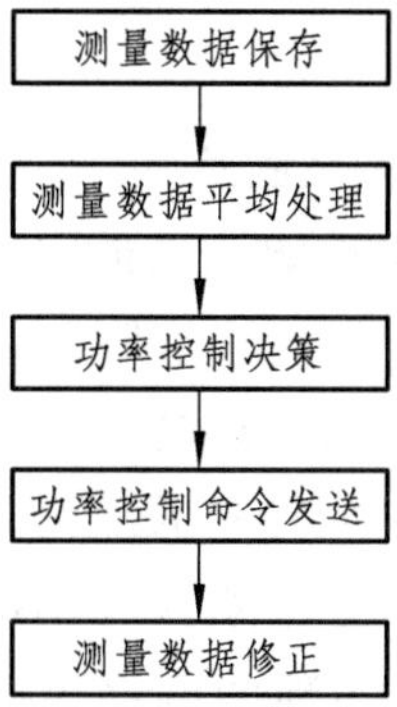

图 2-39　功率控制过程

（一）测量数据保存

与功率控制有关的测量数据类型包括上行信号电平、上行信号质量、下行信号电平和下行信号质量。

（二）测量数据平均处理

为了减小复杂的无线传输对测量值带来的影响，对测量数据的平均处理一般采用前向平均法。也就是说在确定功率控制决策时，使用的是多个测量值的平均值。对不同的测量数据类型，求平均的过程中参数设置可以不一样，也就是说所使用的测量数据的个数可以不一样。

（三）功率控制决策

功率控制决策需要三个参数：一个门限值，一个 N 值和一个 P 值。若最近的 N 个平均值中有 P 个超过门限值，就认为信号电平过高或信号质量太好；若最近的 N 个平均值中有 P 个低于门限值，则认为信号电平过低或信号质量太差。根据信号电平或信号质量的好坏，手机或基站就可以判断如何控制发射功率，提高或降低的幅度由预先配置好的值决定。

（四）功率控制命令发送

根据功率控制决策的结论，将相应的控制命令通知基站，由基站负责执行或转发给手机。

（五）测量数据修正

在功率控制之后，原先的测量数据和平均值已经没有意义，如果仍旧原封不动地保留，会造成后面的错误功率控制决策。因此，要将原来的这些数据统统废弃，或对其进行相应的修正，使得数据仍旧可以继续使用。功率控制的速度最快是 480 ms 一次，实际上就是测量数据的最快上报速度。也就是说，一个完整功率控制过程最快是 480 ms 被执行一次。

（六）快速功率控制

ETSI 规范推荐的功率控制幅度都是固定的，一般为 2 dB 或 4 dB。然而，在很多实际的情况下，固定的功率控制幅度并不能达到最优的效果，举一个简单的例子。

当手机在离基站天线很近的地方发起一次呼叫，它使用的初始发射功率是所在小区 BCCH 信道上广播系统消息中手机最大发射功率。很明显，这时由于手机离基站的天线非常近，功率控制过程应该尽可能快地将它的发射功率降下去。然而，规范推荐的功率控制过程做不到，因为它每次只能命令手机降 2 dB 或 4 dB，加上每两次功率控制之间会有一定的间隔期（由于要收集足够多新的测量数据）。因此，要将手机发射功率降到合理的值，会经历一段比较长的时间，下行方向也是相同的。可见，这对降低整个 GSM-R 网络的干扰情况明显不利。要改善这一点，就需要加大每次功率控制的幅度，这就是快速功率控制的核心思想。

快速功率控制能够根据实际的信号强度和信号质量情况，判断出应该使用的功率控制幅度，不再局限于一个固定的幅度，这样就可以轻易解决手机初始接入时功率的控制问题。当然，它的作用不仅仅局限于这种情况，还有很多，如快速移动的手机、突然出现的干扰或障碍等。只要出现需要进行大幅度功率控制的现象，快速功率控制都能够圆满地给予解决。

二、跳频技术

为了提高 GSM-R 数字移动通信系统的抗干扰能力引入了跳频技术。引入跳频的原因有两个。第一是基于频率分集的原理，用于对抗瑞利衰落。移动无线传输在遇到障碍时不可避免地会遭受短期的幅度变化，这种变化称为瑞利衰落。不同的频率遭受的衰落不同，而且随着频率差增加，衰落更加独立。通过跳频，突发脉冲不会被瑞利衰落以同一种方式破坏。第二是基于干扰源特性。在业务量密集区，蜂窝系统容易受到频率复用产生的干扰限制，相对载干比（*C*/*I*）可能在呼叫中变化很大。引入跳频使得它可以在一个可能干扰小区的许多呼叫之间分散干扰，而不是集中在一个呼叫上。

跳频是指载波频率在宽频带范围内按某种序列进行跳变；控制和信息数据经过调制后成为基带信号，送入载波调制，然后载波频率在伪随机码的控制下改变频率，这种伪随机码序列即为跳频序列；最后再经过射频滤波器送至天线发射出去。接收机根据跳频同步信号和跳频序列确定接收频率，把相应的跳频后信号接收下来，进行解调。跳频基本结构如图 2-40 所示。

跳频技术有以下特点：

（1）采用跳频技术可增加系统工作频带，从而提高通信系统抗干扰和抗衰落能力。

（2）通过跳频可以改善和保护有效信息部分的脉冲不受通信环境中的瑞利衰落影响，经过跳频后由信道解码恢复为原数据。

（3）通过增加跳频数来提高跳频增益，从而使系统的抗干扰和抗衰落能力提高。跳频技术实际是避开外部干扰，使之跟不上频率的改变从而避免或明显降低同频道干扰和频率选择性衰落。而增加跳频数是因为跳频系统的增益等于跳频系统的频带宽度与 N 个最小跳频间隔的比值，所以增加跳频可使跳频增益提高。通常的跳频数应大于 3。如果跳频系统再加上频率的分集，若干组跳变频率下同时传送一个信息，然后用大数判定定律更有效地判决信息，则可使更多用户同时工作而相互干扰最小。

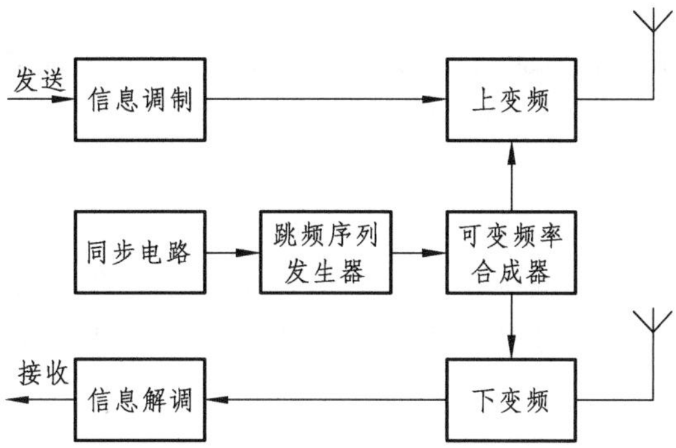

图 2-40　跳频基本结构

跳频有两种方式：基带跳频与射频跳频。

（1）基带跳频是每个载频单元的发射与接收频率不变，只是在不同的 FN（帧号）时刻，帧单元发信数据送给不同的载频单元发射出去。

（2）射频跳频是对每个收发信机的频率合成器进行控制，使其在每个时隙上按不同的方案跳频。

在 GSM-R 标准中采用慢跳频技术。每秒 217 跳，每跳周期为 1 200 bit。

三、分集接收技术

分集接收技术是一项主要的抗信号衰落技术，它可以大大提高多径衰落信道下的传输可靠性，其本质就是采用两种或两种以上的不同方法接收同一信号以克服衰落，其作用是在不增加发射机功率或信道带宽的情况下充分利用传输中的多径信号能量，以提高系统的接收能力。

分集接收就是利用多条相互独立路径传输同一信息源信号，按照一定的方法再集合起来变害为利，将接收到的多径信号分离成互不相关的多径信号，然后将这些信号的能量按照一定规则合并起来，使接收的有用信号能量最大，从而达到抗衰的目的。BTS 在无线接口采用分集接收技术，即接收处理部分有两套，用于接收两路不同的信号。

分集接收技术包括空间分集、时间分集、频率分集、极化分集等。

（一）空间分集

在空间设立两副接收天线，独立地接收同一信号，再合并输出，衰落的程度能被大大地减小，这就是空间分集。空间分集是利用场强随空间的随机变化实现的，空间距离越大，多径传播的差异就越大，所接收场强的相关性就越小。所谓相关性是指信号间相似的程度，因此必须确定必要的空间距离。经过测试和统计，CCIR 建议为了获得满意的分集效果，两天线间距大于 0.6 个波长，即 $d>0.6\lambda$，并且最好选在 $\lambda/4$ 的奇数倍附近。若减小天线间距，即使小到 $\lambda/4$，也能起到相当好的分集效果。

（二）时间分集

时间分集是指采用一定的时延来发送同一消息，或者在系统所能承受的时延范围内在不同的时间内发送消息的一部分。

（三）频率分集

频率分集是指用两个以上的频率同时传送一个信号，在接收端对不同频率的信号进行合成，利用不同频率无线载波的不同路径减少或消除衰落的影响。这种方法的效率较好，且接收天线只需一副。

（四）极化分集

极化分集是指把两副接收天线的极化方向互成一定的角度进行接收，可以获得较好的分集效果。极化分集可以把两副分集接收天线集成在一副天线内实现，这样对于一个小区只需一副发送天线和一副接收天线即可。如果采用双工器，则只需一副收发合一的天线，大大减少了天线的数量。

四、不连续发射（DTX）与不连续接收（DRX）

（一）不连续发射（DTX）

DTX 简单地说是指移动台在有语音或数据传送时才打开发射机。通话是双向的，对于 MS 用户来说，语音经过语音编码后的速率是 13 kb/s。用户平均的说话时间约占 40% 以下，不说话的时间约占 60%。如果在不说话的时间继续按照 13 kb/s 发送比特流，就会对网络产生干扰。

DTX 仅在探测到连接中有话音时才发射。这将减少移动台和 BTS 的功率损耗，同时也能减少无线信道上的总功率。这个功能由 BTS 发射，BSC 控制在 BSC 中执行。

DTX 允许无线发射机在通话期间根据话音的有无进行开关操作，可以实现不连续发射功能。采用 DTX 有两个目的：一是降低空中总的干扰电平，提高系统效率；二是节省无线发信机电源的耗电，尤其是移动台。

1. 话音激活检测

为实现间断传输方式，首先必须表明什么时候需要或不需要传输。对于讲话情况，就必须检测是否有话音激活，这就是通常的话音激活检测（VAD）。其功能是指明话音编码器产生的每 20 ms 帧是否含有或不含有话音。发射机（BTS 和 MS 中）的 VAD 用于检测业务帧中是否包含话音、非透明数据或背景噪声。如果业务帧中只包含噪声，发射机发送一个 SID 帧，然后停止发射信号。

VAD 须对存在话音时的噪声和不存在话音时的噪声加以区别。在移动环境下，检测话音的最大困难在于话音/噪声之比经常很低。为提高 VAD 的精度，在进行判决之前采用滤波器以提高话音/噪声比值。

2. 舒适噪声

经验表明，在话音突然起始或中止时，随着发信机的开启或关闭会产生噪声调制，使听者受到严重的干扰。干扰随间断传输而有规则地发生。另外，在发信机关闭期间，收发采取完全静躁措施，噪声突然消失，会给听者造成一个联系中断的错觉。因此，在 GSM-R 系统中 DTX 方式并不意味着在话音间隙期简单地关闭发信机，它要求在发信机关闭之前，把发端背景噪声的参数传给收端，并且在话音间隙期间，也要每隔一定时间开启发信机，将发端新的参数传给收端。收端利用这些参数，人为地再生与发端类似的噪声，这就是通常所称的“舒适噪声”。

（二）不连续接收（DRX）

基站是通过基站寻呼找到手机的。所谓的非连续接收是指移动台在空闲模式下，并不是时时解读所有的系统消息及寻呼块内容。手机绝大部分时间处于空闲状态，此时需要随时准备接收 BTS 发来的寻呼信号。系统按照 IMSI 将 MS 用户分类，不同类别的用户在不同的时刻接收系统寻呼消息，无须连续接收。

典型案例

一、案例背景

某铁路局某线在国铁集团检测车测试过程中发现在某隧道中出现严重的信号质量差的问题，影响正常的行车，隧道组网如图 2-41 所示。

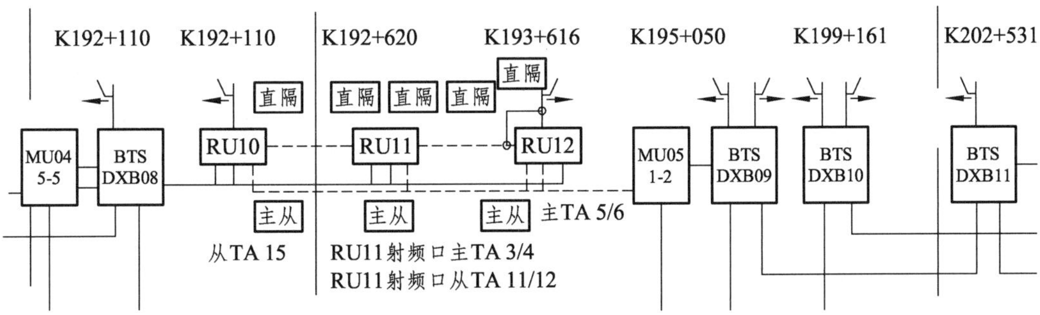

图 2-41　隧道组网

二、案例分析

隧道中信号质差的可能原因如下：

（1）隧道区域范围内存在网内频率干扰。

（2）直放站设备存在故障。

（3）服务小区以及相邻小区的参数设置不合理。

（4）其他问题。

三、故障处理

根据可能存在的原因，故障定位及处理过程如下：

（1）由于质差区段在隧道内，基本可以排除网外干扰。

（2）协调直放站厂家分析直放站设备，结果显示直放站无异常。

（3）核查小区参数及频点，没有发现异常。

（4）直放站设备采用主从双信号设备，在质差区段根据测试数据分析可以发现存在相邻 2 个小区的信号，而且电平相差在 10 dB 左右，通过锁频分别测试主信号 TA=3、4，从信号 TA=11、12，TA 存在较大差异。

（5）根据相关标准，车载终端接收机对于 TA 在 4 以内同一信号可以通过算法进行区分识别并获得多径的增益，但是对于 TA 大于 4 的相同信号则不能识别，从而造成同频干扰。

（6）最终，通过降低从信号强度，使同频载干比达到 12 dB 以上，降低多径干扰影响。

铁路实际应用中，由于直放站都是主从信号模式，在主从信号 TA 相差较大而电平强度相差不大的情况下，很容易由于时延色散产生同频干扰，影响业务质量。

课程	GSM-R 通信系统应用与维护	任务	GSM - R 无线信道空中接口技术
班级		姓名	

活页笔记

自我分析与总结

课程	GSM-R 通信系统应用与维护	任务	GSM - R 无线信道空中接口技术
班级		姓名	

同步练习

1. 选择题

（1）在我国 GSM-R 通信系统中，分集接收技术不包括（　　）。

A. 空间分级　　B. 频率分级

C. 时间分级　　D. 角度分级

（2）在我国 GSM-R 通信系统中，功率控制的过程不包括（　　）。

A. 测量数据保存　　B. 测量数据突发处理

C. 功率控制决策　　D. 功率控制命令发送

（3）在我国 GSM-R 通信系统中，跳频技术包括（　　）。

A. 基带跳频　　B. 射频跳频

C. 宽带跳频　　D. 窄带跳频

（4）我国 GSM-R 通信网络相邻频道的间隔是（　　）。

A. 1 200 bit　　B. 1 300 bit

C. 1 300 bit　　D. 1 400 bit

（5）我国 GSM-R 通信系统中，跳频技术中每秒（　　）跳。

A. 218　　B. 217

C. 219　　D. 216

2. 填空题

（1）空间分集是在空间设立_____，独立地接收同一信号，再合并输出，衰落的程度就能被大大地减小。

（2）频率分集是指用两个以上的频率同时传送一个信号，在接收端对不同频率的信号进行_____。

（3）我国铁路沿线采用_____用方式。

（4）DTX 有两个目的：一是_____；二是_____。

（5）功率控制可以分为_____功率控制和_____功率控制。

3. 简答题

（1）简述功率控制技术原理与目的。

（2）跳频技术分类及实现?

（3）简述常见的调制技术，指出 GSM-R 的调制方式?

实操

1. 现场使用 GSM-R 测试手机对 GSM-R 无线信道进行功率测试，并确认功率控制是否存在。

2. 讲述不连续发射（DTX）与不连续接收（DRX）的作用，并研讨 GSM-R 网络中采用哪些技术提高系统的抗干扰能力。

课程	GSM-R 通信系统应用与维护	任务	GSM - R 无线信道空中接口技术
班级		姓名	

任务与考核

任务名称		GSM - R 无线信道空中接口技术		
任务	知识技能目标	考核项目	自我评价	教师评价
功率控制技术	1. 了解功率控制技术的原理。 2. 掌握功率控制的实现过程	功率控制技术的原理（10 分）		
		功率控制的实现（15 分）		
跳频技术	了解跳频技术的原理。 掌握跳频技术的实现方式	跳频技术的特点（10 分）		
		跳频技术的方式（15 分）		
分集接收技术	了解分集接收技术的原理。 掌握分集接收技术实现方式	分集接收技术的原理（10 分）		
		分集接收技术实现方式（15 分）		
不连续发射（DTX）与不连续接收（DRX）	1. 了解不连续发射（DTX）与不连续接收（DRX）的原理。 2. 掌握不连续发射（DTX）的目的	不连续发射（DTX）的原理（10 分）		
		不连续发射（DTX）的目的（15 分）		
总分 100 分				

GSM-R 无线信道与移动性管理

任务五　GSM－R 物理层及移动性管理

一、GSM-R 物理层

无线通信最大的难点在于空中接口和无线信道，本任务将详细介绍无线信道的设计理念。这是一个层层递进的过程，首先要掌握物理信道的概念，再通过学习帧结构及突发脉冲的概念了解逻辑信道的概念及意义，从而掌握信道的组合和映射关系。

（一）多址方式

多址技术是指使众多的用户共用通信线路。为使信号多路化，实现多址的方法基本上有三种，分别采用频率、时间或代码分隔的多址连接方式，即通常所称的频分多址（FDMA）、时分多址（TDMA）和码分多址（CDMA）三种接入方式。图 3-1～图 3-3 所示为这三种方法的模型。

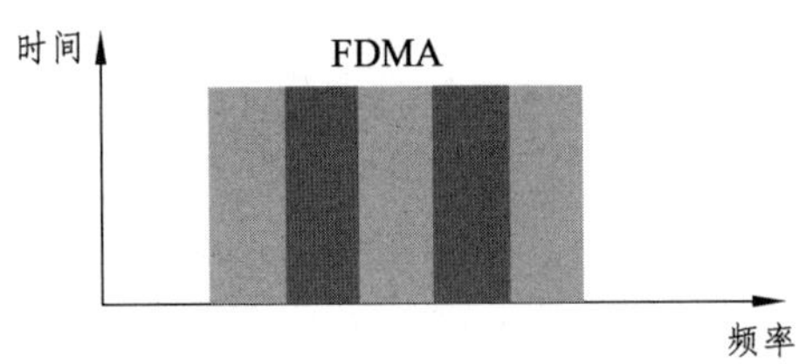

图 3-1　FDMA 模型

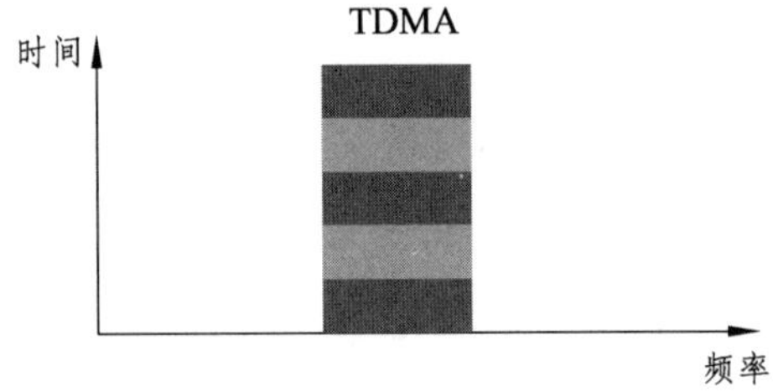

图 3-2　TDMA 模型

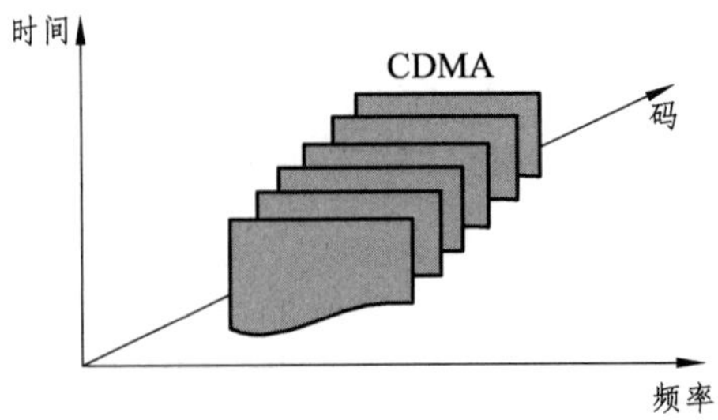

图 3-3　CDMA 模型

FDMA 以不同的频率信道实现通信，TDMA 以不同的时隙实现通信，CDMA 以不同的代码序列实现通信。

1. 频分多址（FDMA）

频分多址的频分，有时也称为信道化，就是把整个可分配的频谱划分成许多单个无线电信道（发射和接收载频对），每个信道可以传输一路话音或控制信息。在系统的控制下，任何一个用户都可以接入这些信道中的任何一个。

2. 时分多址（TDMA）

时分多址是在一个宽带的无线载波上，按时间（或称为时隙）划分为若干时分信道，每一用户占用一个时隙，只在这一指定的时隙内收（或发）信号，故称为时分多址。

TDMA 是一种较复杂的结构，最简单的情况是单路载频被划分成许多不同的时隙，每个时隙传输一路突发式信息。TDMA 中的关键部分为用户部分，每一个用户分配一个时隙（在呼叫开始时分配），用户与基站之间进行同步通信，并对时隙进行计数。当自己的时隙到来时，手机就启动接收和解调电路，对基站发来的突发式信息进行解码。同样，当用户要发送信息时，首先将信息进行缓存，等待自己时隙的到来。在时隙到来后，再将信息以加倍的速率发射出去，然后又开始积累下一次突发式传输。

一般来说，TDMA 多址方式是在 FDMA 多址方式的基础上使用的，即先把一个频段划分成多个频点，再在每个频点上划分时隙。GSM-R 系统就使用了这两种多址方式。

3. 码分多址（CDMA）

码分多址是一种利用扩频技术形成的从不同码序列实现的多址方式。不像 FDMA、TDMA 那样把用户的信息从频率和时间上进行分离，它可在一个信道上同时传输多个用户的信息，也就是说，允许用户之间的相互干扰。其关键是信息在传输以前要进行特殊的编码，编码后的信息即使混合后也不会丢失原来的信息。有多少个互为正交的码序列，就可以有多少个用户同时在一个载波上通信。每个发射机都有自己唯一的代码（伪随机码），同时接收机也知道要接收的代码，用这个代码作为信号的滤波器，接收机就能从所有其他信号的背景中恢复出原来的信息码（这个过程称为解扩）。

（二）突发脉冲

GSM-R 系统采用的是 FDMA（频分多址）和 TDMA（时分多址）混合技术，具有较高的频率利用率。FDMA 是指在 GSM-R 频段的上行（MS 到 BTS）885 ~ 889 MHz 或下行（BTS 到 MS）930 ~ 934 MHz 频率范围内分配了 21 个载波频率，简称载频，每个载频之间的间隔为 200 kHz。上行与下行载频是成对的，即采用所谓的双工通信方式。双工收发载频对的间隔为 45 MHz。

TDMA 是指在每个载频上按时间分为 8 个时隙段，每一个时隙段称为一个时隙(Time Slot)，如图 3-4 所示。一个载频上连续的 8 个时隙组成一个 TDMA 帧。每帧的相同时隙组合在一起就是一个物理信道，所以 GSM 的一个载频上可提供 8 个物理信道。

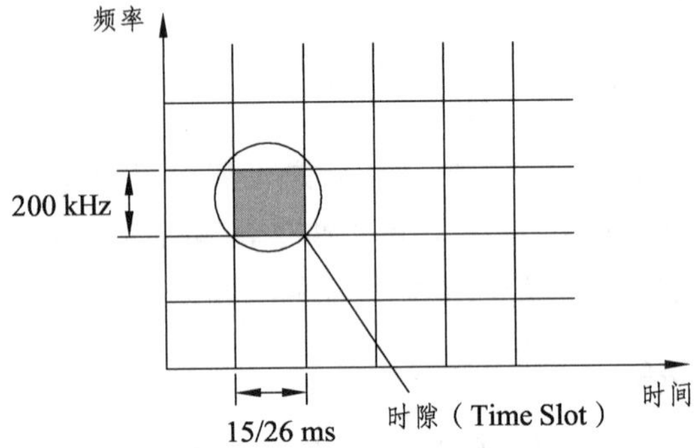

图 3-4　物理信道的时隙结构

按照信息的分类，GSM-R 系统中使用 5 种突发脉冲串结构。

1. 普通突发脉冲序列

普通突发脉冲序列用于携带业务信道（TCH）及除 RACH、SCH、FCCH 控制信道上的信息，具体组成如下：

TB 3 bit	加密比特 57 bit	Flag 1 bit	训练序列 26 bit	Flag 1 bit	加密比特 57 bit	TB 3 bit	GP 8.25 bit

TB（Tail Bit）是尾比特的意思，TB 的数值总是 000，以帮助均衡器识别起始位和终止位。普通突发脉冲序列有一个 26 bit 的训练序列，这是一串特定的比特序列，共 8 种。BTS 在设置 BSIC 号的时候，相应的比特序列也就设置了。其作用是帮助均衡器产生和修正信道模型，以消除时间色散。

GP（Guard Period）是保护间隔，共 8.25 bit，大约 30 ms，这是一段空白信息，保证有时隙交错时，有用的比特信息不会交错，相当于高速路上车辆之间的安全距离。

加密比特在语音信号经过 A5 算法加密后就填充进了上述两端比特信息中，每段 57 bit。Flag 是借用标志的意思，打电话的时候一直占用的是 TCH，信令都没地方传了，如果出现了比较紧急的信令要传递，如切换信息，就把两个 Flag 位“偷帧信号”置为 1，说明此时突发脉冲序列已经被 FACCH 信令借用。如果只设置了一个比特，表示突发脉冲序列只有一半被盗用。其中，“0”表示 TCH，“1”表示 FACCH。

2. 频率校正突发脉冲序列

该种突发脉冲序列传送下行的 FCCH，使 MS 能校正自己振荡器的频率并锁定 BTS 的频率，它相当于一个特定频率的未调制载波在 FCCH 上发送。具体组成如下：

TB 3 bit	固定比特 142 bit	TB 3 bit	GP 8.25 bit

可以看出，频率校正突发脉冲序列也有前后各 3 bit 的尾比特和 8.25 bit 的保护比特，

其作用和普通突发脉冲序列相同。142 个固定比特全为 0，这个信息很特殊，便于 MS 快速识别并锁定载波频率。可以发现，相比普通突发脉冲序列，这里少了训练序列和偷帧位。

3. 同步脉冲突发序列

同步脉冲突发序列用于 MS 和 BTS 间的时间同步，这里含有一个长同步序列 TDMA 帧号（Frame Number，FN），以及基站识别码（BSIC）。同步突发脉冲序列在 SCH 上发送。具体组成如下：

TB 3 bit	加密比特 39 bit	同步序列 64 it	加密比特 39 bit	TB 3 bit	GP 8.25 bit

可以看出，同步突发脉冲序列包含前后各 3 bit 的尾比特，以及 8.25 bit 的保护空间。与频率较正突发脉冲序列有所不同的是，它有长达 64 bit 的同步序列。这个同步序列是固定的，也可以看作是训练序列，此时网络还未建立连接，需要更多的比特位用于信道均衡来确保信息传递的有效性。78 bit 的加密比特也有其特定的出处。

4. 接入突发脉冲序列

接入突发脉冲序列用于 MS 的随机接入。这种突发脉冲序列设置了一个较长的保护间隔， 所以其有用信息比同类型的脉冲序列短很多。因为 MS 试图接入到系统时还不知道发射定时，所以要增加保护带。MS 发送该突发脉冲序列时，BTS 并不知道 MS 的位置，所以来自 MS 的消息定时也无法准确计算（接入突发脉冲序列仅为上行）。由于第一个突发脉冲序列中没有时间调整，MS 接入与后一个串结构有一定的交错，基站可以根据交错码个数来计算 TA 值。具体组成如下：

TB 3 bit	同步序列 41 bit	加密比特 36 bit	TB 3 bit	GP 68.25 bit

5. 空闲突发脉冲序列

在其他信道不发送突发脉冲序列时，基站收发信机必须在小区配置中的下行信道的每个时隙发送一个突发脉冲。因为 MS 是要不断地监视 BCCH 射频的功率的，以便于进行小区选择。如果 BCCH 载频的 TCH 时隙有时候不发送信号，就会影响周围的 MS 对该载频信号强度的评估，因为评估信号强度是根据采样点取平均值而得来的。所以如果有 BCCH 载频的时隙处于空闲状态，那就要发送空闲突发脉冲序列，不能让它闲着。具体组成如下：

TB 3 bit	加密比特 58 bit	训练序列 26 bit	加密比特 58 bit	TB 3 bit	GP 8.25 bit

（三）GSM-R 帧结构

GSM-R 是数字化系统，其任务是传输比特流。为了更好地把通信业务与传输方案对应起来，引进了信道的概念。不同的信道可以同时传输不同的比特流，信道可分为物理信道和逻辑信道，逻辑信道至物理信道的映射是指将要发送的信息安排到合适的 TDMA 帧和时隙的过程。

GSM-R 的无线帧结构有 5 个层次，即时隙、TDMA 帧、复帧、超帧和超高帧。

（1）时隙是物理信道的基本单元。

（2）TDMA 帧是由 8 个时隙组成的，是占据载频带宽的基本单元，即每个载频有 8 个时隙。

（3）复帧有以下两种类型：

① 由 26 个 TDMA 帧组成的复帧。这种复帧用于 TCH、SACCH 和 FACCH。

② 由 51 个 TDMA 帧组成的复帧。这种复帧用于 BCCH、CCCH 和 SDCCH。

（4）超帧是一个连贯的 51×26 的 TDMA 帧，由 51 个 26 帧的复帧或 26 个 51 帧的复帧构成。

（5）超高帧由 2 048 个超帧构成。

图 3-5 所示为 GSM-R 系统分级帧结构。

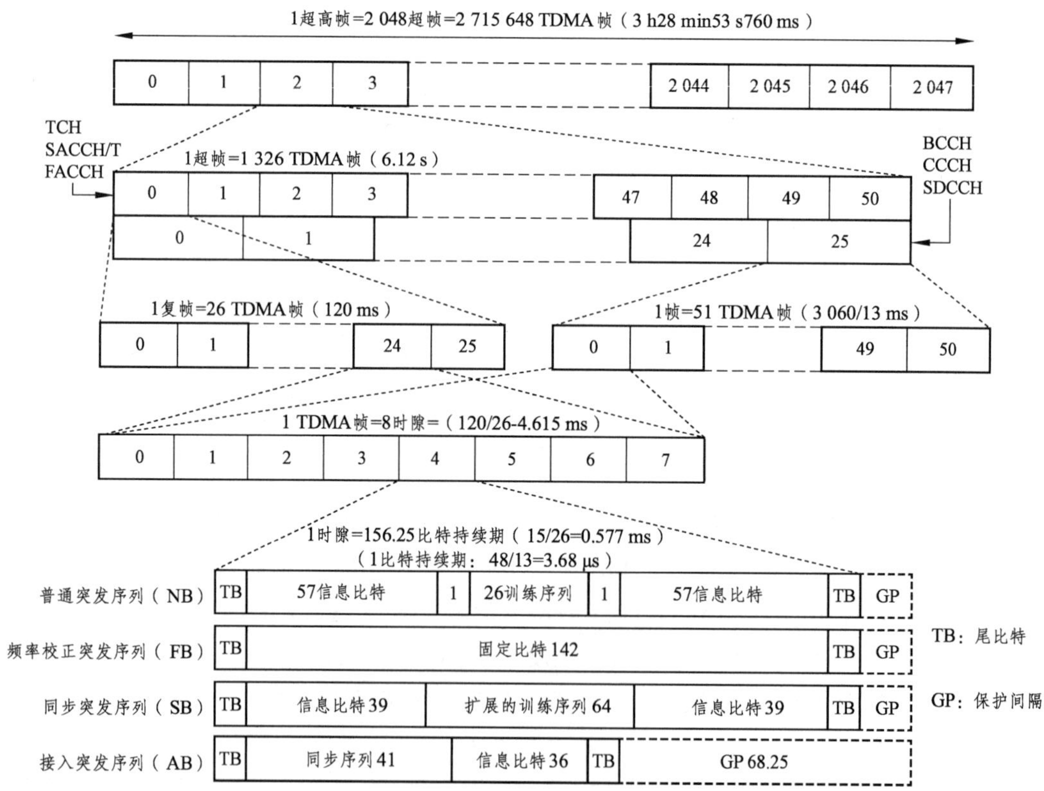

图 3-5　GSM-R 系统分级帧结构示意图

（四）GSM-R 信道

每个 TDMA 帧包含 8 个时隙。TDMA 时隙被称为“物理信道”，被用于物理地将信息从一个地方送至另一个地方。MS 和 BTS 之间的无线载波信号被分成连续的时隙流，接下来在一个连续的 TDMA 帧中被传送。为了更有效地利用 TDMA，GSM-R 在物理层上又设计了 12 种逻辑信道。

GSM-R 中的信道分为物理信道和逻辑信道，一个物理信道为一个时隙（TS）；而逻辑信道是根据 BTS 与 MS 之间传递信息种类的不同而定义的，这些逻辑信道映射到物理信道上传送。无线子系统的物理信道支撑着逻辑信道，逻辑信道可分为业务信道和控制信道两大类。其中，控制信道也称信令信道。GSM-R 系统逻辑信道如图 3-6 所示。

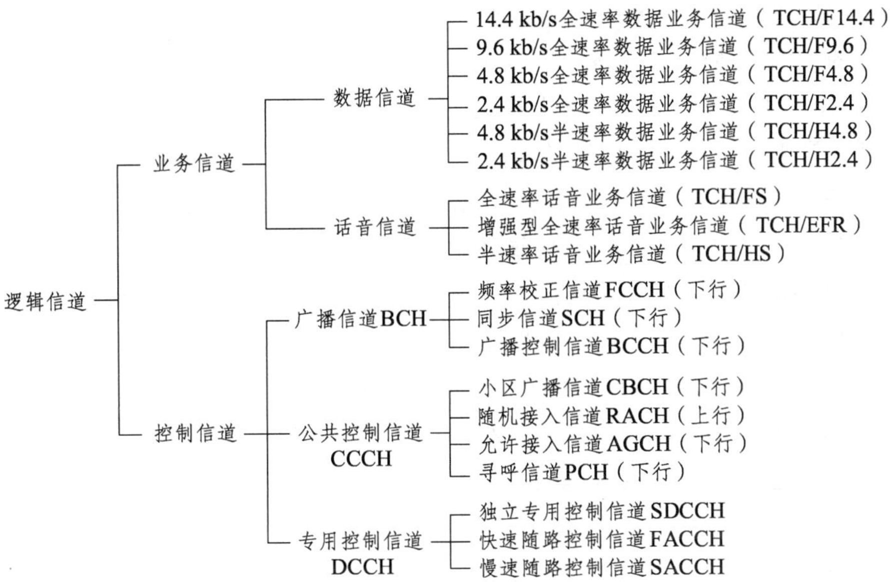

图 3-6　GSM-R 系统逻辑信道图

1. 业务信道（TCH）

TCH 是传送信息的通道。TCH 根据发送速率的不同，分为全速率语音信道（TCH/F）和半速率语音信道（TCH/H）。全速率语音信道的传输速率为 22.8 kb/s，半速率语音信道的传输速率为 11.4 kb/s。对于全速率话音编码，话音帧长 20 ms，每帧含 260 bit 话音信息，提供的净速率为 13 kb/s。

除此之外，TCH 还可以传递数据业务。在全速率或半速率信道上，通过不同的速率适配和信道编码，用户可使用下列各种不同的数据业务，如 9.6 kb/s 全速率数据业务信道、4.8 kb/s 全速率数据业务信道等。TCH 信道占据了物理信道的绝大部分。

2. 控制信道（CCH）

CCH 是传送信令的通道。为了提高 TCH 的使用效率，也为了 TCH 能够正常使用，GSM-R 的设计者设计了一部分物理信道来传输控制信息。

CCH 用于传送信令和同步信号。根据所需的功能又把控制信道定义成广播信道

（BCH）、公共控制信道（CCCH）和专用控制信道（DCCH）三种控制信道。

1）广播信道

广播信道是一种“一点对多点”的单方向控制信道，用于基站向移动台广播公用信息。广播信道仅作为下行信道使用，即 BTS 至 MS 单向传输。根据传输的内容又分为三种信道。

（1）频率校正信道（FCCH）：传输供移动台校正其工作频率的信息。FCCH 会下发一个长达 142 bit 的全 0 比特，这个特殊比特就是为了让 MS 校正自己振动器的频率并锁定到该 BTS 的频率。只有锁定了该载频，MS 才能收听到跟随在 FCCH 之后的同步信息 SCH 和 BCCH。FCCH 是一点对多点传播的。

FCCH 的目的有两个：一是确认这是一个 BCCH，只有 BCCH 才有 FCCH 信息，FCCH 只在下行的 BCCH 载频的 0 号时隙上传送；二是保证手机的频率和 BTS 一致。

（2）同步信道（SCH）：SCH 携带 MS 同步信息（TDMA 帧号）和 BTS 识别码（BSIC）信息，用于下行信道，在 BCCH 载频的下行链路的 0 号时隙发送。

（3）广播控制信道（BCCH）：传输系统公用控制信息。BCCH 广播的内容包括位置识别号、移动台应监视的相邻小区列表、小区识别号、本小区使用的频率列表、接入控制等。BCCH 就是要向周围不断广播网络的信息，也称为系统信息。当移动台开机但没有通话时，会周期性地监视 BCCH 中的信息（至少每 30 s）。除了监视移动台所驻守的小区的 BCCH 信息外，移动台还会监视相邻小区中的 BCCH 信息，并存储信号更强的 6 个小区的信息。这些小区的 SCH 信息也被存了下来，以便移动台到了一个相邻的新的小区后，可以快速与之同步信息。

2）公共控制信道（CCCH）

CCCH 是一种双向控制信道，用于在 BTS 和移动台之间传递控制信息，完成呼叫建立和寻呼功能。公共控制信道包括 RACH、AGCH、PCH 三种信道。通用和专用是这样划分的：还未建立起连接的就称为通用，已建立好连接的单独占用一条信道的就称为专用。在 RACH、AGCH、PCH 中，移动台尚未与网络建立起连接，尚未单独占用一条独立的信道用于通信，所以称为通用控制信道。

（1）小区广播信道（CBCH）：这是一个下行信道，用来传递需要进行小区广播的信息。

（2）随机接入信道（RACH）：这是一个上行信道，用于移动台随机提出入网申请，即请求分配一个独立专用控制信道（SDCCH），用于寻呼或 MS 主叫登记时的接入。RACH 在上行 BCCH 载频的 0 号时隙传送。

（3）允许接入信道（AGCH）：这是一个下行信道，用于基站对移动台的入网请求做出应答，AGCH 用于为 MS 分配一个独立专用控制信道（SDCCH），AGCH 在下行 BCCH 载频的 0 号时隙传送。

（4）寻呼信道（PCH）：这是一个下行信道，用于寻呼被叫的移动台。可以同步 TMSI/IMSI 来寻呼移动台。PCH 在下行 BCCH 载频的 0 时隙传送。

3）专用控制信道（DCCH）

DCCH 是一种“点对点”的双向控制信道，其用途是在呼叫接续阶段，以及在通信进行当中，在移动台和基站之间传输必需的控制信息。

（1）独立专用控制信道（SDCCH）用在分配 TCH 之前，在呼叫建立过程中传送系统信令，例如登记和鉴权在此信道上进行，经鉴权确认后，再分配业务信道。空闲状态下，短消息和小区广播也在 SDCCH 上传送。运营商一般默认将 BCCH 载频的第 2 时隙用来传送 SDCCH。在 SDCCH 上传送的信令消息和事件有位置更新、周期性位置更新、IMSI 分离与附着、呼叫建立、点对点短消息等。

SDCCH 类似于乘客在买票之后（RACH），并不会直接上车（TCH），这时需要一个列车引导员（SDCCH）引导其登上合适的站台，进入合适的列车，列车引导员（SDCCH）会先看票的真伪（鉴权）和车次（可以理解为呼叫请求建立的原因），然后引导其上车。在 GSM-R 中，手机在建立连接之后也通常先占用 SDCCH 并与网络交换信息，等待网络在 SDCCH 上下发立即指配命令后再占用 TCH。

（2）快速辅助控制信道（FACCH）传送与 SDCCH 相同的信息，只有在没有分配 SDCCH 的情况下，才使用这种控制信道。使用时要中断业务信息，把 FACCH 插入业务信道，每次占用时间很短，约 18.5 ms。在上行方向，FACCH 中断 TCH 信号，切换时快速交换信息。

（3）慢速辅助控制信道（SACCH）在移动台和基站之间，需要周期性地传输一些信息，SACCH 是双向的点对点控制信道。SACCH 可与一个业务信道 TCH 或一个独立专用控制信道 SDCCH 联用。SACCH 被安排作为业务信道时，以 SACCH/T 表示；被安排作为控制信道时，以 SACCH/C 表示。在上行方向，传递 MS 接收到的当前服务小区及相邻小区的信号测试报告和链路质量报告，这对 MS 相当重要，BSC 要根据这些信息来判断把它切换到哪个小区上去。在下行方向，传递功率控制和定时信息。

（五）信道组合及映射

1. 信道组合

在实际应用中，总是将不同类型的逻辑信道映射到同一物理信道上，称为信道组合。以下为 GSM-R 系统的 9 种信道组合类型。

（1）全速率业务信道 TCHFull：TCH/F + FACCH/F + SACCH/TF。

（2）半速率业务信道 TCHHalf：TCH/H（0，1）+ FACCH/H（0，1）+SACCH/TH（0，1）。

（3）半速率业务信道 TCHHalf2：TCH/H（0，0）+ FACCH/H（0，1）+ SACCH/TH（0，1）+ TCH/H（1，1）。

（4）独立专用控制信道 SDCCH：SDCCH/8（0，…，7）+ SACCH/C8（0，…，7）。

（5）主广播控制信道 MainBCCH：FCCH + SCH + BCCH + CCCH。

（6）组合广播控制信道 BCCHCombined：FCCH + SCH + BCCH + CCCH + SDCCH/4（0，…，3）+ SACCH/C4（0，…，3）。

（7）广播信道 BCH：FCCH + SCH + BCCH。

（8）小区广播信道 BCCHwithCBCH：FCCH + SCH + BCCH + CCCH + SDCCH/4（0，…，3）+ SACCH/C4（0，…，3）+ CBCH。

（9）慢速专用控制信道 SDCCHwithCBCH：SDCCH + SACCH + CBCH。

以上信道组合中，CCCH = PCH + RACH + AGCH。CBCH 只有下行信道，携带小区广播信息，和 SDCCH 使用相同的物理信道。

每个小区广播一个 FCCH 和一个 SCH。其基本组合在下行方向包括一个 FCCH、一个 SCH、一个 BCCH 和一个 CCCH（PCH + AGCH），严格地分配到小区配置的 BCCH 载频的 TN0 位置上。

2. 信道映射

GSM-R 系统的逻辑信道数明显超过了一个载频所提供的 8 个物理信道，因此要想给每个逻辑信道都配置一个物理信道，一个载频所提供的 8 个物理信道是不够的，需要再增加载频。这样并不是一种高效率的通信。解决上述问题的基本方法是，将公共控制信道复用，即在一个或两个物理信道上复用公共控制信道。

GSM-R 系统按下面的方法建立物理信道和逻辑信道间的映射关系：

一个基站有 *N* 个载频，每个载频有 8 个时隙。将载频定义为 f0，f1，f2，…，对于下行链路，从 f0 的第 0 时隙（TS0）起始。TS0 只用于映射控制信道，f0 也称为广播控制信道（BCCH）。图 3-7 所示为 BCCH 和 CCCH 在 TS0 上的复用。

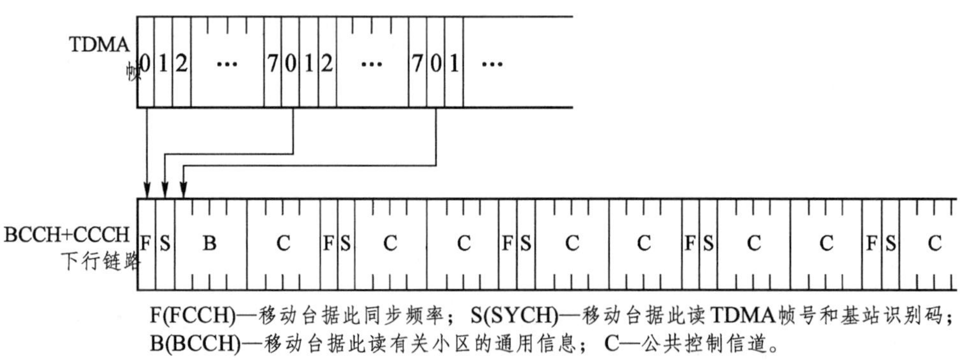

图 3-7 BCCH 和 CCCH 在 TS0 上的复用

BCCH 和 CCCH 共占用 51 个 TS0 时隙，尽管只占用了每一帧的 TS0 时隙，但从时间上讲，长度为 51 个 TDMA 帧。作为一种复帧，以出现一个空闲帧作为此复帧的结束，在空闲帧之后，复帧再从 F、S 开始进行新的复帧。以此方法进行重复，即构成 TDMA 的复帧结构。

在没有寻呼或呼叫接入时，基站也总在 f0 上发射信号。这使移动台能够测试基站的信号强度以决定使用哪个小区为合适。

对上行链路，f0 上的 TS0 不包括上述信道，它只用于移动台的接入，即将上行链路作为 RACH 信道。图 3-8 所示为 TS0 在 RACH 信道上的复用。

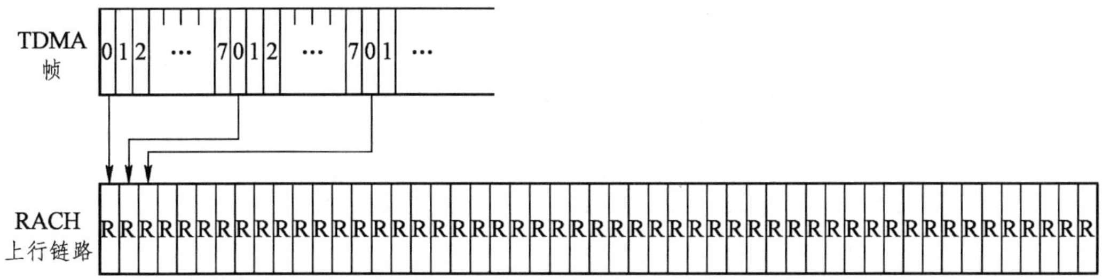

R—随机接入信道。

图 3-8　TS0 在 RACH 信道上的复用

BCCH、FCCH、SCH、PCH、AGCH 和 RACH 均映射到 TS0。RACH 映射到上行链路，其余映射到下行链路。

下行链路 f0 上的 TS1 时隙用来将专用控制信道映射到物理信道上，其复用（下行）如图 3-9 所示。

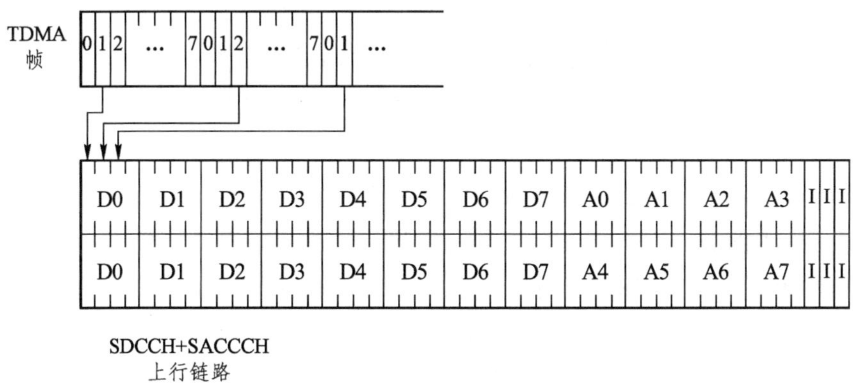

图 3-9　SDCCH 和 SACCH 在 TS1 上的复用（下行）

由于呼叫建立和登记时的比特率相当低，所以可在 1 个时隙上放 8 个专用控制信道以提高时隙的复用率。

SDCCH 和 SACCH 共有 102 个时隙，即 102 个时分复用帧。

SDCCH 的 DX（D0，D1，…）只用于移动台建立呼叫开始时使用；当移动台转移到业务信道 TCH 上，用户开始通话或登记完成释放后，DX 就用于其他的移动台。

SACCH 的 AX（A0，A1，…）主要用于传送那些不重要的控制信息，如传送无线测量数据等。上行链路 f0 上的 TS1 与下行链路 f0 上的 TS1 有相同的结构，只是它们在时间上有一个偏移，即意味着对于一个移动台同时可双向接续。图 3-10 所示为 SDCCH 和 SACCH 在 TS1 上的复用（上行）。

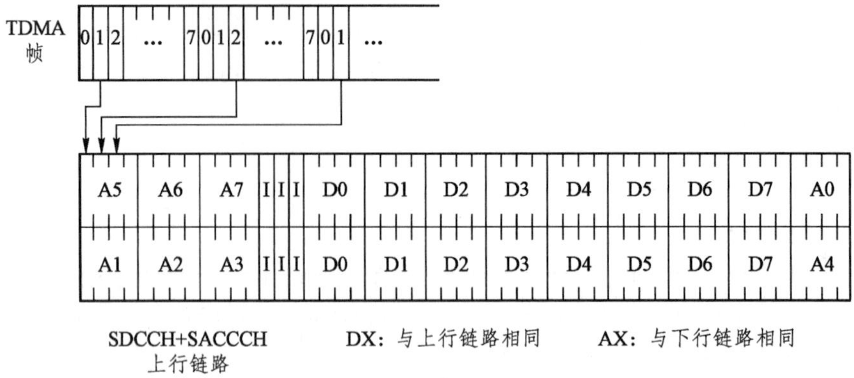

图 3-10　SDCCH 和 SACCH 在 TS1 上的复用（上行）

载频 f0 上的上行、下行的 TS0 和 TS1 供逻辑控制信道使用，而其余 6 个物理信道 TS2～TS7 由 TCH 使用。TCH 到物理信道的映射如图 3-11 所示。

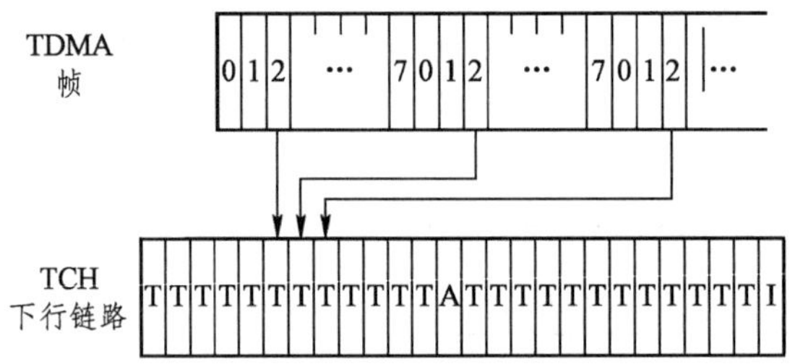

图 3-11　TCH 到物理信道的映射

图 3-11 中只给出了 TS2 时隙的时分复用关系，其中 T 表示 TCH，用于传送语音或数据；A 表示 SACCH，用于传送控制命令，如命令改变输出功率等；I 为 IDLE 空闲，它不含任何信息，主要用于配合测量。时隙 TS2 是以 26 个时隙为周期进行时分复用的，以空闲时隙 I 作为重复序列的开头或结尾。

通过以上论述可以得出在载频 f0 上，TS0 为逻辑控制信道，重复周期为 51 个 TS。TS1 为逻辑控制信道，重复周期为 102 个 TS。TS2 为逻辑业务信道，重复周期为 26 个 TS。TS3～TS7 为逻辑业务信道，重复周期为 26 个 TS。其他 f0～fN 个载频的 TS0～TS7 全部是业务信道。

二、移动性管理

（一）小区选择与重选

1. 小区选择

小区选择是指处于空闲模式的移动台选择网络中合适的小区，以实现移动台记录网络发出的数据，做好接入网络的准备，并把自己的移动情况报告给网络。一旦移动台选择了某个小区作为服务小区，就可以在该小区上与网络进行通信。

当移动台开机，并且完成网络选择后，它会选择一个合适的小区，并从中提取控制信道的参数和 TA 消息。这种选择过程称为小区选择。无线信道的质量是小区选择的重要因素。

GSM 规范中定义了路径损耗准则 C1。

C1 =（RxLev – ACCMIN）

其中：RxLev 是 MS 从 BTS 接收的下行信号强度电平；ACCMIN 是系统允许 MS 接入本小区的最小信号强度电平。

C1 体现了系统对移动台接入需要的最小下行信号强度要求，并对移动台造成的上行信号不足进行了补偿。移动台选择 C1 值最大的小区进行接入，在各种条件不发生重大变化的情况下，移动台将停留在所选小区。小区选择的流程示意图如图 3-12 所示。

（1）移动台对所有频率进行扫描并存储电平最大的载波。

（2）移动台将频率调到最强载波的 FCCH（频率校正信道）。

（3）移动台读取该载波 SCH（同步信道）上的数据，以便对广播消息进行解码。

（4）移动台读取该载波 BCCH（广播控制信道）上的数据。

（5）如果该载波满足小区选择的准则，则移动台使用该载波进行通信；否则，移动台尝试选择下一个最强的导频载波。

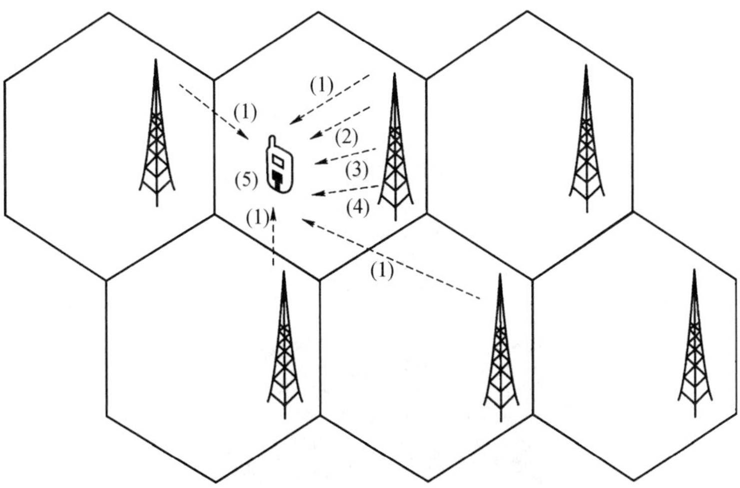

图 3-12　小区选择流程示意图

2. 小区重选

小区重选就是移动台在空闲模式（IDLE）下改变主服务小区的过程。移动台选择小区后，在各种条件不发生重大变化的情况下，移动台将停留在所选的小区，同时移动台开始测量邻近小区的 BCCH 载频的信号电平，记录其中信号电平最大的 6 个相邻小区，并从中提取出每个相邻小区的各类系统消息和控制信息。在满足一定的条件时，移动台将从当前停留的小区转移到另一个小区。

因为现行的移动蜂窝技术将整个服务区分为若干个小的区域，用很多小功率发射机覆盖每个小区，以实现频率复用。另外，因为手机移动的特性，其主服务小区是在不停地变化的。为了使移动台在移动的过程中和网络保持联系，必须采用一定的重选机制保证移动台在空闲模式下能够通过重选变更主服务小区。同时，也是业务平衡的需要。

小区重选算法类似小区选择算法，采用 C2 准则。C2 准则在考虑无线信道质量的基础上，尽量使 MS 驻留在原小区。

（二）位置更新

当 MS 处于空闲模式时，怎样确定其位置很重要，只有明确知道 MS 的当前位置，才能与 MS 及时建立连接。网络检测 MS 的状态信息和位置信息并进行记录的过程称为位置更新。GSM-R 系统中的位置更新可分为三种情况：一般性位置更新、IMSI 附着/分离和周期性位置更新。

1. 一般性位置更新

用户漫游发生位置区改变时，移动台（MS）主动发起位置更新操作，如果原位置区（LA）与新 LA 都属于同一个 MSC/VLR 时，则可以简单地在 VLR 中修改；如果不属于同一个 MSC/VLR 时，新 MSC/VLR 就要向 HLR 要求获得该 MS 的数据，HLR 在送出新 MSC/VLR 所需信息的同时，通知原 MSC/VLR 进行位置删除，并在新的 MSC/VLR 中注册该 MS，在 HLR 中登记 MS 的 MSC/VLR 号码，如图 3-13 所示。

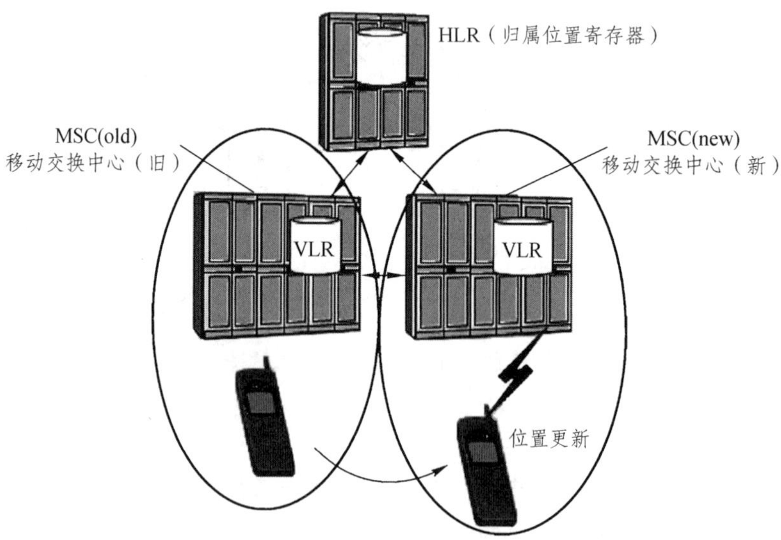

图 3-13　位置更新示意

2. IMSI 附着/分离

当 MS 关机（或 SIM 卡拿掉后），该 MS 不能建立任何连接。如果 MSC 仍然对它进行正常的寻呼，必然浪费宝贵的资源。IMSI 附着/分离的引入就是为了避免这种浪费。

用户开机时要发起位置更新操作，其当前所在的位置区将被登记在用户所在的 MSC/VLR 中，如果当前 MSC/VLR 中没有用户记录，则根据用户 IMSI 向 HLR 请求用户数据。HLR 记录用户当前位置（记录当前的 MSC/VLR 号码），并将用户数据传送给 MSC/VLR。MSC/VLR 将用户状态置为"附着"。

如果 MSC/VLR 中有用户数据，则不必向 HLR 要求数据，只发起 MSC/VLR 内的位置更新操作，然后将用户状态置为"附着"。

当 MS 关机时，MS 发消息给 MSC/VLR，网络收到后认为 MS 已经关机，从而将用户状态置为"分离"。

3. 周期性位置更新

当 MS 关机时，有可能因为无线质量差或其他原因，GSM-R 系统无法获知，而仍认为 MS 处于"附着"状态。或者 MS 开着机，漫游到覆盖区以外的地区，即盲区，GSM-R 系统也无法知道，仍认为 MS 处于"附着"状态。在这两种情况下，该用户若被呼叫，系统将不断地发出寻呼消息，无效占用无线资源。

为了解决上述问题，GSM-R 系统采取了强制登记的措施。要求 MS 每过一定时间登记一次，这就是周期性位置更新。

但如果用户长时间无操作（由系统管理员灵活设定，一般为 24 h），VLR 将自动删除该用户数据，并通知 HLR。

（三）呼叫接续

移动用户在同一个移动通信网 PLMN 的不同位置区间、在不同 PLMN 间移动的过程都称为漫游。漫游是移动通信中的常用术语，指的就是移动终端在离开本地区或本国时，仍可以在其他一些地区或国家继续正常使用移动通信业务。GSM-R 网络作为铁路专用移动通信系统，目前并不开放与其他网络间的漫游服务，也不允许其他网络的移动用户漫游到 GSM-R 网络中，因此 GSM-R 网络所谓的漫游，主要指在不同铁路局 MSC 下小区间的移动过程。移动用户主呼和被呼的接续过程是不同的，下面分别讨论移动用户主呼与被呼的过程。

1. 移动台发起呼叫

移动台主叫时的信令过程从 MS 向 BTS 请求信道开始，到主叫用户 TCH 指配完成为止。分为四个阶段：接入阶段、鉴权加密阶段、TCH 指配阶段、取被叫用户路由信息阶段。其主叫信令流程如图 3-14 所示。

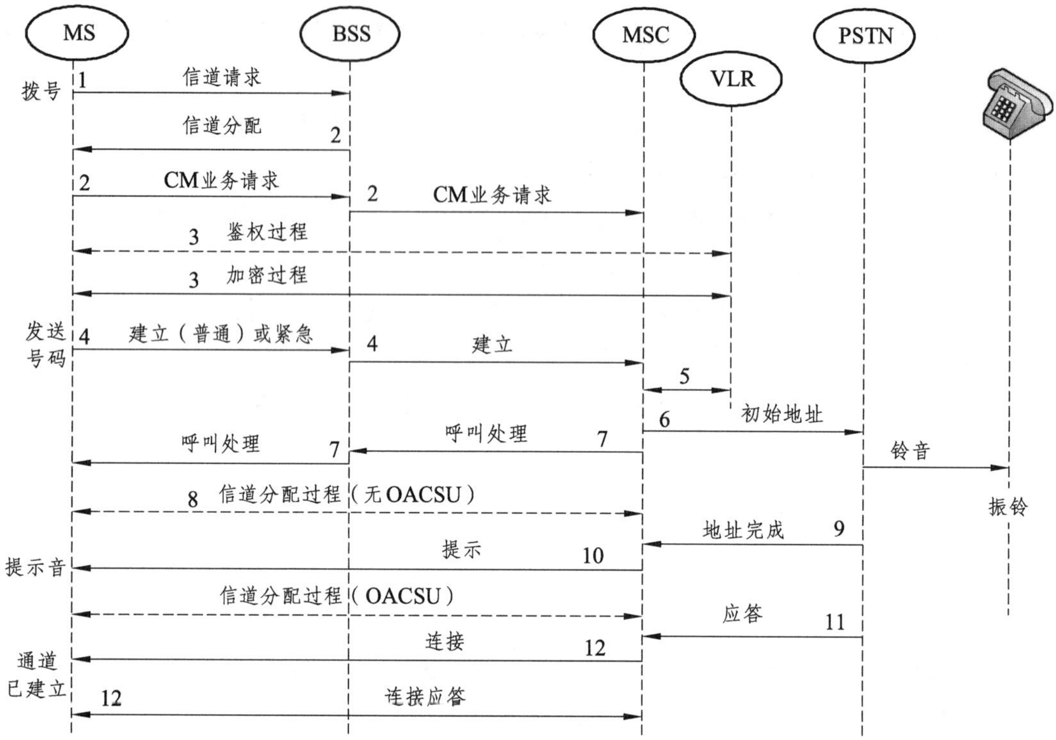

图 3-14　主叫信令流程图

移动台发起呼叫接续流程说明如下：

（1）移动台通过在 RACH 上发送 CHANNEL REQUEST 消息，请求网络分配信道而发起呼叫。

（2）网络在专用信道上应答 IMMEDIATE ASSIGNMENT 消息并分配信道 TCH、FACCH 或 SDCCH，移动台就可以在已分配的信道上发送业务请求。

（3）如果网络需要鉴权的话，VLR 可以发起鉴权和加密过程。

（4）对于普通呼叫，移动台向 MSC 发送 SETUP 消息（包含被叫方的号码），发起呼叫建立过程。对于紧急呼叫，移动台向 MSC 发送 EMERGENCY SETUP 消息。

（5）MSC 向 VLR 查询该用户是否具有呼叫此业务的能力。

（6）如果该用户具有呼叫能力，MSC 通过 INITIAL ADDRESS 消息转发被叫方的号码。

（7）MSC 向移动台发送 CALL PROCEEDING 消息，进行呼叫的处理过程。如果提供了 eMLPP 业务，CALL PROCEEDING 消息中还应包含呼叫优先级。支持 eMLPP 的移动台应存储关于呼叫优先级的信息，不支持 eMLPP 的移动台则忽略该信息。

（8）对于早期的信道分配，呼叫处理后开始分配业务信道。对于晚期的信道分配，应在第（10）步移动台收到 ALERTING 消息后开始分配业务信道。

（9）PSTN 对被叫方电话产生振铃后，给 MSC 返回 ISUP ADDRESS COMPLETE 消息。

（10）收到 ISUP ADDRESS COMPLETE 消息后，MSC 向移动台发送 ALERTING 消息，产生提示音，提示用户正在接通被叫方。

（11）被叫方拿起听筒后，PSTN 向 MSC 发送 ISUP ANSWER 消息。

（12）MSC 连接移动台，移动台向 MSC 发送 CONNECT ACKNOWLEDGE 消息，确认连接并开始通信。如果移动台收到网络或被叫方无法接通的指示，则由网络发起呼叫释放过程。

2. 移动台接收呼叫

对移动用户来说，被叫的过程从 MSC 向 BSC 发起对被叫用户的寻呼开始，到主叫和被叫通话为止，一般来说被叫流程经历以下三个阶段：接入阶段、鉴权加密阶段、TCH 指配阶段（通话阶段）。移动台接收呼叫与移动台发起呼叫最大的区别在于移动台接收呼叫需要对移动台进行寻呼。当移动台处于空闲模式时，网络只知道移动台所处的位置区，而不知道移动台所处的小区。因此要发起寻呼，首先来看寻呼流程，如图 3-15 所示。

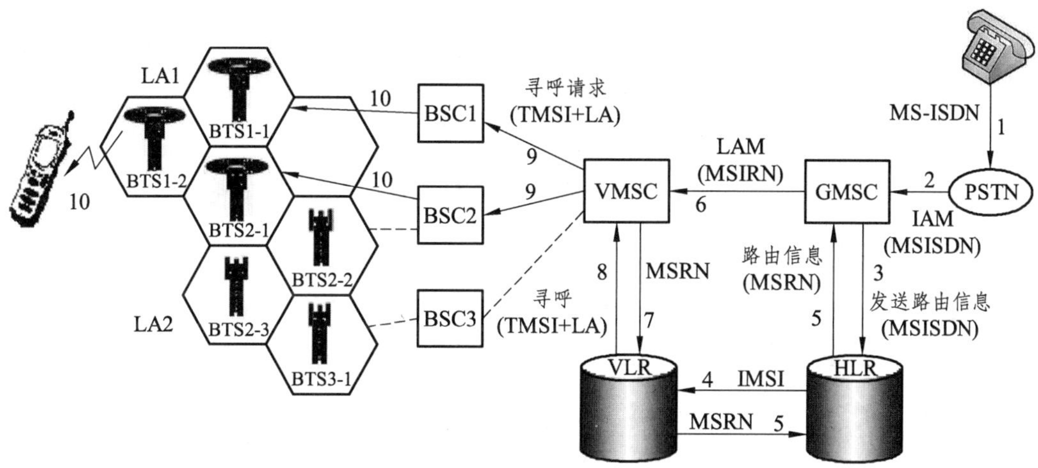

图 3-15　移动台被叫时的寻呼流程

寻呼流程大致如下：

（1）呼叫用户通过拨打 MSISDN 号进入到 PSTN。PSTN 的呼叫切换到 GMSC。

（2）PSTN 将 MSISDN 号通过 INITIAL ADDRESS 消息发送到 GMSC（网关 MSC）。

（3）GMSC 将 MSISDN 号通过 SEND ROUTING 消息发送到 HLR。

（4）HLR 向 VMSC（访问 MSC）的 VLR 提供被叫用户的 IMSI，从而查询当前该 VLR 正在服务的用户。

（5）VLR 向 HLR 返回漫游号 MSRN 并转送到 GMSC。

（6）GMSC 通过包含漫游号 MSRN 的 INITIAL ADDRESS 消息呼叫 VMSC。

（7）VMSC 根据漫游号 MSRN 向 VLR 查询被叫用户所处的位置区。

（8）VLR 通过 PAGING 消息将位置区 LA1 信息返回到 VMSC。

（9）VMSC 向所有属于位置区 LA1 的基站控制器 BSC1 和 BSC2 发送 PAGING

REQUEST 消息。

（10）所有属于该位置区的基站 BTS1-1、BTS1-2 和 BTS2-1 在本小区内寻呼被叫用户。不同类型的寻呼消息可以寻呼的用户数和寻呼方式不同，第一类寻呼消息最多寻呼两个移动台，根据移动台的 TMSI 或 IMSI 进行识别；第二类寻呼消息最多寻呼两个或三个移动台， 其中两个移动台根据它们的 TMSI 进行识别，第三个移动台根据它的 TMSI 或 IMSI 进行识别；第三类寻呼消息最多寻呼四个移动台，根据移动台的 TMSI 进行识别。

固定用户呼叫移动用户的接续过程如图 3-16 所示。

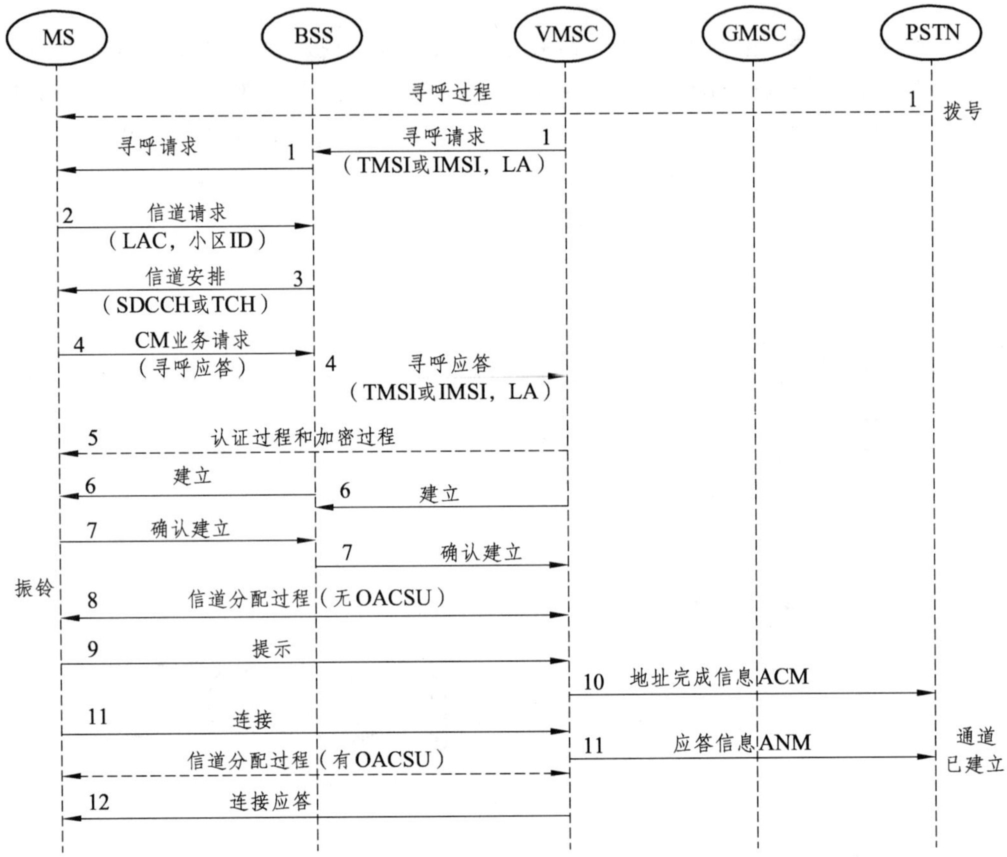

图 3-16　固定用户呼叫移动用户的接续过程

其信令流程说明如下：

（1）呼叫用户拨打 MSISDN 号发起寻呼过程，VMSC 向所有属于被叫用户所处位置区的 BSC 发送 PAGING REQUEST 消息，所有属于被叫用户所处位置区的基站向被叫小区的移动台发送 PAGING REQUEST 消息。

（2）移动台在 RACH 上发送 CHANNEL REQUEST 消息，该消息包含业务请求的原因为寻呼。

（3）基站子系统发送 IMMEDIATE ASSIGNMENT 消息，分配一个专用信道给移动台。

（4）移动台向 VMSC 发送 PAGING RESPONSE 消息，应答寻呼请求。

（5）如果网络需要鉴权的话，VLR 可以发起鉴权和加密过程。

（6）MSC 向移动台发送 SETUP 消息，发起呼叫建立过程。

（7）移动台向 MSC 返回 CALL CONFIRMED 消息，应答呼叫建立。

（8）对于早期的信道分配（无 OACSU），MSC 收到 CALL CONFIRMED 消息后开始分配业务信道。对于晚期的信道分配（有 OACSU），应在第 11 步网络收到 CONNECT 消息后开始分配业务信道。

（9）产生振铃音，提示用户接听电话，移动台向 MSC 发送 ALERTING 消息。

（10）收到 ALERTING 消息后，MSC 向 PSTN 发送 ADDRESS COMPLETE 消息。

（11）移动台向 MSC 发送 CONNECT 消息，MSC 向 PSTN 发送 ANSWER 消息，提示通道已经建立。

（12）MSC 向移动台发送 CONNECT ACKNOWLEDGE 消息，确认连接并开始通信。

（四）切　换

切换技术是 GSM-R 通信系统保证移动用户进行正常通信的一种重要手段。它既可能是由用户终端（MS）的移动引起的，也有可能是频谱、容量或网络管理的需要。切换的目的是保证当通话中的 MS 越出其当前小区时，现有的通话不中断。一种是当通话中的 MS 要越出管理它的小区的无线覆盖时，避免丢失一个正在进行的通话。另一种是为了优化干扰电平，能够明显避开强干扰而触发的切换。还有由业务量引起的切换，当前小区异常拥挤， 而临近小区较空闲，因为在网络规划时总要保证一些重复覆盖，于是就将一些呼叫从拥挤小区切换到较空闲的小区。

根据不同的切换目的，可以有多种切换判决方法。为保证通话的切换，其依据是上行和下行的传输质量。在数字系统中，传输误码率就是质量指标。另外还包括无线路径上的传输损耗，以及边缘地域的传播时延。当时延太大时，一次连接就会中断。上述参数的测量值是执行切换的判决基础。因此，MS 和 BTS 都需要有规律地测量上行和下行传输质量和接收电平。MS 把记录的结果以 2 次/s 的频度报告给 BTS。

另一判决方法是把当前小区中 MS 的上行传输质量与邻近小区进行比较。由于这个过程比较复杂，目前大多数是采用 MS 的路径损耗与邻近小区比较作为依据。实际上，MS 仅测量下行传输情况，根据无线传播的互易定理，可以假定上下行的传输损耗是一致的。

由于拥塞引发的切换过程，需要依据每个 BTS 的当前负载量进行判决，这个值只有 MSC 和 BSC 知道。这与前面两种切换过程大不相同。这个过程要求在给定的小区内，由于话务量原因，命令一定量的 MS 切换，而不明确指明是哪些 MS（通常是一些由于其他原因已经接近门限的 MS）。因此，这类切换还要结合其他判决方法和相应的测量。

1. 切换分类

不同的原因都有可能要求执行切换，不过所有这些情况里，都是由 BSC 决定给一个给定移动台切换尝试。一旦做出决定，并且选择了新的小区，真正的切换必须在移动台和管理新小区、原小区（新、原 BTS）的设备之间协调进行。根据三个主要准则，切换主要有以下几种分类。

1）按触发方式分

功率预算切换 PBGT：当前主服务小区的信号尚可，但是有邻区能提供更好的服务，这个时候就会发生 PBGT 切换。PBGT 切换旨在让用户永远驻留在最好的小区，现网中 PBGT 切换占 60%以上。

救援性电平切换：由于主服务小区的电平值低于门限值，再不切换将导致无法正常通信，这个时候就会发生救援性电平切换。

救援性质量切换：由于主服务小区提供的信号误码率高于门限值，再不切换将导致无法正常通信，这个时候就会发生救援性质量切换。

基于距离的切换：由于用户与基站的距离超过一定的值，将发生基于距离的切换。

基于话务的切换：由于本小区的话务量达到饱和状态而不得不进行负荷控制，强制某些低级别的用户发生切换。

2）按时间提前量分

同步切换：由于新旧小区是同步的，移动台能计算新的时间提前量。

异步切换：在切换规程期间，时间提前量必须由移动台和 BTS 两者启动。

3）按交换点的位置分

BSC 内切换：BSC 内部 BTS 之间的切换和同一 BTS 内的切换。

BSC 间切换：MSC 内部 BSC 之间的切换。

MSC 间切换：MSC 之间的切换。

2. 切换实现的方法原理

1）小区层级的配置

小区分层采用相对层，对每一个服务小区，可以配置邻小区为未定义、上层、同层或下层。在切换的过程中，进行候选小区排序时要考虑小区的优先级。候选小区排序的决定因素有三个：优先级、业务量、无线情况。它们对小区排序的影响以优先级和业务量为主，在这两个因素导致的结果相同的情况下，再按照无线情况进行排序。

2）测量报告预处理

测量报告是切换判决所依据的原始数据，以中兴公司 BSC 设备（ZXG10）为例，处理采用滚动平均法，但可以带不同的权值，独特的处理能使切换平滑。它的处理方法有如下特点：

（1）测量报告数要达到平均窗口大小，才能进行平均。

（2）如果 DTX 打开，测量报告中的电平和质量值的准确性会下降，因此加权平均时使用 DTX 的测量报告的权重应该跟未使用 DTX 的测量报告的权重不同。DTX 打开时的测量报告的权重固定为 1，DTX 未打开的测量报告的权重可以配置为（1，2，3），如果配置 1，两者没有区别。

（3）最多允许丢失 Zero Allowed 个测量报告，丢失过多队列复位。对于丢失的测量报告当作测量值为 0 处理，但该值不参加平均。例如，第 *K*-1 个测量报告丢失，平均窗口为 8，则平均值=1/7（RxLev_NCell（*K*）+ 0 + RxLev_NCell（*K*-2） +…+ RxLev_NCell（*K*-7））。

（4）功率控制以后，对相关切换的判决进行功率补偿。

3）目标小区的选择

当比较成功后，也就是 BSC 决定切换后，需要根据不同的切换原因来选择目标小区。ZXG10 的目标小区选择是独特的，能根据不同切换原因找到最合适的目标小区。当发生小区内切换时，根据切换的原因指出新信道所在的 TRX 的类型，有宏蜂窝普通 TRX、宏蜂窝特殊 TRX 和微蜂窝中其他的 TRX。在扩展小区中 HO_NEARTOFAR 情况新信道所在的 TRX 的类型取扩展载频，HO_FARTONEAR 情况新信道所在的 TRX 的类型取普通载频。当发生小区间切换时，根据以下的公式选择目标小区：

选择准则 1：

AvRxLevNCell（*n*）> RXLEV_MIN（*n*）+ MAX（0，（MS_TXPWR_MAX（*n*）– P（*n*）））

选择准则 2：

PBGT（*n*）> HO_MARGIN（*n*）

选择准则 3：

AvRxLevNCell（*n*）> avRxLevDL + HO_MARGIN_QUAL（*n*）

选择准则 4：

AvRxLevNCell（*n*）> avRxLevDL + HO_MARGIN_LEVEL（*n*）

各准则中的参数见表 3-1。

表 3-1 选择准则参数

参数	含义
RXLEV_MIN（*n*）	该相邻小区切入要求的最小电平
PBGT（*n*）	该相邻小区的功率预算
HO_MARGIN（*n*）	切入该相邻小区的功率预算阈值
HO_MARGIN_QUAL（*n*）	切入该相邻小区的电平阈值
HO_MARGIN_LEVEL（*n*）	切入该相邻小区的误码率阈值
MS_TXPWR_MAX（*n*）	MS 在该邻近小区中允许的最大功率
P（*n*）	MS 在相邻小区的功率能力
avRxLevDL	当前 MS 的下行方向强度平均值
AvRxLevNCell（*n*）	该邻近小区下行方向强度平均值

准则 1 是必须满足的条件，即切入的相邻小区的平均电平必须大于最小切入电平。

切换原因为“更好小区”使用准则 2，切换原因为“上下行质量”使用准则 3，切换原因为“上下行强度”使用准则 4。除了快速衰落以外，只要指出目标小区和服务小区的层次关系和采用的选择准则就可以得到具体的小区，在经过排序模块后，得到排序后的小区列表。如果目标小区包括不同层次的小区，把先后找到的几个小区列表根据顺序先后相连，就合并成最后的结果。

4）目标小区的排序

当找到不止一个邻接小区时，应该对这些邻接小区进行排序，排好序后则按照这个列表依次尝试切换。

3. 切换流程

BSC 或 MSC 一旦决定要进行切换，就要按照规定的信令流程来完成切换过程。GSM-R 系统采用硬切换方式，即在 MS 与新基站建立连接之前，先中断与旧基站的连接。GSM-R 系统的切换主要分为三种情况，即 BSC 内部切换、BSC 之间切换和 MSC 之间切换。

1）BSC 内部切换

在同一 BSC 控制的两个小区间进行的越区切换，属于 BSC 内部切换，这种切换由 BSC 进行控制。BSC 内部切换流程如图 3-17 所示。

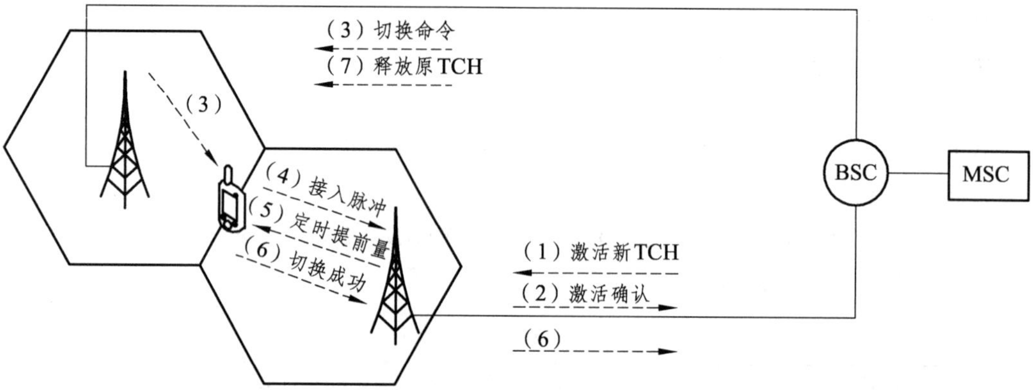

图 3-17　BSC 内部切换流程图

（1）BSC 根据小区信号测量报告决定进行切换，BSC 要求新 BTS 激活一个 TCH。

（2）新 BTS 激活此 TCH 并告知 BSC。

（3）BSC 通过旧 BTS 的 FACCH 向 MS 发送切换命令，此命令包括频率、时隙及发射功率参数等。

（4）MS 在新频率上通过 FACCH 向新 BTS 发送一个切换接入突发脉冲。

（5）新 BTS 收到此突发脉冲后，将时间提前量信息通过 FACCH 回送 MS。

（6）MS 将切换成功信息通过新 BTS 发送至 BSC。

（7）BSC 通知旧 BTS 释放原 TCH，然后旧 BTS 释放原 TCH。

2）BSC 之间切换

在相同 MSC、不同 BSC 控制的两个小区间进行的越区切换，属于 BSC 之间切换，这种切换由 MSC 进行控制。BSC 之间切换流程如图 3-18 所示。

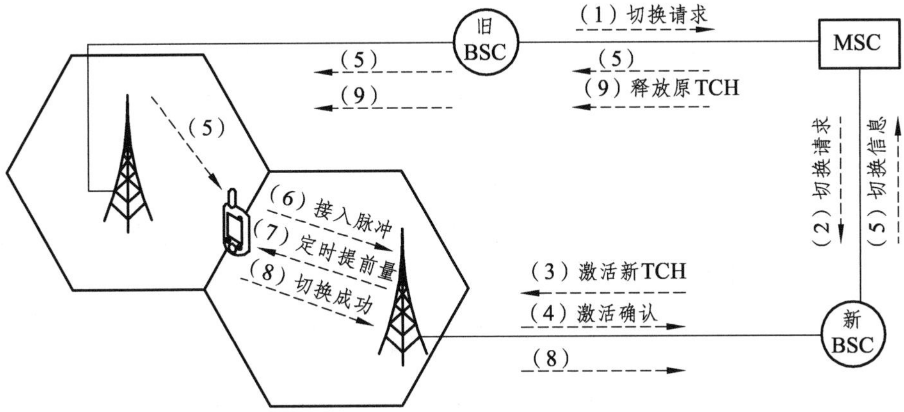

图 3-18　BSC 之间切换流程图

（1）根据小区信号测量报告，旧 BSC 把切换请求及切换目的小区标识一起发给 MSC。

（2）MSC 向新 BSC 发送切换请求。

（3）新 BSC 通知新 BTS 激活一个 TCH。

（4）新 BTS 激活此 TCH 并告知新 BSC。

（5）新 BSC 把包含频率、时隙及发射功率的参数传到 MSC，MSC 通过旧 BSC、旧 BTS 向 MS 发送切换命令。

（6）MS 在新频率上通过 FACCH 向新 BTS 发送接入突发脉冲。

（7）新 BTS 收到此脉冲后，回送时间提前量信息至 MS。

（8）MS 将切换成功信息通过新 BTS、新 BSC 发送至 MSC。

（9）MSC 命令旧 BSC 去释放原 TCH，旧 BSC 向旧 BTS 转发此命令，旧 BTS 释放原 TCH。

3）MSC 之间切换

在不同 MSC 控制的两个小区间进行越区切换，属于 MSC 之间切换，这种切换由两个 MSC 共同控制。MSC 之间切换流程如图 3-19 所示。

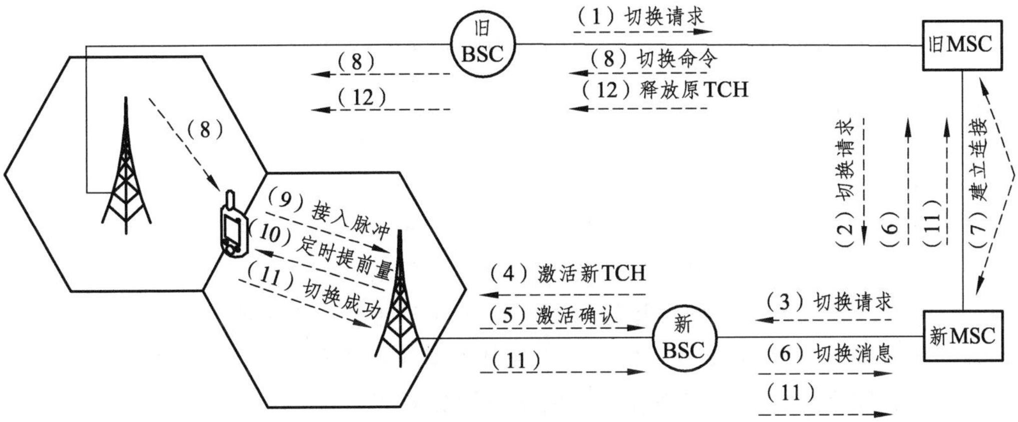

图 3-19　MSC 之间切换流程

（1）根据 MS 发来的小区信号测量报告，旧 BSC 把切换目标小区标识和切换请求发至旧 MSC。

（2）旧 MSC 判断出小区属于另一 MSC 管辖，向新 MSC 发送切换请求。

（3）新 MSC 为该 MS 分配一个切换号 HON，并向新 BSC 发送切换请求。

（4）新 BSC 要求新 BTS 激活一个 TCH。

（5）新 BTS 激活此 TCH 并告知新 BSC。

（6）BSC 回送信息至新 MSC，新 MSC 将收到信息与 HON 一起转至旧的 MSC。

（7）一个连接在 MSC 间被建立。

（8）旧 MSC 通过旧 BSC、旧 BTS 向 MS 发送切换命令，其中包含频率、时隙和发送功率。

（9）MS 在新频率上通过 FACCH 向新 BTS 发送接入突发脉冲。

（10）新 BTS 收到此脉冲后，回送时间提前量信息至 MS。

（11）MS 通过新 BTS、新 BSC 和新 MSC 向旧 MSC 发送切换成功信息。

（12）旧 MSC 命令旧 BSC 去释放原 TCH，旧 BSC 向旧 BTS 转发此命令，旧 BTS 释放原 TCH。

典型案例

一、案例背景

多趟列车在运行过程中，经过 A 基站覆盖区段时，发现列车电台占用该基站的 TCH 1000 频点时出现下行质差现象，持续的 6～7 级质差导致语音通话中断。

二、案例分析

在占用 A 基站对应的 TCH 频点后，信号质差的原因可能如下：

（1）该区域下行频段存在较强的网外干扰。

（2）设备问题及天馈系统异常造成下行质差。

（3）网内频点规划不合理或周围基站过覆盖造成频率干扰。

三、故障处理

根据可能存在的原因，故障定位及处理过程如下：

（1）将该小区闭塞后对该小区进行扫频，发现下行频段的底噪在 －100 dBm 以下，无外部干扰源，但是可以收到网内使用的部分频点高电平信号。

（2）查询网管告警，近期该基站没有出现告警信息及自然灾害造成的天馈系统故障3。通过对现场无线环境勘察，线路在 A 基站周围 40 km 处于平原地区，基站均采用 45 m 四角塔，覆盖较远，且周围线路较多，频率资源较紧张，复用度较大。

（3）通过频率规划分析，和 A 基站隔站的 C 基站主 BCCH 使用的也是 1000 频点，且在该区域内覆盖电平达到 – 70 dBm 左右，同频干扰造成了严重的质差问题，但频率资源受限已不能通过修改频点来解决。

（4）查询 A 基站的频率复用模式，发现 A 基站主 BCCH 频点为“紧密”，TCH 1000 频点设置的为“宽松”，将主 BCCH 和 TCH 复用模式互换后使终端优先占用主 BCCH，质差问题解决。

在平原地区线路交织复杂区域，由于频率资源紧张，频点已不能保证有足够距离复用度，可借助于调整“频率复用模式”参数将问题进行规避。

课程	GSM-R 通信系统应用与维护	任务	GSM-R 物理层及移动性管理
班级		姓名	

活页笔记

自我分析与总结

课程	GSM-R 通信系统应用与维护	任务	GSM-R 物理层及移动性管理
班级		姓名	

同步练习

1. 选择题

（1）下列哪一项不属于控制信道（　　）。

A. BCH　　B. TCH

C. DCCH　　D. CCCH

（2）下列哪一项不属于广播信道（　　）。

A. FCCH　　B. SCH

C. BCCH　　D. PCH

（3）下列哪一项不属于公共控制信道（　　）。

A. PCH　　B. RACH

C. NCH　　D. SDCCH

（4）下列哪个信道属于上行信道（　　）。

A. FCCH　　B. PCH

C. RACH　　D. AGCH

（5）在未分配 SDCCH 信道时，（　　）与 TCH 信道联合使用。

A. SACCH　　B. SDCCH

C. FACCH　　D. DCCH

2. 填空题

（1）切换按照触发方式分类，可分为_____、_____、_____、_____、_____。

（2）切换按照时间提前量分类，可分为_____、_____。

（3）TCH 全速率数据业务信道速率为_____。

（4）26 个 TDMA 帧组成的复帧，是用于_____、_____、_____。

（5）51 个 TDMA 帧组成的复帧，是用于_____、_____、_____。

3. 简答题

（1）什么是位置更新？位置更新的分类？

（2）参照图 3-20，说明同一个 MSC/VLR 业务区，不同 BSC 之间的切换过程。

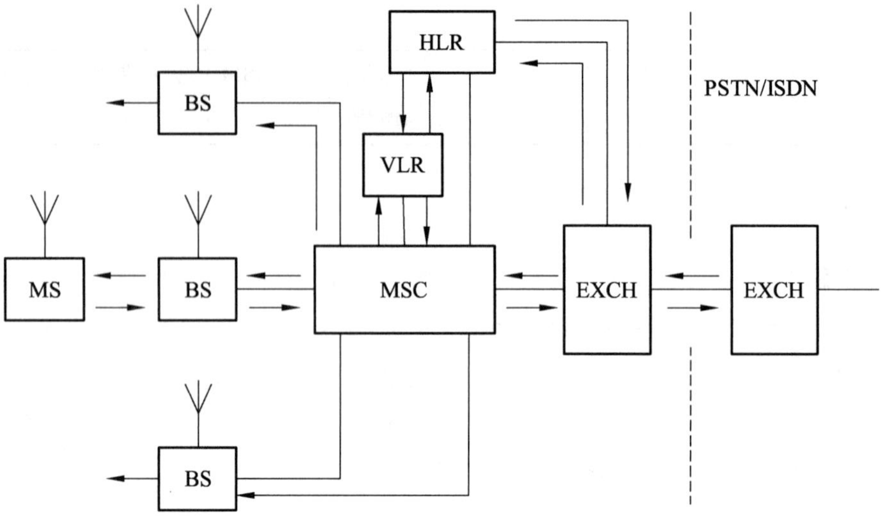

图 3-20　同一 MSC/VLR 业务区不同 BSC 切换

（3）根据图 3-21 中标注，写出固定用户至移动用户入局呼叫流程。

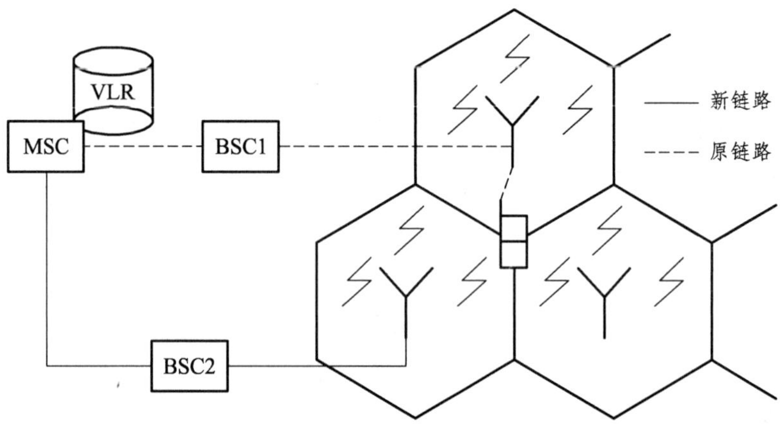

图 3-21　固定用户至移动用户入局呼叫流程

实操

1. 现场通过 GSM-R 手持机对固定电话发起呼叫，并分析其中涉及的信令流程。

2. 现场通过固定电话对 GSM-R 手持机发起呼叫，并分析其中涉及的信令流程。

课程	GSM-R 通信系统应用与维护	任务	GSM-R 物理层及移动性管理
班级		姓名	

任务与考核

任务名称		GSM-R 物理层及移动性管理		
任务	知识技能目标	考核项目	自我评价	教师评价
GSM-R 物理层	1. 了解 GSM-R 物理层帧结构。 2. 掌握 GSM-R 无线信道的分类及其作用	GSM-R 多址方式及其原理（10 分）		
		GSM-R 帧结构组成（10 分）		
		GSM-R 无线信道分类（10 分）		
		GSM-R 无线信道作用（10 分）		
移动性管理	1. 了解 GSM-R 移动用户小区选择与重选、位置更新的原理。 2. 掌握 GSM-R 移动用户信号接续及切换的信令流程	移动用户小区选择流程（10 分）		
		移动用户位置更新的分类（10 分）		
		移动用户信号接续信令流程（20 分）		
		移动用户位置切换信令流程（20 分）		
总分 100 分				

模块四

GSM-R 业务及应用

GSM-R 业务是指用户使用 GSM-R 系统所提供的设施的活动，也就是说，一项 GSM-R 业务就是 GSM-R 系统为了满足某个特定用户的通信要求而向用户提供的服务。GSM-R 系统既可以提供类似 GSM 系统的普通业务，也可以提供面向铁路运输生产的特色业务。

任务六　GSM-R 业务模型及业务分类

一、GSM-R 业务模型

GSM-R 系统是专门为铁路通信设计的综合专用数字移动通信系统，它基于 GSM 的基础设施及其提供的 ASCI（高级语音呼叫业务），其中包含 eMLPP（增强多优先级与强拆）、VGCS（语音组呼）和 VBS（语音广播），并提供铁路特有的调度业务，包括功能寻址、功能号呼叫、接入矩阵和基于位置的寻址，并以此作为信息化平台，使铁路部门用户可以在此信息平台上开发各种铁路应用。图 4-1 所示为 GSM-R 系统的业务模型层次结构。

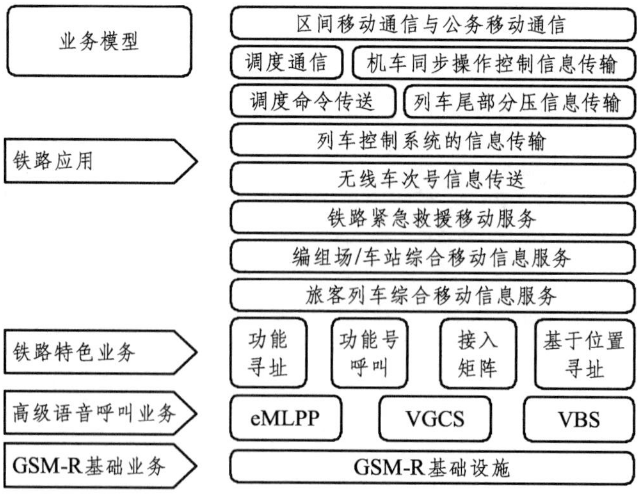

图 4-1　GSM-R 系统业务模型层次结构

GSM-R 系统的业务模型可分为 4 层，由下至上分别为 GSM-R 基础业务、高级语音呼叫业务（ASCI）、铁路特色业务和铁路应用。GSM-R 系统继承自 GSM 系统，其在网络结构、功能协议等方面与 GSM 系统基本一致。为满足铁路特有的通信需求，GSM-R 系统还要提供高级语音呼叫业务和铁路特色业务。高级语音呼叫业务主要包括增强多优先级与强拆（eMLPP）、语音组呼（VGCS）和语音广播（VBS）。铁路特色业务主要包括功能号呼叫、接入矩阵、功能寻址和基于位置寻址。GSM-R 系统可为铁路提供多方面的应用，如调度通信、列控信息传送、无线车次号信息传送、调度命令传送、区间/公务移动通信等。

二、GSM-R 基础业务

GSM-R 基础业务如图 4-2 所示。

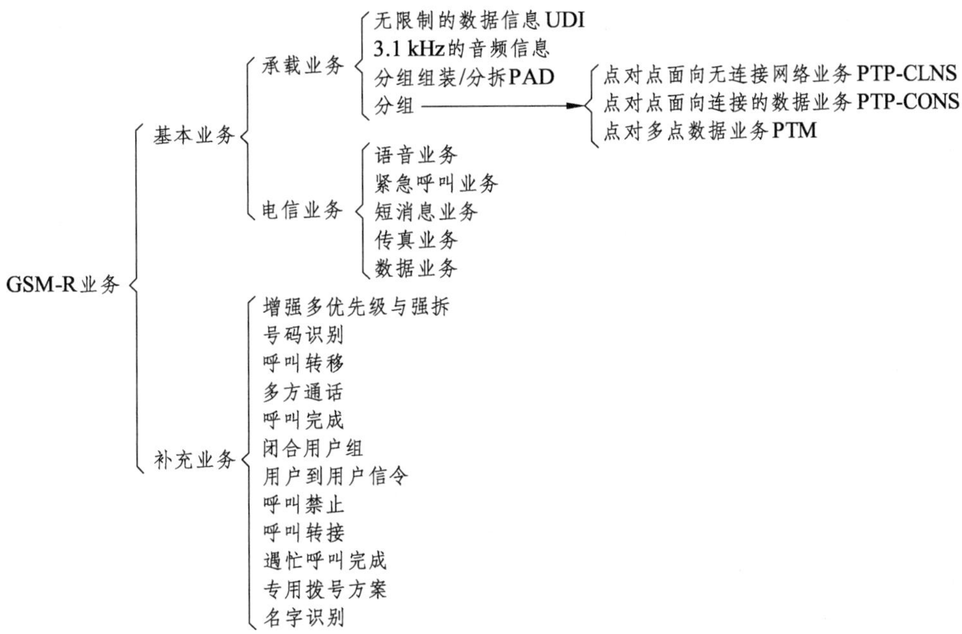

图 4-2 GSM-R 基础业务

GSM-R 业务分为基本业务和补充业务。基本业务按功能又可分为承载业务和电信业务（又称用户终端业务）。承载业务是指在两个接入点之间传送信号。电信业务是指为用户通信提供包括终端设备功能在内的完整的通信业务。

GSM-R 承载业务和电信业务关系如图 4-3 所示。

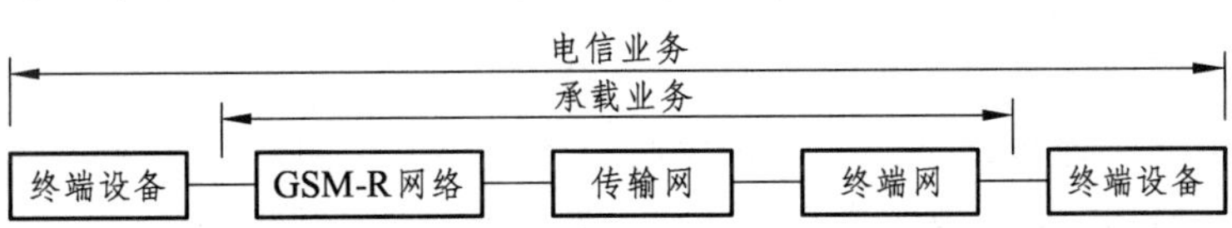

图 4-3 GSM-R 承载业务和电信业务的关系

（一）承载业务

承载业务主要描述了从 GSM-R 网络的用户接入点到其他网络的用户接入点之间的传输信息的网络能力。所有的承载业务都支持在 R/S 参考点之间（移动终端与终端设备之间）的信息传输和由多个子速率通过速率适配合成一个信息流的信息传输。承载业务主要分为以下几类。

1. 无限制的数据信息（UDI）

这一业务是指信息以固定不变的比特率传输，保持比特序列的独立性和完整性。

2. 3.1 kHz 的音频信息

这是指与 GSM-R 网络外部的连接，在 MSC 中常选择“3.1 kHz 音频”发挥互连功能。当需要与 ISDN 或 PSTN 中的 3.1 kHz 音频业务进行互连时，以及需要在互连功能中选择调制解调器时，就会使用这项承载业务。“GSM-R 网络外部”是指 3.1 kHz 的音频业务仅在 GSM-R 网络外部使用，即 ISDN 或 PSTN，用户通过互连功能接入 GSM-R 网络后使用的是无限制的数据信息业务。

3. 分组组装/分拆（PAD）

为一个 PAD 提供一个异步连接，使 GSM-R 网络的用户能够接入到一个分组网络（PSP-DN/ISDN）中去。

4. 分　组

分组又可分为点对多点业务（PTM）和点对点业务（PTP）。

1）点对多点业务（PTM）

GPRS 提供的点对多点业务可根据某个业务请求者要求，把信息送给多个用户，又可细分为点对多点多信道广播业务（PTM-M）、点对多点群呼业务（PTM-G）、IP 广播业务（IP-M）。

2）点对点业务（PTP）

PTP 业务又可分为点对点面向无连接网络业务（PTP-CLNS）和点对点面向连接的数据业务（PTP-CONS）。

（1）点对点面向无连接网络业务（PTP-CLNS）。

PTP-CLNS 属于数据报类型业务，各个数据分组彼此互相独立，用户之间的信息传输不需要端到端的呼叫建立程序，分组的传送没有逻辑连接，分组的交付没有确认保护，主要支持突发非交互式应用业务，是由 IP 协议支持的业务。

（2）点对点面向连接的数据业务（PTP-CONS）。

PTP-CONS 属于虚电路型业务，它为两个用户或多个用户之间传送多路数据分组建立逻辑虚电路。PTP-CONS 业务有建立连接、数据传送和连接释放工作程序。PTP-CONS 支持突发事件处理和交互式应用业务，面向连接网络协议，如 X.25 协议支持的业务，在无线接口，利用确认方式提高可靠性。

（二）电信业务

电信业务最主要的是电话业务，它为 GSM-R 系统内部的用户之间或 GSM-R 系统的用户与其他网络的用户之间提供电话通信。主要提供的业务如下。

1. 语音业务

第一类语音业务主要包括电话和紧急呼叫两类独立的业务。电话业务提供话音的传输和 ISDN/PSTN 音频信令的传输，GSM-R 网络和固定网络一样，都可以使用一些语音处理技术。紧急呼叫业务必须提供标准化的接入，移动台必须支持国家的紧急呼叫号码，网络不需要移动台提供 IMSI 和 TMSI 号就可以接受紧急呼叫。

2. 短消息业务

短消息业务分为点对点短消息业务和小区广播消息业务两种。点对点的短消息业务由短消息业务中心 SMS-SC 完成信息存储和前转功能。SMS-SC 是与 GSM-R 系统在功能上完全分离的实体，它们之间能够互连。小区广播短消息业务由小区广播短消息业务中心向该小区基站范围内的所有移动台发送短消息，这类短消息在控制信道内传送，不需要回复确认。

3. 传真业务

传真业务主要指 3 类传真业务，又可分为两类：语音和传真交替的业务、自动传真业务。这类终端业务允许将 3 类传真设备连接到移动台上，传真设备可以与 ISDN、PSTN 和 GSM-R 网络建立连接。传真业务可以使用多个全速率信道，即使在较差的无线环境中也要求具有较高的 QoS。

4. 数据业务

GPRS 系统提供的电信业务即为用户终端获取数据的业务，可分为点对点终端数据业务和点对多点终端数据业务两类。

（三）补充业务

补充业务是对基本电信业务的修改和补充。一个补充业务可能会应用于多个电信业务。

GSM-R 支持多种补充业务。

1. 增强多优先级与强拆业务（eMLPP）

eMLPP 业务规定了在呼叫建立或越区切换时呼叫接续的不同优先级，以及资源不足时的资源抢占能力。优先级是指为一个呼叫提供某个较高的级别，以实现快速呼叫的建立。强拆是指抢夺通信资源，在缺乏空闲资源的情况下，一个低优先级的呼叫会被一个高优先级的呼叫强拆。

2. 号码识别

号码识别主要分为以下 4 类。

（1）主叫线识别显示（CLIP）：向被叫方提供主叫方的号码。

（2）主叫线识别限制（CLIR）：主叫方禁止将号码显示给被叫方。

（3）被叫线识别显示（CoLP）：向主叫方提供被叫方的号码。

（4）被叫线识别限制（CoLR）：被叫方禁止将号码显示给主叫方。

3. 呼叫转移

呼叫转移分为呼叫转向（CD）和呼叫前转（CF）。

1）呼叫转向（CD）

定制这项业务的用户 A 在遇到一个来呼 B 时可以请求将呼叫转到另一个号码 C，用户 A 自己不需要接听。呼叫转向的请求必须在连接建立之前提出，一旦用户 A 已经应答，就不能使用呼叫转向了。

2）呼叫前转（CF）

呼叫前转可以分为 4 类。

（1）无条件呼叫前转（UCF）：允许被叫用户将所有来呼转移到另一个设定号码上。

（2）遇忙呼叫前转（CFB）：当遇到被叫用户忙时，允许被叫用户将所有来呼转移到另一个设定号码上。

（3）无应答呼叫前转（CFNRy）：当遇到被叫用户没有应答时，允许被叫用户将所有来呼转移到另一个设定号码上。

（4）不可到达的呼叫前转（CFNRc）：当被叫移动用户不可到达时，允许被叫用户将所有来呼转移到另一个设定号码上。

4. 多方通话

这项业务提供给用户同时建立多个呼叫连接的能力，即使用此业务的用户可以同时与多个用户通话。使用多方业务的前提条件是，用户必须正在控制两个已应答的呼叫连接，一个处于通话状态，一个处于保持状态，只有在这种情况下用户才可以提出多方业务的请求。当多方通话被激活，远端的用户就可以自由地加入和离开。远端用户在退出多方通话时仍可以保持与主控用户的连接。多方通话的远端最大用户数为 5。

5. 呼叫完成

呼叫完成业务包括呼叫等待（CW）和呼叫保持（CH）。

1）呼叫等待（CW）

当用户被通知有一个呼叫呼入，而呼入呼叫要使用的业务信道正在被占用，此时允许用户预定这个呼叫使来呼处于等待状态，当业务信道被释放后，再由用户决定是否接听、切断或者忽略等待的呼叫。等待的呼叫数最多只能有一个。

2）呼叫保持（CH）

（1）当用户正处于一个通话中时，如果需要与第三方建立另外一个呼叫，可以将现有的呼叫中断，但是仍然保留现有呼叫的业务信道，这时原来的通话方处于保持状态。

（2）当一方通话已经处于保持状态，与第三方的通话还未建立起来时，用户可以建立另外一个新的呼叫或恢复保持的通话或切断保持的通话。

（3）当一方处于保持状态，与第三方的通话已经建立起来时，用户可以在两个呼叫之间任意切换或断开其中的一个呼叫或将这两个呼叫都断开。

6. 闭合用户组

闭合用户组（CUG），是指对接入 GSM-R 网络中的一组指定用户的行为进行一些限制，除了紧急呼叫外，网络会对用户的某些呼叫能力进行限制。如对闭合用户组的成员可以允许发起或接收组外的呼叫，也可以限制发起或接收组外的呼叫及组内成员之间的呼叫。一个闭合用户组的成员可以是其他闭合用户组的成员。

7. 用户到用户信令

这一补充业务允许用户发送或接收数量有限的信息，这些用户信息通过信令信道在网络中透明传输，网络无权中断信息或对信息进行处理。

8. 呼叫禁止

呼叫禁止分为禁止呼入和禁止呼出，根据不同的情况和用户需求又可以细分为 5 种类型。

（1）禁止全部呼出（BAOC）：除紧急呼叫外，所有的呼出都会被禁止。

（2）禁止国际呼出（BOIC）：用户的呼出呼叫只能存在于当前所在的移动网络和固定网络中。这一当前网络可以是用户的归属网络也可以是拜访网络。

（3）禁止除归属网络之外的国际呼出（BOIC-EXCH）：用户的呼出呼叫只能存在于归属网络和当前拜访的移动网络或固定网络中。即如果用户当前所在的网络为用户的归属网络，除了用户归属网络之外，用户的所有呼出呼叫都会被禁止；如果用户当前所在的网络为拜访网络，除了当前拜访网络和用户的归属网络之外的全部呼出呼叫都会被禁止。

（4）禁止全部呼入（BAIC）：用户定制了这项业务后所有的呼入都会被禁止。

（5）禁止漫游时呼入（BAIC-ROAM）：用户在漫游时除归属网络的呼入呼叫外，其他呼入呼叫都被禁止。

9. 呼叫转接

此业务的功能是在与主控用户通话的两个用户之间建立呼叫，其业务描述如下：主控用户 A 同时与用户 B、用户 C 建立呼叫，这两个呼叫可以是呼出也可以是呼入，当发出呼叫转接的请求后，B、C 之间建立起新的连接，同时，它们与主控方 A 的呼叫被释放。在呼叫转接中主控用户 A 在转接前必须与 B 建立起的连接且已经处于通话状态，A 与 C 之间或者已经建立起连接或者 C 已经开始振铃但还没有接听。在呼叫前转和呼叫转向中，主控用户 A 与 B 之间在没有建立起连接之前就会将呼叫转移给 C。因此，通常把这种呼叫转接的方式称为显式的呼叫转移（ECT），把呼叫前转和呼叫转向称为隐式的呼叫转移。

10. 遇忙呼叫完成（CCBS）

用户 A 呼叫用户 B 时，如果用户 B 正处于忙状态，用户 A 可以发起 CCBS 的请求，这时网络会监测 B 直到其进入空闲状态。B 进入空闲状态后，网络会等待一段时间允许 B 发起新的呼出呼叫。如果在等待时间内 B 没有发起新的呼叫，网络将会自动地回呼用户 A。用户 A 在指定的时间内收到回呼就完成了一个 CCBS 呼叫。

11. 专用拨号方案（SPNP）

支持用户在网络内部或在多个网络之间通信时采用专用的拨号方案，在专用拨号方案中使用与公众网络拨号方案不同结构和意义的数字序列。用户允许拥有多个专用拨号方案，最大数目为 9，但是多个专用拨号方案不能同时使用。

12. 名字识别（CNAP）

名字识别是指被叫方提供主叫方的名字信息。名字信息的内容可以是主叫方的姓名或代号，最大长度是 80 个字符。用户使用这一补充业务可能会受到其他补充业务的限制，如用户使用了 CLIR，也会禁止显示主叫方名字。

三、高级语音呼叫业务

（一）增强多优先级与强拆（eMLPP）

eMLPP 业务包含的两个方面，分别是优先级和资源抢占。优先级是指在呼叫建立时给该呼叫指配一个优先级别，并和该呼叫的建立时间类型一起来参与网络资源的竞争与调配。资源抢占是指当网络没有空闲资源可用时，具有较高优先级的呼叫将抢占正在被较低优先级呼叫占用的信道资源，还可以表现为被叫用户断开正在进行的低优先级呼叫而接听高优先级的呼入呼叫。

1. 优先级

eMLPP 业务定义了 7 个优先等级：

（1）A（最高，网络内部使用）。

（2）B（网络内部使用）。

（3）0（预定）。

（4）1（预定）。

（5）2（预定）。

（6）3（预定）。

（7）4（最低，预定）。

其中，A、B是最高的两个优先级，保留给本地网络内部（同一个MSC的控制范围内）的呼叫使用，用于紧急呼叫的网络或特殊语音广播呼叫的网络或语音组呼设定的网络。其他5个优先等级0、1、2、3、4提供给用户在整个网络覆盖范围内使用，也可以应用于能提供eMLPP业务的ISDN网络之间的互联互通。当等级A、B的呼叫应用到MSC区域之外时，这两个优先级都要映射为等级0。在呼叫建立时用户可以选择预先签约的任何一个优先级。

2. 强拆（资源抢占）

资源抢占分为网络资源抢占和用户接口资源抢占。

（1）网络资源抢占是指呼叫建立或切换时，没有空闲网络资源，则终止低优先级呼叫，将资源给高优先级呼叫使用的过程。

（2）用户接口资源抢占是指具有较高优先级的呼叫请求与正在进行较低优先级通话的用户建立通信时，网络终止被叫用户的当前呼叫，并将其接入高优先级呼叫的过程。

用户接口资源抢占由被叫移动台设置和决定。对于点对点呼叫，用户接口资源抢占这一过程表现为移动台自动接入处于等待状态的高优先级呼叫。

（二）语音组呼业务（Voice Group Call Service，VGCS）

语音组呼业务，简称组呼，指由多方参加的语音通信方式，其中一人讲话，多方聆听，讲话者角色可以转换，是一种半双工通信模式。

VGCS业务中包含两种身份的成员，即调度员和移动业务用户。调度员可以是固定网用户或者移动用户，一个VGCS呼叫中最多只能有五个调度员，也可以没有。移动业务用户是预订了VGCS业务的移动用户，数量不限。发起VGCS呼叫时，可用一个组功能码（组ID）来呼叫该组所有成员。一个特定的VGCS通信由组ID和组呼区域唯一确定。组ID标识该组的功能，即由哪些身份的成员参加；组呼区域是指VGCS通信所覆盖的地理范围，以无线蜂窝小区为基本单位。组ID和组呼区域的结合称作组呼参考，即组呼参考唯一地确定一个VGCS通信。在组呼过程中，主叫用户和调度员使用标准的双向信道；所有的被叫业务用户分配同一业务信道的下行链路进行接听。在整个呼叫过程中调度员一直占用一对业务信道，其他业务用户要通过抢占上行链路来实现讲者和听者身份之间的转变。一个VGCS通信过程中，某一时刻只能有一个“非调度身份”的移动用户讲话，调度员可以随时讲话。

VGCS业务突破了点对点通信的局限性，能够以简捷的方式建立组呼叫，实现调度指挥、紧急通知等特定功能，可用于铁路的调度指挥通信。

（三）语音广播呼叫（Voice Broadcast Service，VBS）

语音广播呼叫业务，允许建立点对多点的单向语音呼叫连接。VBS 在单工模式下工作。语音广播呼叫业务是在预定义的某个地理区域上发起语音广播呼叫，仅发起者可以讲话，位于服务区的签约用户在下行链路上聆听讲话内容，即 VBS 主要实现单向语音通信功能，且所有参与 VBS 的用户都必须经过授权。VBS 业务与 VGCS 业务相似，在业务定义、信令流程、对系统和终端的需求、呼叫控制等方面都大同小异。VBS 的呼叫发起者一定是讲话者。

四、GSM-R 特色业务

（一）基于功能号码的寻址

基于功能号码的寻址也称功能寻址，是指用户可以由它们当时所担当的功能角色，而不是它们所使用的终端设备的号码来寻址。功能号呼叫和管理是 GSM-R 网络的特殊应用之一。利用 GSM-R 网络中 HLR（或智能网）支持用户控制输入的特性（SCI），允许用户注册、注销功能号，以及查询注册在 HLR 或智能网网元中的当前功能号信息，同时允许其他用户以功能号方式呼叫该用户，而不必知道该用户的实际 MSISDN 号码。在同一时刻，至少可以为一个用户分配若干功能地址，而只能将一个功能地址分配给一个用户，用户可以向网络注册和注销功能地址。而对应于功能寻址的功能号编码，前面章节已经讲过。

功能号的注册流程，以 C2013 次司机功能号为例，其中 MSISDN 为 14982120012，按照功能号的编码规则，C2013 次列车司机功能号码为 20067201301，图 4-4 所示为其功能号注册流程。

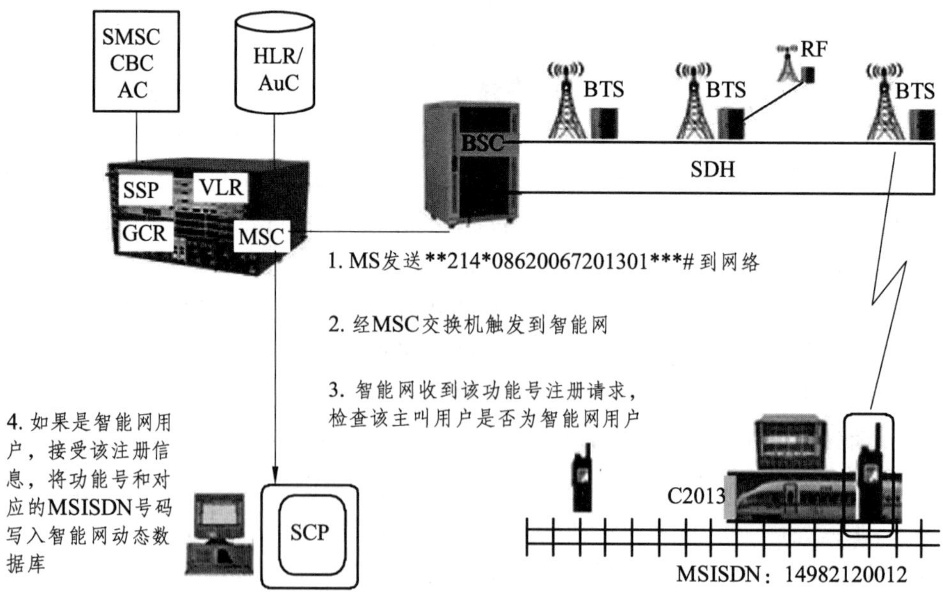

图 4-4　功能号注册流程

（二）接入矩阵业务

在铁路通信中，接入矩阵确定了哪一类用户能呼叫哪一类用户，用于规定不同用户之间的呼叫权限。欧洲综合铁路无线增强网络（EIRENE）标准中规定了不同身份之间的呼叫权限，见表 4-1。

表 4-1　欧洲综合铁路无线增强网络中不同用户间的呼叫权限

主叫方	被叫方						
	行车调度员	助理调度员	调度长	主司机	副司机	主管领导	公共地址
行车调度员				Yes	Open	Open	Open
助理调度员				Yes	Open	Open	Open
调度长				Yes	Open	Open	Open
主司机	Yes	Yes	Yes	Open	Yes*	Yes*	Yes*
副司机	Yes	Yes	Yes	Yes*	Yes*	Yes*	Yes*
主管领导	Open	Open	Open	Yes*	Yes*	Yes*	Yes*
公共地址							

注：Yes，主叫方有权呼叫被叫方，也就是接入矩阵不限制此类呼叫。
Open，此类呼叫由铁路运营商根据具体通信需求确定是允许还是限制。
Yes*，如果是同一列车的用户则允许呼叫，否则就被限制。
空白，不对此类呼叫进行规定，铁路运营商可以根据具体情况规定是允许还是限制此类呼叫。

例如，某一列车的主司机 2XXXXXXXX01 呼叫某一列车的副司机 2YYYYYYYY02，则 SCP 通过分析号码查询接入矩阵，得到输出结果为 Yes*。这时如果主司机和副司机是同一列车则有权呼叫，否则拒绝。为此 SCP 进一步判断 XXXXXXXX 和 YYYYYYYY 是否完全相同，如果完全相同则代表同一列车，呼叫不受限；如果不完全相同，则主司机和副司机不是同一列车，呼叫受到限制。

（三）基于位置的寻址

GSM-R 网络通过移动台上报的小区 CI 信息，可以定位该用户所在的小区位置，利用特殊接入号码触发、呼叫携带的 CI 信息等，根据事先定义的智能网小区数据和调度员 FAS/MSISDN 号码对应关系，将用户的短号码翻译为对应的调度员 FAS/MSISDN 号码，交由短号码发起端 MSC 进行接续，从而在用户多次改变小区位置时无须知道当前调度用户号码，只需通过拨打短号码、特服号码即可直接呼叫对应的调度用户。

（四）基于位置的呼叫限制

基于位置的呼叫限制功能需求与铁路调度用户的辖区有关。当主叫用户（主要是调度员）呼叫某一功能号时，如果该功能号对应的移动用户不在当前主叫用户（调度员）的管辖范围内时，不允许该呼叫建立，由智能网给呼叫发起端 MSC 返回错误代码，由

MSC 负责放音提醒主叫用户。当用户处于主叫调度员的辖区内时，允许调度员对其进行呼叫，智能网将给主叫端 MSC 返回功能号对应的 MSISDN 号码，由 MSC 进行呼叫接续；由于需要判断某个呼叫是否允许接续，因此必须在智能网平台中事先定义调度员与调度辖区（小区）的对应关系。

基于位置的呼叫限制功能主要依靠智能网平台接入矩阵来实现，呼叫发起时，由智能网平台通过 ATI 指令要求实际被叫用户返回当前小区 CI 值，并在对应关系表中确认后，才能决定是否允许主叫用户呼叫该功能号。基于位置的呼叫限制功能实际上在网络侧对调度员是否允许对某功能号用户进行呼叫进行了限制，该业务类似于铁路既有 450 MHz 无线列调系统由于技术限制而无法跨区间呼叫所形成的既有功能。

典型案例

一、案例背景

广州局 GSM-R 核心网机房值班人员接到调度所申报，某站车站值班员 14:00 无法呼叫机车司机，影响车机联控。

二、案例分析

299 紧急组呼是 GSM-R 网络具有最高呼叫优先级的铁路紧急组呼，用以满足 CIR、机车司机、运转车长、车站助理值班员、工务巡道人员、应急现场移动用户以及该组呼区域内通信专业维护人员等 GSM-R 移动用户遇到紧急情况时，快速与组呼区域内的列车调度员、车站值班员以及相关 GSM-R 移动用户之间建立语音通信。299 组呼区域为相邻三小区（对 CTCS-3 级区段外延两个基站），组呼发起方为组呼区域内的 GSM-R 移动用户，组呼成员包括列车调度员、车站值班员以及组呼区域内的 GSM-R 移动用户。

用户可使用 CIR 或 GSM-R 手持终端按“紧急呼叫”键发起 299 紧急组呼。当 299 紧急组呼建立后，具有接收 299 紧急组呼功能的 GSM-R 终端用户进入组呼区域后自动接入 299 紧急组呼，由于 299 紧急组呼通信级别高，接收 299 紧急组呼后既有语音通信业务中断。列车调度员、车站值班员自动接收 299 紧急组呼，在调度台、车站值班台显示紧急组呼名称、组呼号码、呼叫优先级、呼叫状态等。调度台、车站值班台会自动应答，中断正在进行的通话并显示处于紧急组呼通话状态。

三、故障处理

移动用户误发起 299 紧急组呼后未“挂机”，将使得该区域内所有 GSM-R 用户被强制接入 299 紧急组呼，造成 CIR 被占用，FAS 台呼不通机车 CIR，影响车机联控。

以用户 14980000001 在广州南站（组呼参考为 50000299）发起组呼为例，故障处理流程如下：

（1）查询组呼状态。在核心网 MSC 网管上输入命令行：DSP GROUPSTATUS，查询当前组呼状态，显示当前存在的组呼数目为 1，组呼参考为 50000299。

（2）强制拆除组呼。在 GSM-R 终端用户未能及时拆除 299 紧急组呼，且影响列车调度通话时，由列车调度员根据实际情况在 FAS 调度台“强拆组呼”连续按三个“*”号键进行 299 紧急组呼强制拆除操作。当组呼成员中有相邻列车调度员时，双方列车调度员应在协商后处理，不得一方随意撤除 299 紧急组呼。

（3）确认发起用户。在核心网 MSC 网管上，通过 WebUI 登录华为操作维护系统，选择话单查询浏览系统，导出相应时间段业务类型为 GROUP 的话单，在话单 subscriber Number 列中筛选对应的号码即为组呼发起者号码。

课程	GSM-R 通信系统应用与维护	任务	GSM-R 业务模型及业务分类
班级		姓名	

活页笔记

自我分析与总结

课程	GSM-R 通信系统应用与维护	任务	GSM-R 业务模型及业务分类
班级		姓名	

同步练习

1. 选择题

（1）下列哪一项不属于号码识别业务（　　）。

A. 主叫线路识别显示　　B. 主叫线路识别限制

C. 被叫线路识别显示　　D. 被叫线路识别

（2）下列哪一项不属于呼叫前传（　　）。

A. CFU　　B. CFB

C. CD　　D. CFNRy

（3）eMLPP 定义了（　　）个优先等级。

A. 3　　B. 5

C. 7　　D. 9

（4）语音广播呼叫处于（　　）工作模式。

A. 单工　　B. 双工

C. 半双工　　D. 码分复用

（5）下列哪一项不属于铁路特定业务（　　）。

A. 功能号表示　　B. 接入矩阵

C. 多方通话　　D. 基于位置的寻址

2. 填空题

（1）多方通话的远端最大用户数为_____。

（2）在 VGCS 中，调度员最多可以有_____个。

（3）短消息业务分为_____和_____业务两种。

（4）GSM 基本业务中，按功能可分为____和_____。

（5）GSM 分组业务，按对象的不同，可分为____和____。

3. 简答题

（1）什么是功能寻址？简述功能寻址的过程。

（2）什么是位置寻址？简述位置寻址的过程。

（3）什么是增强多优先级与强拆？简述其各优先级的功能。

实操

1. 现场通过 GSM-R 手持机发起 299 组呼操作，并研讨可以通过哪些方式挂断组呼。

2. 现场通过 GSM-R 手持机设置语音呼转，并对 GSM-R 手持机进行呼叫，确认是否完成语音呼转。

课程	GSM-R 通信系统应用与维护	任务	GSM-R 业务模型及业务分类
班级		姓名	

任务与考核

任务名称		GSM-R 业务模型及业务分类		
任务	知识技能目标	考核项目	自我评价	教师评价
GSM-R 业务模型	1. 了解 GSM-R 业务模型结构。 2. 掌握 GSM-R 应用和特色业务	GSM-R 业务模型结构（10 分）		
		GSM-R 应用和特色业务（15 分）		
GSM -R 基础业务	1. 了解承载业务、电信业务和补充业务分类。 2. 掌握呼叫转移的设置	电信业务的种类和功能（10 分）		
		呼叫转移的设置（15 分）		
高级语音呼叫业务	1. 了解语音组呼的分类。 2. 掌握语音组呼的发起方式	eMLPP 业务级别与分类（10 分）		
		299 组呼呼叫与挂断（15 分）		
GSM -R 特色业务	1. 了解接入矩阵业务的实现方式。 2. 掌握功能号码寻址和位置寻址的原理	功能号码寻址实现方式（15 分）		
		位置寻址实现方式（10 分）		
总分 100 分				

任务七 GSM-R 调度通信

一、调度通信组成

调度通信是铁路各级调度人员与其所管辖区域内有关运输生产作业人员之间进行的专用电话通信业务。调度通信业务包括列车调度通信、客运调度通信、货运调度通信、牵引供电（电力）调度通信及其他调度通信。

GSM-R 系统中存在一种固定终端——GSM-R 网络调度子系统。GSM-R 网络调度子系统是给调度员身份的用户使用，能完成与其他各种终端之间的通信。GSM-R 网络调度子系统与 MSC 之间通过 30B + D 连接，GSM-R 调度通信系统构成如图 4-5 所示。

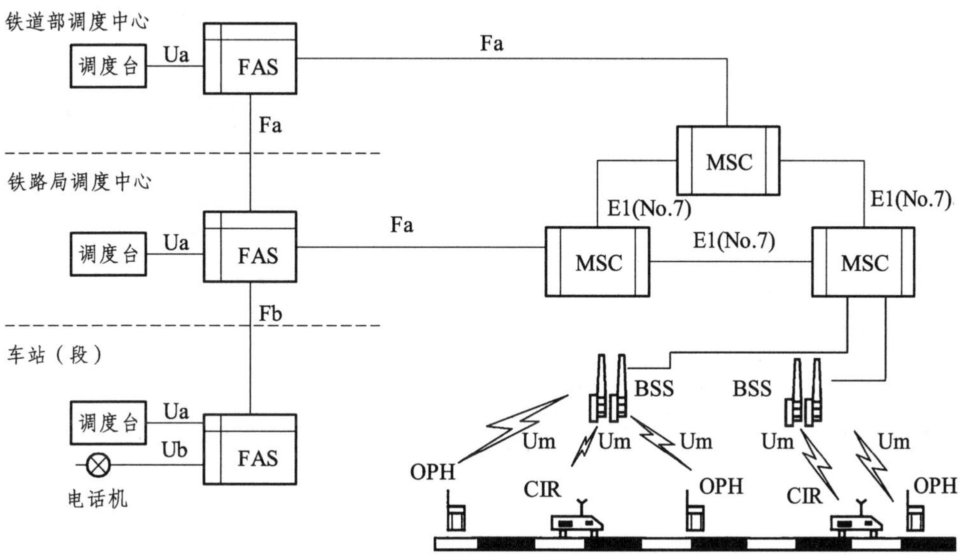

图 4-5 GSM-R 调度通信系统构成

（1）利用 GSM-R 进行调度通信系统组网，既可以完全利用无线方式，也可以同有线方式结合起来。

（2）GSM-R + FAS 构成无线/有线混合网络：NSS、BSS、OSS、FAS、调度台、车站台、CIR、OPH 等。

接口类型：

（1）Fa 接口：ISDN 基群速率接口（30B + D），DSS1 信令。

（2）Fb 接口：ISDN 基群速率接口（30B + D），DSS1 信令；或基群速率 E1，内部信令。

（3）Ua 接口：ISDN 基群速率接口（30B + D），DSS1 信令；或基群速率 E1，内部信令。

（4）Ub 接口：选用 Z 接口、音频 2/4 线接口、65 kb/s 同向接口、录音接口等。

在国铁集团、铁路局和车站设置 FAS。国铁集团 FAS 与铁路局 FAS 之间通过 Fa 接口连接，铁路局 FAS 与车站 FAS 之间通过 Fb 接口连接。调度台和车站通过 Ua 接口接入 FAS。其他固定终端通过 Ub 接口接入 FAS。国铁集团、铁路局 FAS 通过 Fa 接口接入邻近的 MSC；车站 FAS 不直接与 MSC 相连接。调度台、车站台和移动台之间通过有线与无线相结合的方式进行连接。

二、语音通信功能

无线列车调度系统是重要的铁路行车通信系统，负责指挥列车的运行，其工作成员包括行车调度员、车站值班员、助理值班员、机车司机、运转车长、机务段调度员、救援列车主任等。

行车调度员位于调度所，一般一个调度所管理多个车站，因而行车调度员的管辖范围大于车站值班员的管辖范围。在每个车站，有一名车站值班员和若干名助理值班员，负责本车站管线范围内的列车运行。助理值班员一般在室外工作，而车站值班员在车站室内操作指挥。列车司机和运转车长一般处于运行的列车上，共同负责列车的运行。

列车调度通信的主要功能是实现“大三角”通信和“小三角”通信。“大三角”通信是指行车调度员、车站值班员和机车司机之间的通信；“小三角”通信是指车站值班员、机车司机和运转车长之间的通信。

根据列车调度通信的需求，语音通信分为点对点通信、多方通信、语音组呼和语音广播呼叫 4 类，见表 4-2。

表 4-2　GSM-R 列车调度系统语音通信功能的实现

<table>
<tr><th>主叫</th><th>通信范围</th><th>被叫</th><th>实现方法</th></tr>
<tr><td rowspan="7">行车调度员</td><td rowspan="6">调度范围</td><td>某一司机</td><td>车次功能号</td></tr>
<tr><td>某一运转车长</td><td>车次功能号</td></tr>
<tr><td>司机和运转车长</td><td>VGCS</td></tr>
<tr><td>司机和运转车长（广播形式）</td><td>VBS</td></tr>
<tr><td>车站值班员、助理值班员、司机、运转车长</td><td>VGCS</td></tr>
<tr><td>所有运转车长</td><td>VGCS</td></tr>
<tr><td>车站范围</td><td>车站值班员、助理值班员、司机、运转车长</td><td>VGCS</td></tr>
<tr><td rowspan="4">列车司机</td><td>调度范围</td><td>行车调度员</td><td>基于位置寻址</td></tr>
<tr><td>车站范围</td><td>车站值班员、助理值班员</td><td>语音组呼</td></tr>
<tr><td>本列车内</td><td>运转车长</td><td>完整电话号码</td></tr>
<tr><td>动态范围</td><td>区域内其他司机</td><td>语音组呼</td></tr>
<tr><td rowspan="3">运转车长</td><td>调度范围</td><td>行车调度员</td><td>基于位置寻址</td></tr>
<tr><td>车站范围</td><td>车站值班员、助理值班员</td><td>语音组呼</td></tr>
<tr><td>本列车内</td><td>列车司机</td><td>完整电话号码</td></tr>
<tr><td rowspan="4">车站值班员</td><td>调度范围</td><td>行车调度员</td><td>完整电话号码</td></tr>
<tr><td rowspan="3">车站范围</td><td>某一司机</td><td>车次功能号</td></tr>
<tr><td>所有司机</td><td>语音组呼</td></tr>
<tr><td>某一运转车长</td><td>车次功能号</td></tr>
</table>

续表

主叫	通信范围	被叫	实现方法
车站值班员	车站范围	所有运转车长	语音组呼
		所有助理值班员	语音组呼
		所有助理值班员、所有司机、所有运转车长	语音组呼
		某一助理值班员、某一车次的司机和运转车长	ISDN 多方通信 /GSM-R 多方通信
	相邻车站	相邻车站的车站值班员	完整电话号码
助理值班员	车站范围	某一司机	车次功能号
		某一运转车长	车次功能号
		所有司机、所有运转车长	语音组呼
		车站值班员、其他助理值班员	语音组呼

三、信令呼叫流程

无线列车调度与列车用户常用的呼叫方式有功能寻址呼叫和位置寻址呼叫两大类。前面已经对功能号寻址和位置寻址进行介绍，现在对功能号寻址呼叫和位置寻址呼叫信令及呼叫流程进行系统学习。

（一）功能号寻址呼叫

调度员使用功能号发起常规的呼叫后，该呼叫请求通过 FAS 系统发给 GMSC，GMSC 收到 FAS 系统呼叫请求后，提取 SETUP 信息中的相关信息判断被叫号码为功能号，从而通过 SSP 触发智能网业务，向 SCP 发起 Initial DP 请求，得到对应的 MSISDN 号码后，SCP 将通过 Connect 操作返回给 SSP，其具体的呼叫流程如图 4-6 所示。

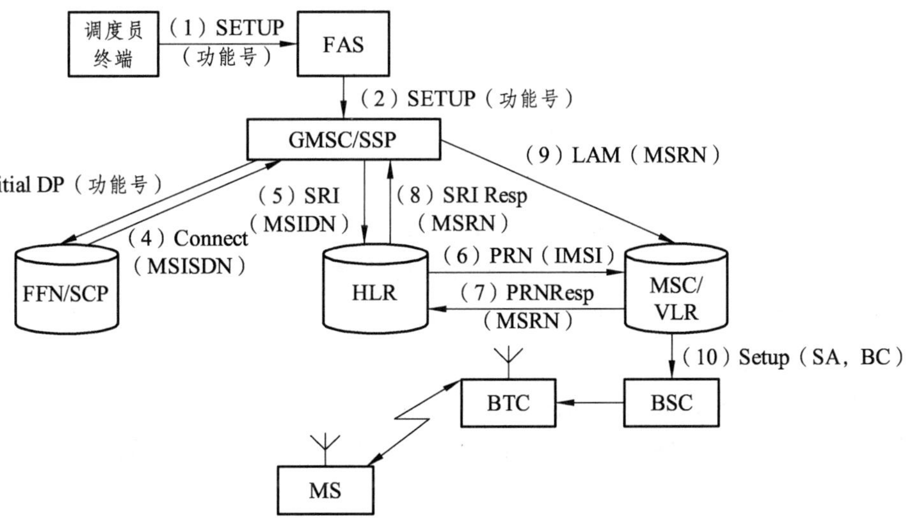

图 4-6　功能号寻址呼叫流程

（1）调度用户终端拨打功能号呼叫机车司机。

（2）FAS 台将该呼叫发送给 GMSC。

（3）GMSC 判断为功能号呼叫，满足功能号查询触发条件，MSC/SSP 向智能网发起 CAP 操作 Initial DP，SCP 检查所拨功能号是否为有效功能号，其中包括以下内容：号码格式是否正确、功能号是否存在、功能号是否在有效期内、功能号是否已注册至一个 MSISDN、功能呼叫是否被授权等。

（4）SCP 确认为有效功能号后，找到对应的 MSISDN，进行号码翻译，发送 Connect 操作。

（5）MSC 根据返回的 MSISDN 号码，向该用户所在的 HLR 发送 Send Routing Info 信息，要求提供漫游号。

（6）HLR 查询数据库，找到当前用户所在的 VLR，向该 VLR 发送 Provide Roaming Number 信息。

（7）VLR 分配一个漫游号，返回给 HLR。

（8）HLR 给主叫 MSC 返回 Send Routing Info Resp，将漫游号发送给 MSC。

（9）MSC 将漫游号作为被叫号码，向被叫用户所在的 MSC 发送 IAM 信息，发起呼叫。

（10）被叫 MSC 根据漫游号，找到用户当前所在位置区，向相应的 BSC 发起呼叫，得到寻呼响应后，发起 Setup 信息。

（二）位置寻址呼叫

基于位置寻址的方式主要解决移动用户呼叫固定用户困难的问题，司机不需要知道当前他所处的位置区段，也不用知道调度员或车站值班员的电话号码，通过 GSM-R 网络基于位置的寻址，采用短号码呼叫的方式来呼叫对应的固定用户。

目前，在 GSM-R 网络中，要实现基于位置的寻址，有两种方式可以实现：基于 GSM-R 小区特定路由的方式和基于智能网的方式。

1. 基于 GSM-R 小区特定路由呼叫

基于 GSM-R 小区特定路由的方式实现基于位置的寻址，该过程智能网不参与其中，从短号码到真实号码的翻译过程以 MSC 通过小区特定路由的方式来完成。

小区特定路由使用以下两个参数来确定目的地址。

（1）被叫方号码（短号码）。

（2）小区识别码。

其中，被叫方号码是由移动终端 MS 通过空中接口 Um 向 MSC 提供，而在每次呼叫过程中，BSC 都要向 MSC 提供移动终端当前所在小区的小区识别码，接口描述如图 4-7 所示。

采用 GSM-R 小区特定路由方式来实现基于位置寻址的信令流程如图 4-8 所示。在信令交互过程中，COM_L3_INFO 消息中的 Complete Layer3 信息元素中包含了 CGI，SETUP 消息中，被叫信息元（Called Party Number）设为短码来触发基于位置的寻址。

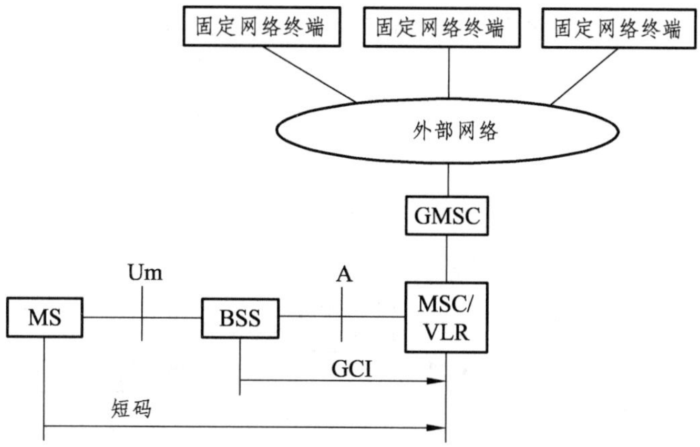

图 4-7　基于 GSM-R 小区特定路由寻址接口描述

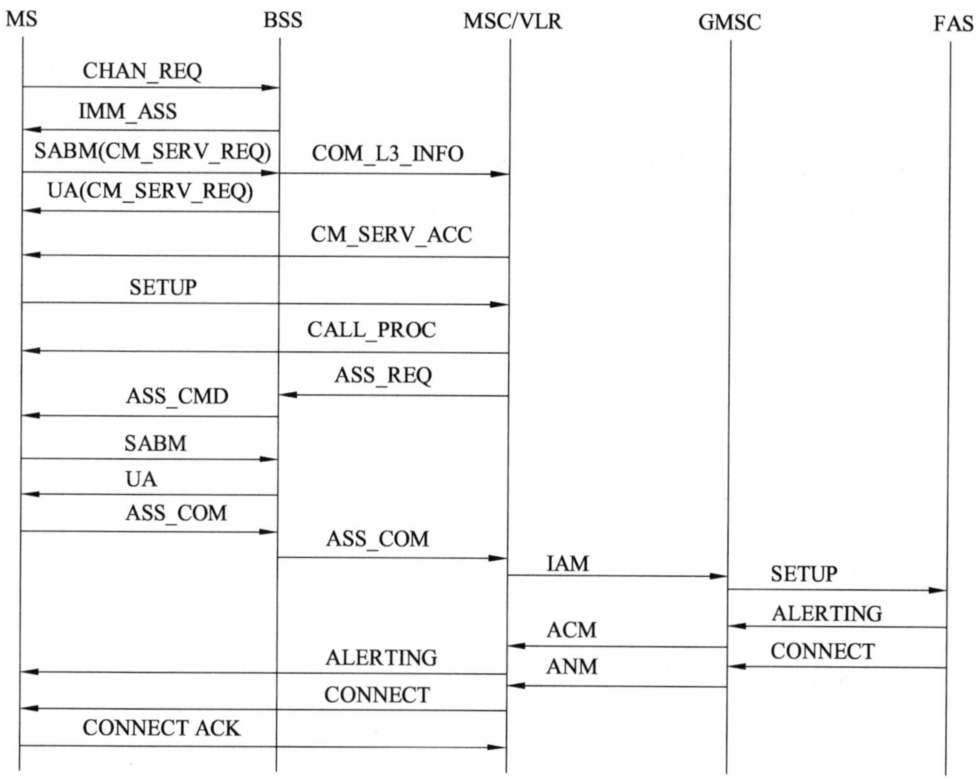

图 4-8　基于 GSM-R 小区特定路由寻址呼叫流程

2. 基于智能网呼叫

基于智能网的方式进行位置寻址呼叫所采用的参数和基于 GSM-R 小区特定路由所采用的参数相同，但是与基于 GSM-R 小区特定路由方式的不同之处在于，短号码翻译成真实号码是由智能网 SCP 根据被叫号码和主叫方所在的小区识别码查询数据库完成的，接口描述如图 4-9 所示。

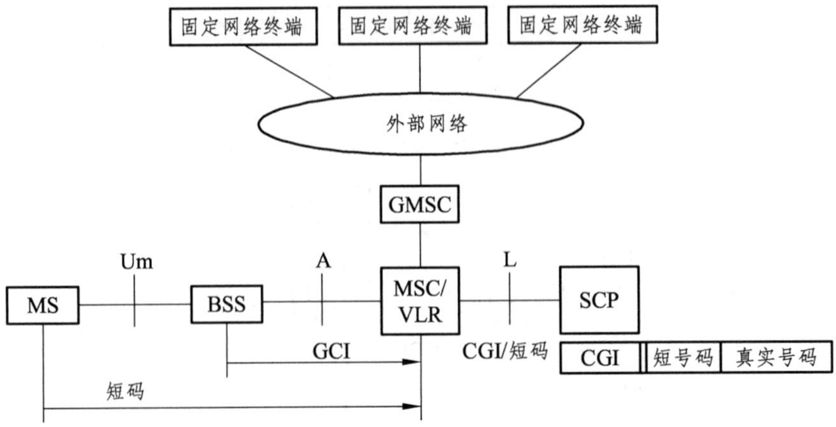

图 4-9　基于智能网寻址接口描述

采用智能网来实现基于位置寻址呼叫的信令流程如图 4-10 所示，其信令流程与基于 GSM-R 小区特定路由方式的流程基本相同。不同之处在于，MSC 收到移动终端发起的 SETUP 信息后，分析被叫号码，判断为短号码后，匹配并满足智能网相关条件，MSC 向 SCP 发起 Intial DP，其中包含被叫短号码、用户所在小区信息，SCP 根据被叫短号码和用户所在小区信息，查询数据库，获取短号码对应的真实号码，向 MSC/SSP 返回 Connect 消息，MSC 收到真实号码后，根据该号码进行路由，向相应的 FAS 台发起呼叫。

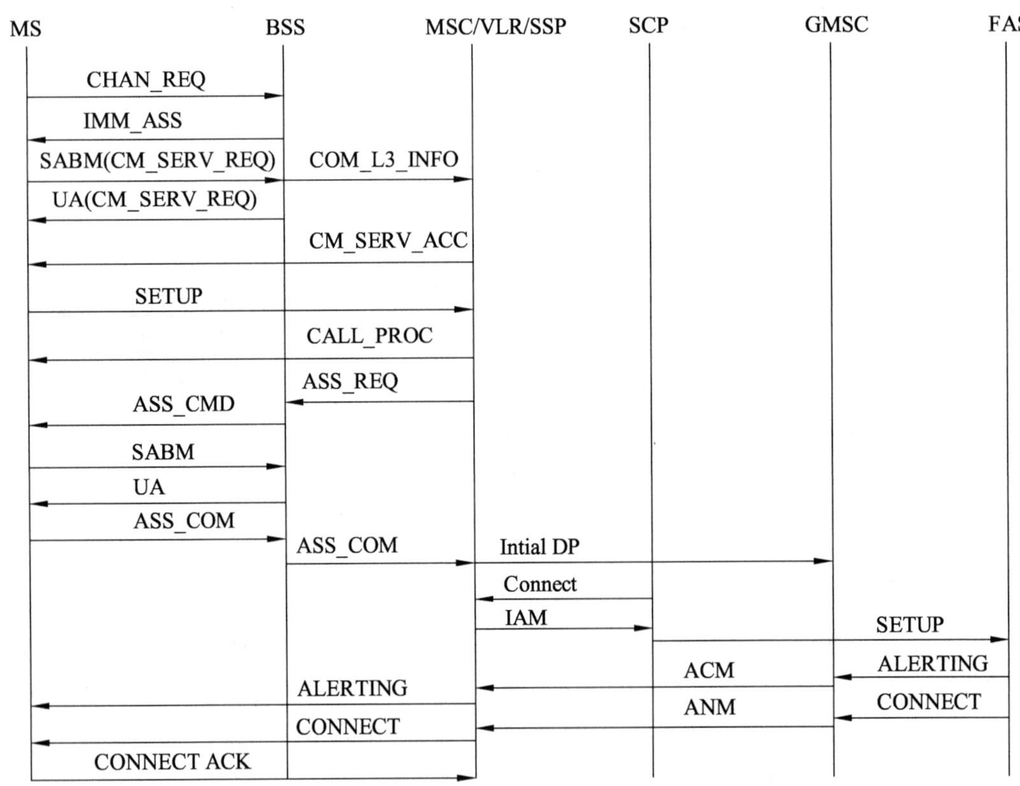

图 4-10　基于智能网寻址呼叫流程

典型案例

一、案例背景

列车运行过程中，列车 CIR 会通过语音卡注册车次功能号和机车功能号，用以实现通过功能号呼叫指定用户的功能。某日，列车调度台（FAS 台）采用功能号寻址方式呼叫列车司机时，提示呼叫失败。

二、案例分析

实际的铁路运输过程中，在很多线路上存在列车运行时间超过 24 h 或者当某次列车因故障而长时间停靠，后发的同一次列车也进入该区域，导致同一区域存在两趟车次号相同的列车。为解决该问题，列车调度台对司机发起车次功能号呼叫时，应受被叫位置的限制。

车次功能号被多个列车注册但主叫辖区内只有一趟列车时，SCP 将给 HLR 发送 ATI（Any Time Interogation）消息，其中包含该车次功能号的多个 MSISDN 号码，同时 HLR 查询用户所在的 VLR，给对应的 VLR 发送 PSI 消息，通过 MSC 寻呼获取上述多个 MSISDN 号码所对应的当前位置信息，并将该信息返回给 SCP，SCP 将多个 MSISDN 号的当前位置和主叫用户当前位置进行对比，选择合适的 MSISDN 号码返回给 MSC，建立呼叫，其呼叫流程如图 4-11 所示。

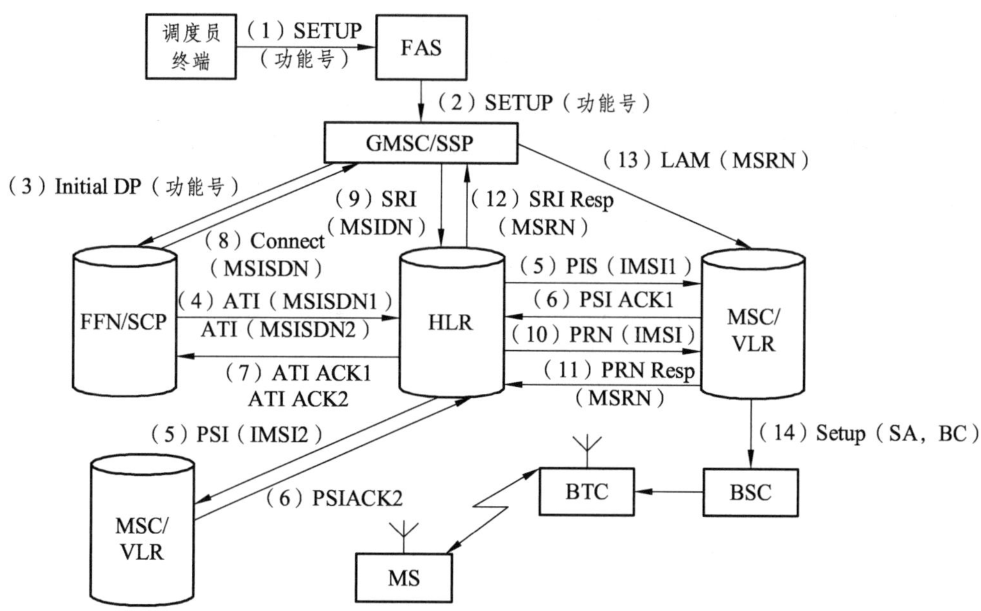

图 4-11　车次号不唯一呼叫成功流程

车次号被多个列车注册而主叫辖区内存在多趟列车时，此时 FAS 台将无法采用车次功能号呼叫司机，而应采用机车功能号或 MSISDN 号对司机发起呼叫，车次功能号呼叫失败流程如图 4-12 所示。

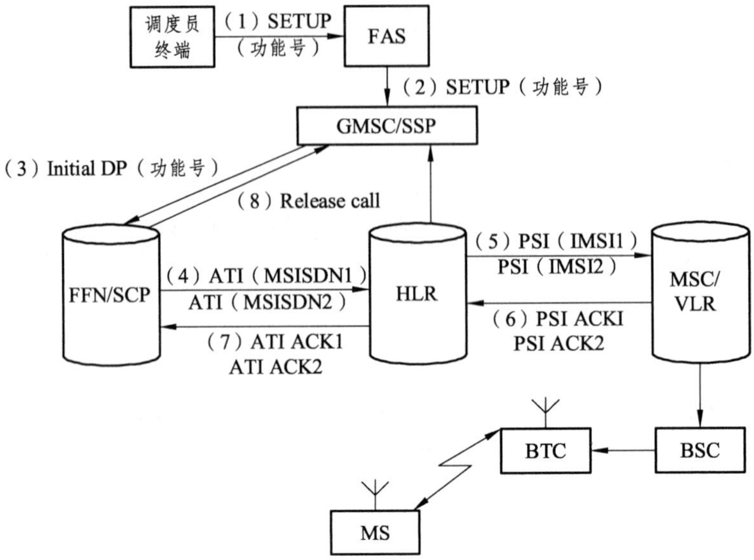

图 4-12　车次号不唯一呼叫失败流程

三、处理流程

功能号呼叫失败常见的故障原因为主叫用户管辖区域内功能号被重复注册，可以采用 GSM-R 手持终端查询并拆除异常功能号注册。

假设列车车次号为 D2309、机车号为 30112601，故障处理流程如下：

（1）查询功能号注册情况。通过 GSM-R 手机查询功能号是否存在重复注册的情况，车次功能号查询方式为输入“*#214*08620068230901***#”；机车功能号查询方法为输入“*#214*08633011260101***#”，按下呼叫按键，即可查询当前功能号注册情况。

（2）强制拆除异常注册功能号。假设当前功能号已被 14980000001 和 14980000002 同时注册，需要联系并确认号码中是否存在异常注册情况，如 14980000002 为异常注册号码，采用高权限 GSM-R 语音卡对异常号码进行拆除，车次功能号拆除方法为输入“ ##214*08620068230901*88*14980000002*# ”；机车功能号拆除方法为输入“##214*08633011260101*88*14980000002*#”。拆除后，再次查询功能号注册情况，确认功能号未被异常注册。

课程	GSM-R 通信系统应用与维护	任务	GSM-R 调度通信
班级		姓名	

活页笔记

自我分析与总结

课程	GSM-R 通信系统应用与维护	任务	GSM-R 调度通信
班级		姓名	

同步练习

1. 选择题

（1）FAS 和 MSC 之间互联的接口为（　　）。

A. Fa　　B. Fb

C. Um　　D. A

（2）中国铁路总公司 FAS 与铁路局 FAS 之间互联的接口为（　　）。

A. Fa　　B. Fb

C. Um　　D. A

（3）铁路局 FAS 与车站 FAS 之间互联的接口为（　　）。

A. Fa　　B. Fb

C. Um　　D. A

（4）下列哪一个角色不属于列车调度通信“大三角”的成员（　　）。

A. 行车调度员　　B. 车站值班员

C. 运转车长　　D. 机车司机

（5）下列哪一个角色不属于列车调度通信“小三角”的成员（　　）。

A. 行车调度员　　B. 车站值班员

C. 运转车长　　D. 机车司机

2. 填空题

（1）调度台和车站通过_____ 接口接入 FAS。

（2）GSM - R 网络调度子系统与 MSC 之间通过_____连接。

（3）位置寻址方式进行呼叫需要的参数有_____和_____。

（4）功能号寻址过程中，_____确认为有效功能号后，会找到对应的 MSISDN。

（5）“大三角”通信是指_____、_____和_____之间的通信。

3. 简答题

（1）功能号寻址的具体流程是什么?

（2）基于智能网进行位置区寻址的具体流程是什么?

（3）如何实现不唯一车次号正常呼叫?

实操

1. 讨论功能号寻址呼叫的信令流程。

2. 现场对 GSM-R 手持机完成机车功能号注册，并通过机车功能号完成对 GSM-R 手持机的呼叫。

课程	GSM-R 通信系统应用与维护	任务	GSM-R 调度通信
班级		姓名	

任务与考核

<table>
<tr><th colspan="2">任务名称</th><th colspan="3">GSM-R 调度通信</th></tr>
<tr><td>任务</td><td>知识技能目标</td><td>考核项目</td><td>自我评价</td><td>教师评价</td></tr>
<tr><td rowspan="2">调度通信组成</td><td rowspan="2">1. 了解调度通信分类。
2. 掌握调度通信的接口类型</td><td>调度通信系统结构（10 分）</td><td></td><td></td></tr>
<tr><td>调度通信系统接口类型（15 分）</td><td></td><td></td></tr>
<tr><td rowspan="2">语音通信功能</td><td rowspan="2">1. 了解语音通信功能的原理。
2. 掌握“大三角”通信和“小三角”通信的成员角色</td><td>调度系统主叫通信范围（10 分）</td><td></td><td></td></tr>
<tr><td>“大三角”通信和“小三角”通信的成员角色（15 分）</td><td></td><td></td></tr>
<tr><td rowspan="4">信令呼叫流程</td><td rowspan="4">1. 了解调度用户常用呼叫方式。
2. 掌握功能号寻址呼叫和位置寻址呼叫信令流程</td><td>调度用户常用呼叫方式（10 分）</td><td></td><td></td></tr>
<tr><td>功能号寻址呼叫信令流程（15 分）</td><td></td><td></td></tr>
<tr><td>小区特定路由呼叫信令流程（15 分）</td><td></td><td></td></tr>
<tr><td>智能网呼叫信令流程（10 分）</td><td></td><td></td></tr>
<tr><td colspan="3">总分 100 分</td><td colspan="2"></td></tr>
</table>

任务八　CTCS-3 无线列控通信

一、CTCS-3 级列控系统组成

中国列车控制系统（CTCS）根据功能要求和配置划分应用等级，分为 CTCS-0～CTCS-4 级，其中以 GSM-R 网络、MT 车载电台、RBC 无线闭塞中心为核心的 CTCS-3 级（简称 C3）列控系统在当前高速铁路中得到广泛的应用。CTCS-3 级列控系统的高铁实际运行中经常出现“无线连接超时”故障问题。发生“无线连接超时”后，ATP 车载设备将输出常用制动，在条件许可下降级为 CTCS-2 级运行，影响列车运行效率，因此有必要掌握设备相关原理并对常见超时问题进行分析。

CTCS-3 级列控系统的组成分为两个部分：列控车载设备和地面设备。GSM-R 无线通信系统是 CTCS-3 级列控系统地面设备与列控车载设备进行双向信息传输的通道，其系统结构及接口如图 4-13 所示。

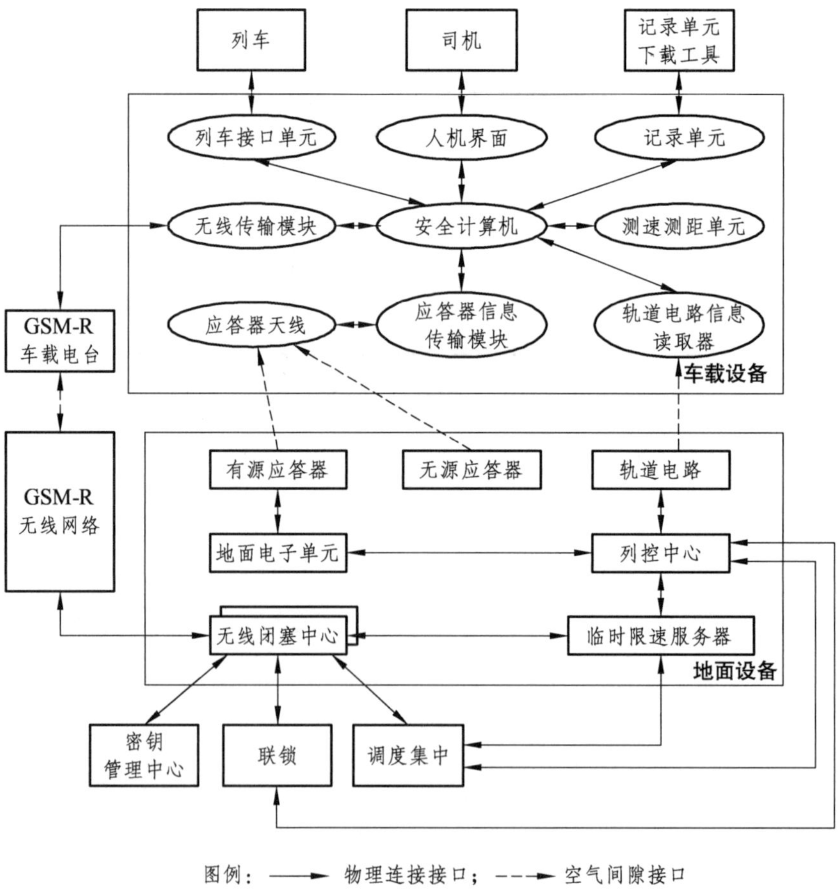

图 4-13　CTCS-3 级列控系统结构及接口示意图

（一）列控车载设备

列控车载设备（ATP）由安全计算机（VC）、轨道电路信息读取器（TCR）、应答器传输模块（BTM）及应答器天线、无线传输模块（RTM）、GSM-R 车载电台、人机界面（DMI）、列车接口单元（TIU）、测速测距单元、记录单元（JRU）等组成。各单元/模块的主要功能如下。

（1）安全计算机：根据与地面设备交换的信息监控列车安全运行。

（2）轨道电路信息读取器：接收轨道电路的信息。

（3）应答器传输模块及应答器天线：应答器传输模块通过与应答器天线连接，接收地面应答器的信息。

（4）无线传输模块：通过与 GSM-R 车载电台连接，实现车地双向信息传输。

（5）人机界面：人机界面实现司机与列控车载设备之间的信息交互。

（6）列车接口单元：提供安全计算机与列车相关设备之间的接口。

（7）测速测距单元：接收测速传感器等设备的信号，测量列车运行速度和运行距离。

（8）记录单元：用于记录与列车运行安全有关的数据，并在需要时下载进行数据分析。

（9）GSM-R 车载电台：实现 GSM-R 网络规定的 Um 接口协议栈，完成 GSM-R 网络定义的移动终端（MT）设备功能。

（二）地面设备

地面设备由无线闭塞中心（RBC）、临时限速服务器、轨道电路、列控中心（TCC）、应答器/地面电子单元（LEU）等组成。各地面设备的主要功能如下。

（1）无线闭塞中心（RBC）：根据外部地面设备提供的信息以及与列控车载设备交互的信息生成发送给列车的消息；这些消息主要提供行车许可，使列车在 RBC 管辖范围内的线路上安全运行；通过车地无线通信系统向其控制范围内列车的列控车载设备传送行车许可及线路描述信息等。

（2）临时限速服务器：集中管理临时限速命令；临时限速服务器分别向 RBC、TCC 传递临时限速信息。

（3）轨道电路：实现列车占用检查；为 CTCS-2 级列控车载设备提供列车前方空闲间隔信息，实现自动闭塞。

（4）列控中心（TCC）：实现轨道电路编码，并向联锁传送闭塞分区状态信息；通过地面电子单元（LEU）和有源应答器向 CTCS-2 级列控车载设备传送限速信息和进路信息。

（5）应答器：是向列控车载设备传送报文的点式传输设备，可提供上行传输链路，也就是由地面向列控车载设备传送消息。应答器能提供固定消息，与地面电子单元（LEU）连接时能提供可变消息。应答器可按组的形式使用，每个应答器传送一个报文，所有报文的组合构成应答器组的消息。按功能分类，有用于列车定位的应答器组、发送线路参数的应答器组、发送等级转换或 RBC 切换信息的应答器组、用于发送长短链信息的应答器组、位于发车进路始端的应答器组和其他用于识别列车运行方向的应答器组等。

（6）地面电子单元（LEU）：根据地面设备提供的信息生成应答器所要传输报文的电子设备。

二、CTCS-3 级列控系统原理

CTCS-3 列控系统在运行过程中，车地之间通信流程如图 4-14 所示，涉及的主要过程如下。

（1）ATP 设备开机，MT 模块附着 GSM-R 网络，完成位置更新。

（2）ATP 控制 MT 模块呼叫 RBC，建立物理通道。

（3）MT 与 RBC 建立安全数据链接。

（4）MT 与 RBC 进行双向数据传输，RBC 向 MT 发送的信息有移动授权（与前车的距离、行驶速度、进路解锁时间等）、线路数据（线路长度、起止点坐标、坡度、桥隧信息、牵引换相点数据等）、指令（进入调车模式、限速、人工引导等特殊操作）等；MT 向 RBC 发送的信息有列车位置、速度、状态（列车本身的编组、长度、制动性能等情况）、列车类型等。

（5）MT 在 GSM-R 网络下完成越区切换，保持通信接续。

（6）MT 断开安全数据链接，释放物理通道。

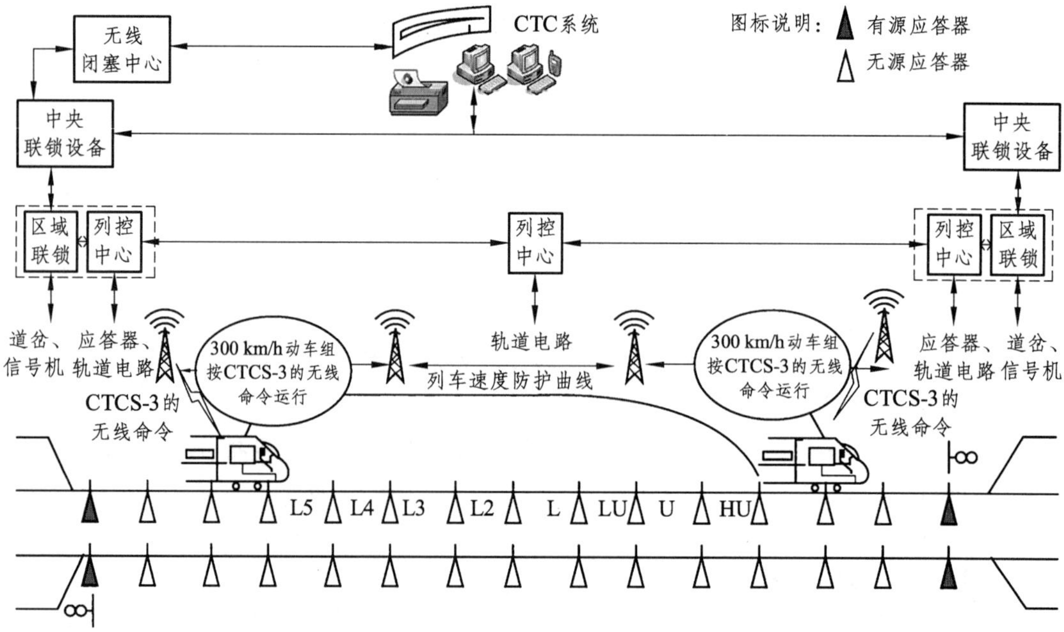

图 4-14　CTCS-3 级列控通信流程

在实际的铁路运行过程中，一个 RBC 通常管辖线路中部分范围内的列控通信。为实现列车在线路运行中跨 RBC 正常通信，保证无线列控系统间信息交互不发生中断，会在地面上设置 RBC 切换预告点和切换点应答器，通过两台车载电台交替呼叫 RBC，实现 RBC 跨区无间断切换。如图 4-15 所示，RBC 移交区是指在不同 RBC 边界处，实现列车在两个 RBC 间行车许可控制的安全切换。为消除 RBC 切换对列车正常运行的影响，车载设备设置了两个独立的 GSM-R 通信电台，当列车距 RBC 切换边界一定距离（列车走行 40 s 所需要的距离）时，在 RBC1 控制下通过另一部电台开始呼叫 RBC2 进行连接注册，并完成 RBC 移交。理论上当其中一部 GSM-R 通信电台故障时，车载设备仍能用正常电台进行 RBC 切换，但如果切换时间超过车地间允许通信中断时间，将会影响列车的正常运行。

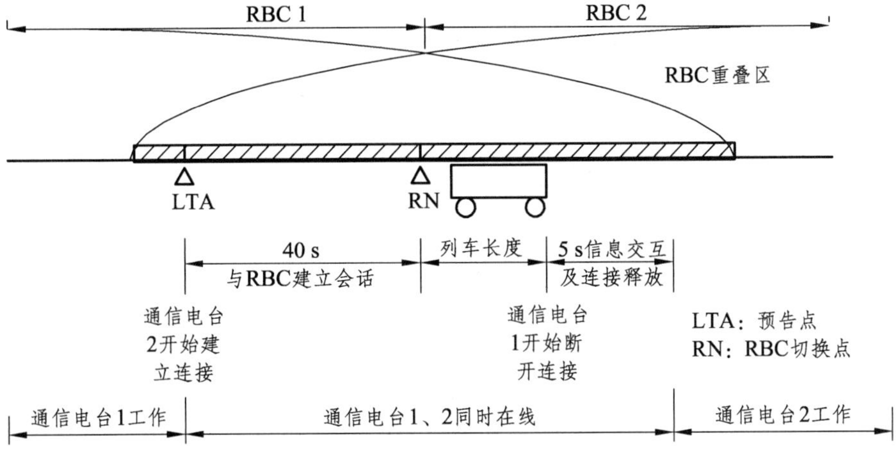

图 4-15　跨 RBC 切换示意图

三、CTCS-3 级列控系统通信流程

为实现车地之间信息的安全传输，GSM-R 网络作为传输通道承载着 CTCS-3 级列控系统车地信息交互，并且定义了 GSM-R 网络与 CTCS-3 级列控系统之间的接口为 I_{FIX} 接口、I_{GSM-R} 接口，如图 4-16 所示。

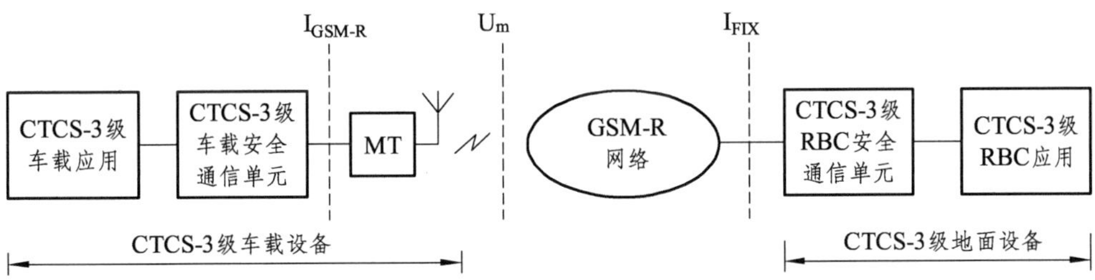

图 4-16　GSM-R 网络与 CTCS-3 级列控系统接口示意图

（一）I_{FIX} 接口通信流程

I_{FIX} 接口是指地面无线闭塞中心 RBC 与 GSM-R 系统交换机 MSC 之间的 PRI 接口，其接口速率为 2.048 Mb/s，配线采用 75 Ω 的非平衡同轴电缆。

在铁路实际的建设过程中，MSC 一般设置在铁路局的核心机房，而 RBC 会根据线路的不同，设置在线路机房，由于 MSC 与 RBC 不同址，需要通过传输系统进行连接，同时为了提高系统可靠性，连接 RBC 和 MSC 的传输系统应由物理路由互为备份的两条光缆构成。

MSC 与 RBC 互联的 PRI 接口数目应根据 RBC 需求进行配置。在容量 100%冗余情况下，假设每个 RBC 管理 60 个车载移动终端，则需要 4 个 2.048 Mb/s 的 PRI 接口与 MSC 相连。在实际工程建设中，为保证业务的冗余备份，每个 RBC 配置 5 个 2.048 Mb/s 接口，其中 4

主 1 备，当 4 个主用接口中某个发生故障时倒接至备用接口上。此外，RBC 还应尽可能连接到 MSC 的不同外围接口单元上，即 4 个主用 2.048 Mb/s 接口尽量分布在 MSC 的不同外围接口单元上，从而保证某个外围接口单元故障时，RBC 仍能通过其他外围接口单元与 MSC 连接。

CTCS-3 级列控车载设备侧主叫的呼叫建立流程如图 4-17 所示； CTCS-3 级列控车载设备侧的呼叫释放流程如图 4-18 所示；CTCS-3 级列控地面设备侧的呼叫释放流程如图 4-19 所示。

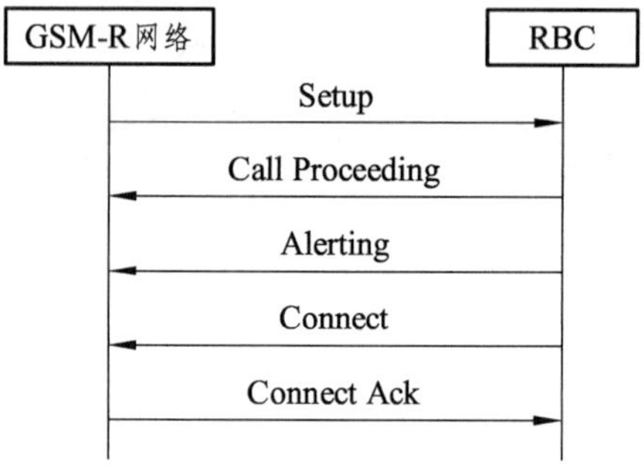

图 4-17　车载设备侧主叫的呼叫建立流程

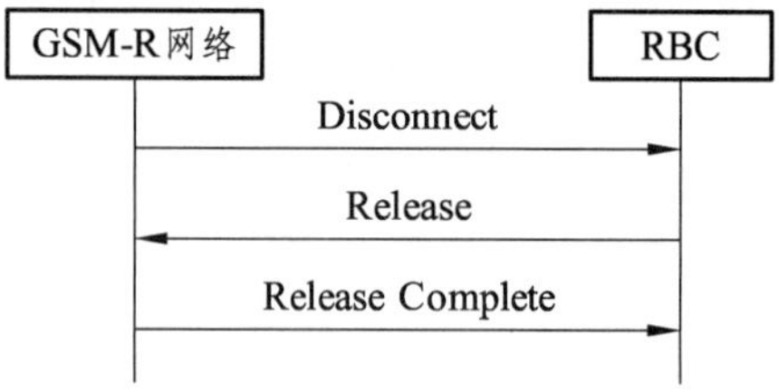

图 4-18　车载设备侧的呼叫释放流程

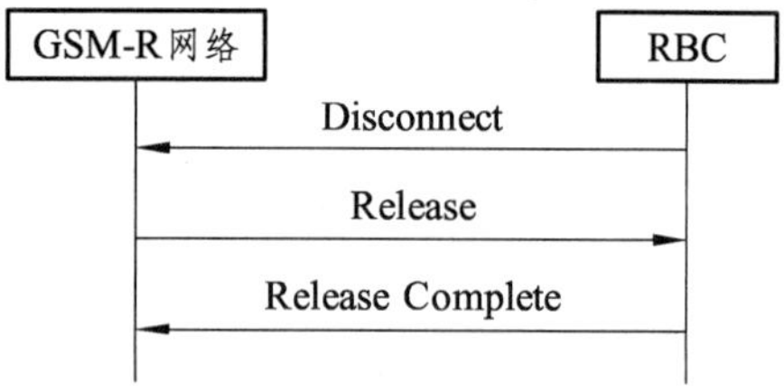

图 4-19　地面设备侧的呼叫释放流程

（二）I_{GSM-R} 接口通信流程

I_{GSM-R} 接口是指 CTCS-3 级列控系统列控车载设备中 CTCS-3 级车载安全通信单元与 MT 之间的接口。I_{GSM-R} 接口为信令和用户数据的传输提供了不同的操作模式，取决于以下接口状态。

（1）命令状态：该状态下，MT 模块没有通信，准备接收命令。

（2）在线命令状态：该状态下，MT 模块通过 GSM-R 网络与 RBC 通信，并将来自车载安全通信单元的信号作为命令行，并且向车载安全通信单元回复和响应。

（3）在线数据状态：该状态下，MT 通过 GSM-R 网络与 RBC 通信。MT 将来自车载安全通信单元的信号作为数据传送到 GSM-R 网络，或将从 GSM-R 网络接收到的数据传送到车载安全通信单元。在命令状态时收到“CONNECT”消息后进入在线数据状态。

CTCS-3 级列控系统在线应用时不允许进入在线命令状态。

CTCS-3 级列控车载设备侧主叫的呼叫建立流程如图 4-20 所示。

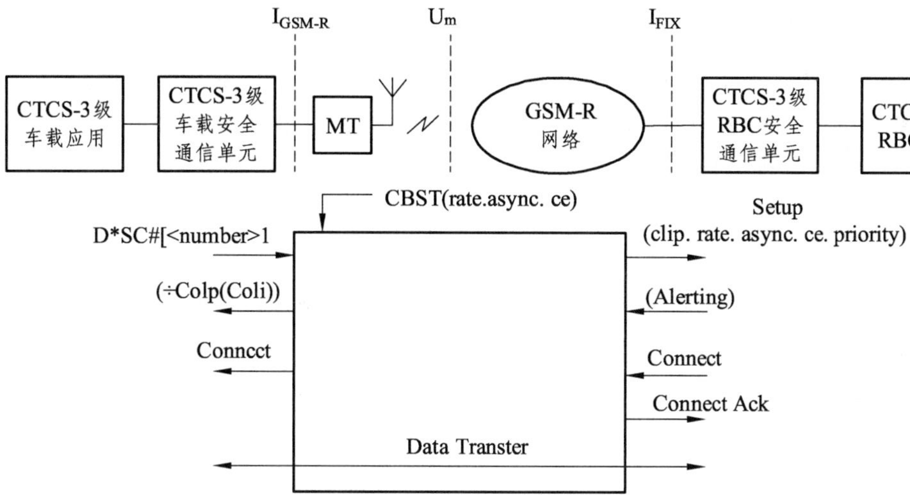

图 4-20 车载设备侧主叫的呼叫建立流程

CTCS-3 级列控车载设备侧发起的呼叫释放流程如图 4-21 所示。

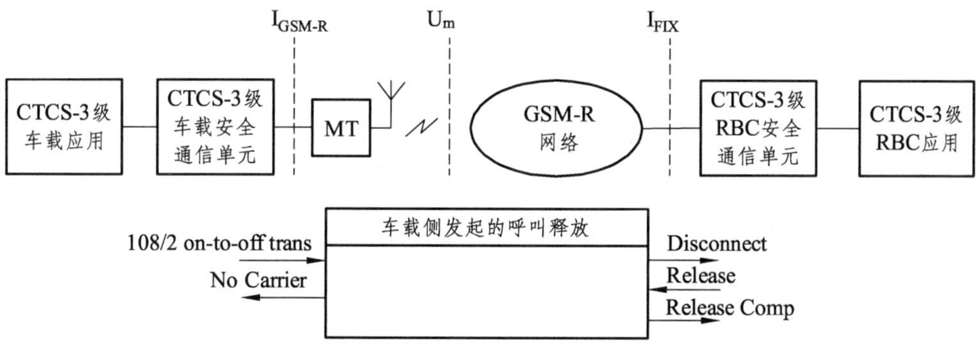

图 4-21 车载设备侧主叫的呼叫释放流程

CTCS-3 级列控地面设备侧发起的呼叫释放流程如图 4-22 所示。

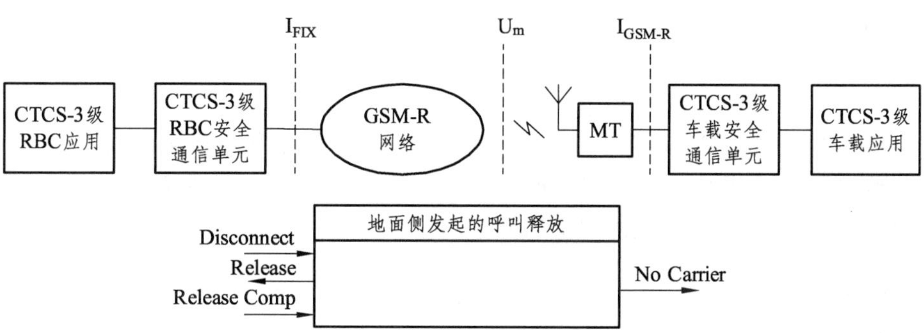

图 4-22 地面设备侧主叫的呼叫释放流程

四、CTCS-3 列控无线超时

（一）无线超时的产生

CTCS-3 系统中，ATP 和 RBC 间设置了用于定时相关应用层数据包正确接收时间间隔的定时器 T_NVCONTACT，ATP 在 T_NVCONTACT 时间内未收到来自地面设备的应用层数据，则认为车地间通信中断，发生无线连接超时。

（二）无线超时分析

无线连接超时分析工作是保证铁路运输安全的重要措施，分析故障的过程中，需要确认故障发生的区段，通过接口监测系统查看 MT 电台在 GSM-R 网络模式下的电平和质量，分析 RBC 和 MT 电台的数据交互情况，从而定位故障点。

1. 分析无线连接超时故障需要获得的数据

通过无线连接超时分析步骤中所提到的信息可知，如果要确定故障原因，要从以下数据着手分析。

（1）MT 电台在故障区段的 GSM-R 网络覆盖电平和通信质量。

（2）MT 电台与 GSM-R 网络的信令交互详细情况。

（3）MT 电台与 RBC 无线闭塞中心数据交互情况。

通过查看分析上述数据和设备工作质量，确定故障点及故障原因，快速处置。

2. 用于故障分析的数据来源

无线连接超时故障需分析 ATP-LOG、JRU、电台设备、GSM-R 网络接口监测系统（包括 Abis 接口、A 接口和 Pri 接口等）、RBC 无线闭塞中心等数据。结合工作实际和经验，通信三接口（Abis 接口、A 接口和 Pri 接口）的数据分析最为重要和有效，能较为全面地反应列车运行中无线通信质量和交互状况。

GSM-R 网络质量及数据传输过程是分析无线连接超时的重要数据指标，从三接口数据中可以分析出信息传输在哪个环节出现问题，然后根据这个环节中所关联的设备，确定故障原因，定位故障设备。

（三）接口监测技术

接口监测的功能是能够实时监测系统中各接口网络信令和业务数据交互的详细过程，通过监测数据，维护人员可以及时、有效地判断 CTCS-3 无线超时中存在的问题，从而及时维修与完善，保证系统安全可靠运行。

1. Abis 接口监测系统

1）信令采集

Abis 接口监测系统通过在 BTS 和 BSC 间互联 2.048 Mb/s 链路上跨接高阻头，从而获取 Abis 接口上原始的信令流。

2）信令存储

Abis 接口监测系统中心数据库能够满足对所有 CTCS-3 级用户的 Abis 接口信令、链路告警信息等数据的存储，同时存储时间满足实际需要。

3）信令解析

Abis 接口监测系统能够实现对原始信令的解析，包括 Abis 接口所有信令。

4）查询功能

Abis 接口监测系统具备查询功能，能够按照时间、信令类型、机车号、车次号等多种组合方式进行查询。

5）全程在线实时跟踪

Abis 接口监测系统具备全程实时跟踪的功能，实现对所有在线 CTCS-3 级用户全程实时跟踪，准确定位在线用户所在的小区位置，并且能够根据在线用户的状态，正确绘制出跟踪用户的上行电平、下行电平、上行质量、下行质量和 TA 等参数随着时间/距离的变化曲线图，并保存所有的跟踪数据。

6）网络性能分析

Abis 接口监测系统能够通过相关统计数据，对网络性能或信令进行分析，具体功能包括覆盖分析、切换分析、区测量报告统计、切换时长统计、呼叫记录统计。

7）列表功能

Abis 接口监测系统具备导出功能，将所记录的信令数据、切换数据、测量报告等相关数据以 Excel 的文件形式进行导出。

8）显示终端功能

（1）配置功能。

Abis 接口监测系统能够对监测小区的载频、领小区 BCCH 载频以及 IMEI、机车号与车次号对应关系进行设置。

（2）安全功能。

Abis 接口监测系统具备安全管理功能，对操作用户等级分为两级，系统管理员和普通操作员，能够为不同的登录用户提供不同的操作权限。

9）Abis 接口链路监测

Abis 接口监测系统能够实时监测 Abis 链路状态。

10）时间同步

Abis 接口监测系统设备的时间与外部时间同步设备的时间保持同步。时间同步的误差小于 1 s。

2. A 接口监测系统

1）信令采集

A 接口监测系统通过在 BSC 和 MSC 间互联 2.048 Mb/s 链路上跨接高阻头，从而获取 A 接口上原始的信令流。

2）信令存储

A 接口监测系统中心数据库能够满足对所有 CTCS-3 级用户 A 接口信令的存储，存储时间满足实际需要。

3）信令解析

A 接口监测系统能够实现对原始信令的解析，包括 A 接口所有信令和业务数据。

4）查询功能

A 接口监测系统具备查询功能，能够按照时间、信令类型、机车号、车次号等多种组合方式进行查询。

5）全程在线实时跟踪

A 接口监测系统具备全程实时跟踪的功能，实现对所有在线 CTCS-3 级用户全程实时跟踪，能够显示用户相关的信令。

6）列表功能

A 接口监测系统具备导出功能，将所记录的信令数据、切换数据、中断数据和告警数据等相关数据以 Excel 的文件形式进行导出。

7）显示终端功能

（1）配置功能。

A 接口监测系统能够对监测端口号和时隙号进行添加、修改和删除。

（2）安全功能。

A 接口监测系统具备安全管理功能，对操作用户等级分为两级，系统管理员和普通操作员，能够为不同的登录用户提供不同的操作权限。

8）A 接口链路监测

A 接口监测系统能够实时监测 A 接口链路状态。

9）时间同步

A 接口监测系统设备的时间与外部时间同步设备的时间保持同步。时间同步的误差小于 1 s。

3. PRI 接口监测系统

1）信令采集

PRI 接口监测系统通过在 MSC 和 PRI 间互联 2.048 Mb/s 链路上跨接高阻头，从而获取 PRI 接口上原始的信令流，采集 PRI 接口上所有 D 通道上的二、三层信令，包括呼叫建立、呼叫拆除和异常中断。

2）用户数据采集

PRI 接口监测系统采集到 PRI 接口所有 B 通道上的用户电路数据，即 RBC 与列控车载设备间的数据传输过程。

3）信令存储

PRI 接口监测系统中心数据库能够满足对所有 CTCS-3 级用户 PRI 接口信令的存储，存储时间满足实际需要。

4）用户实时跟踪

PRI 接口监测系统能够以 MSISDN 号码为标识正确地对所有 CTCS-3 级用户的信令和数据进行全程在线实时跟踪，正确显示被跟踪用户的机车号、车次号和公里标等信息。

5）业务查询

PRI 接口监测系统可通过显示终端对 PRI 接口监测系统中心存储设备及采集存储设备进行灵活查询。查询的方式具体包括：

（1）根据时间、MSISDN 号、机车号和信令类型等组合选择条件，对原始信令进行查询。

（2）根据时间、MSISDN 号、机车号和车次号对 CTCS-3 级用户数据进行查询。

（3）根据时间、MSISDN 号和机车号对中断原因值进行查询。

6）列表及报表

PRI 接口监测系统具备导出功能，将所记录的实时跟踪列表、信令列表、CTCS-3 级用户数据列表、中断综合分析报表等相关数据以 Excel 文件的形式进行导出。

7）统计分析

PRI 接口监测系统能够正确地完成对 PRI 接口的呼叫处理时长统计、呼叫成功率统计、拆链原因统计和中断综合分析等统计分析功能。

8）显示终端功能

（1）配置功能。

PRI 接口监测系统能够实现机车号和 MSISDN 号对应关系的配置管理。

（2）安全功能。

PRI 接口监测系统具备安全管理功能，对操作用户等级分为两级，系统管理员和普通操作员，能够为不同的登录用户提供不同的操作权限。

9）PRI 接口链路监测

PRI 接口监测系统能够实时监测 PRI 链路状态。

10）时间同步

PRI 接口监测系统设备的时间与外部时间同步设备的时间保持同步。时间同步的误差小于 1S。

五、CTCS-3 列控无线超时原因类别

CTCS-3 列控无线超时原因根据故障点的不同可以分为通信原因、车载原因、RBC 原因等。其中，通信原因根据是否为无线网络问题，可分为无线网络原因和设备原因，无线通信超时类别、原因及现象见表 4-3。

表 4-3　CTCS-3 无线超时原因类别

故障类别	故障原因	现象
无线干扰	运营商基站同/邻频干扰	未发生小区切换；占用基站单一频点时出现质差情况，干扰测试发现运营商基站占用 GSM-R 频点
	运营商基站宽频（阻塞）干扰	未发生小区切换，MT 的上行或下行接收质量逐渐变差；频谱仪测试未发现公网占用 GSM-R 频点，测试手机扫频测试会发现 GSM-R 所有频点电平较高，可测到公网基站的 BISC，是运营商基站的宽频干扰
	其他干扰	军队、学校、民航等干扰源造成的上行或下行干扰
	GSM-R 网内干扰	因频率重新规划导致无线覆盖范围调整造成的网内 GSM-R 同频干扰
	突发干扰	车载接收机工作正常，非小区切换区域，MT 上下行接收电平正常，接收质量突然变差，地点不固定，未测出干扰源
无线网络优化	覆盖问题	基站覆盖异常、天线角度产生变化或其他问题造成在相对固定区域频发无线超时
	切换问题	因通信设备、覆盖原因造成小区切换失败、切换超时、未按照基站覆盖顺序切换等造成掉话
	参数设置问题	无线参数设置不合理导致切换异常
	多径干扰	分布式基站、直放站区段由于时延问题产生多径干扰，造成上下行接收质量变差
	无线网优其他问题	（1）车载接收机工作正常，小区切换后 BCCH 和 TCH 电平不一致，导致回切
		（2）电台位置更新过程中被网络拒绝引起单电台注册
MSC	MSC 故障	（1）链接中断前，车地双向数据交互正常，MT 测量报告、切换正常；PRI 接口信令显示 MSC 向 RBC 发起释放，A 接口信令显示 MSC 向 BSC 发起释放，中断原因为 31 Normal，unspecified。
		（2）链接中断前，车地双向数据交互正常，MT 测量报告、切换正常；PRI 接口信令显示 MSC 向 RBC 发起释放，A 接口信令显示 MSC 向 BSC 发起释放，中断原因为 Resource Unavailable/Temporary failure，MSC 有告警或异常事件记录
	IWF 故障	（1）链接中断前，车地双向数据交互正常，MT 测量报告、切换正常；PRI 接口信令显示 MSC 向 RBC 发起释放，A 接口信令显示 MSC 向 BSC 发起释放，中断原因为 Resource Unavailable/Temporary failure，MSC 或 IWF 有告警或异常事件记录
		（2）诺西 IWF 软件问题，小区切换后乱码产生“Break signal”，导致 IWF 出现异常
BSC	跨 BSC 切换失败	（1）跨 BSC 切换，因 BSC 设备问题导致切换失败，原因值：Network out of order
		（2）切换信令过长，跨局 BSC 中 T7 定时器设置问题，导致切换失败，导致超时降级
	时钟板问题	时钟板卡故障，MT 小区切换后上下行数据传输异常

续表

故障类别	故障原因	现象
BSC	业务处理板问题	BSC 业务处理板故障，BSC 拆线造成无线超时
	TRAU 问题	（1）TRAU 工作异常，列车、地面调度均收不到对方发送的数据 （2）TRAU 工作异常，上行数据错误
BTS	载频板问题	（1）网管存在告警
		（2）服务小区下行电平突降至 − 92 dBm 以下，邻区电平值正常
	合路器问题	PRI 接口数据交互正常，测量报告正常，BTS 向 BSC 和 MT 发送 CLEAR REQUEST 信令，原因值为设备故障或资源不可用。BSC 网管中存在合路器相关告警
	天馈线问题	PRI 接口数据交互正常，测量报告正常，BTS 向 BSC 和 MT 发送 CLEAR REQUEST 信令，原因值为设备故障或资源不可用。BSC 网管中存在天馈线相关告警
	主控板问题	（1）运行至该基站时，发生主控板主备切换，导致链接释放
		（2）PRI 接口数据交互正常，测量报告正常，BTS 向 BSC 和 MT 发送 CLEAR REQUEST 信令，原因值为设备故障或资源不可用
		（3）凯普施基站锁闭基站控制板后，基站 Abis 接口将数据环回，与该基站同一基站环的其他基站下的车载接收到自己发送的数据，HDLC 层拆链
	基站休眠	小区切换至故障基站下，PRI 接口显示无上行数据，HDLC 层拆链；基站有 GSM-TIME 告警
	缓存问题	由于基站缓存问题，PRI 口帧时序出现异常，导致发送 FRMR
	基站解码异常	（1）车载或基站空口显示车载上报测量报告及业务帧正常，Abis 接口业务监测及测量报告看到业务帧出现 CRC 校验错误，无下行电平及邻区，判断基站解码异常
		（2）车载或基站空口显示车载已上报 HANDOVER COMPLETE 信令，且正常向切换目标小区发送测量报告，但 Abis 接口中，切换目标小区未向 BSC 上报 HANDOVER COMPLETE 信令，Abis 测量报告中显示上行电平正常，上行质量 7 级，但服务小区及邻区电平值与 MT 上报的电平值相同，判断基站解码异常
	接入脉冲问题	外部随机接入信号造成基站切换控制冲突，导致无线连接超时。现象为基站收到异常的 AB 脉冲，目标基站误以为终端发送的 HandoverAccess，并立即发送 Handover detection 到 BSC
直放站	远端机故障	（1）设备故障导致无线覆盖出现异常，发生异常切换
		（2）PRI 接口数据交互正常，测量报告正常，BTS 向 MT 和 BSC 发送 disconnect，原因值为设备故障或资源不可用
	近端机故障	（1）设备故障导致无线覆盖出现异常，发生异常切换
		（2）PRI 接口数据交互正常，测量报告正常，BTS 向 MT 和 BSC 发送 disconnect，原因值为设备故障或资源不可用
	漏缆问题	直放站或漏缆监测系统有告警
	其他	直放站设备掉电等
传输系统	Abis 接口传输故障	PRI 接口数据交互正常，测量报告正常，BTS 向 MT 和 BSC 发送 disconnect，原因值为设备故障或资源不可用

续表

故障类别	故障原因	现象
传输系统	MSC之间E接口传输故障	跨MSC切换后数据交互异常；跨MSC切换失败，MSC接口板有告警
	A接口传输故障	BSC向MSC和BTS发起拆线，MSC/TRAU接口板有告警
	Ater接口传输故障	BSC向MSC和BTS发起拆线，BSC/TRAU接口板有告警
	通信侧PRI接口传输故障	MSC向BSC发起拆线，因传输系统问题，造成MSC至RBC接口板有告警
	其他接口传输故障	
通信其他问题	接口监测数据缺失	接口监测设备未记录到数据，导致超时车辆数据缺失，无法分析
	电源问题	电源设备故障、异常掉电等问题造成设备不可用，发生C3超时
	CSD链路问题	（1）车载侧发送数据正常，但PRI接口中存在N（R）回退的RR帧，导致RBC发送FRMR
		（2）车载侧发送数据正常，但PRI接口中存在其他呼叫的HDLC帧，导致RBC发送FRMR
		（3）结合Um接口数据分析，车载侧发送数据正常，但PRI接口未见车载发送的数据帧，RBC发送的数据帧在基站空口也没有看到，Abis测量报告切换后连续3级或7级质差
		（4）结合Um接口数据分析，车载侧发送数据正常，CSD链路出现串帧、逆序、跳帧等多种情况
		（5）小区切换至故障基站下，占用Abis接口故障时隙后，A接口、PRI接口显示无上行数据，HDLC层拆链
		（6）Abis业务监测中下行数据正常，无下行干扰，基站空口、车载侧数据中多条下行数据CRC校验失败
		（7）切换后，Abis业务监测中只有上行数据，A业务监测中只有下行数据
		（8）A接口业务数据正常，但PRI接口中收到部分上行数据后，未再收到上行数据，RBC连续发送探寻帧未收到响应后发起拆链
		（9）PRI接口中下行数据发送正常，但A接口业务监测中收到部分下行数据后，未再收到下行数据，ATP连续发送探寻帧未收到响应后发起拆链
		（10）由于缺少Abis和A接口业务监测数据，无法定位到具体哪个G网设备出现问题
RBC	移交过程中RBC-RBC通信超时，未向车载发送数据	（1）PRI接口监测数据显示，RBC侧接收到了来自车载的多条数据，但RBC在一段时间内未向车载发送任何数据
		（2）存在车载侧发送DI SAPDU断开连接的现象
		（3）RBC维护终端有设备间通信报警，含RBC间通信中断报警
	RBC主动发送Disconnect	（1）GSM-R网络和车载发送的数据未发现异常，RBC发送Disconnect断开连接
		（2）RBC相关ISDN服务器有硬件报警信息，如ISDN服务器宕机等

续表

故障类别	故障原因	现象
RBC	RBC 异常重启	（1）RBC 管内的所有车次均降级 C2 运行
		（2）RBC 记录有相关的重启信息
	RBC 与联锁通信中断	（1） RBC 记录有与联锁通信中断的告警信息
		（2） MA 覆盖该联锁管辖范围内所有降级 C2 运行车次
	RBC 不发送应用层数据（RBC 停止发送应用层数据）	车载在 T_NVCONTAVCT 时间内未收到任何来自 RBC 的应用层数据。测量报告上、下行接收质量正常，PRI 接口显示 ATP 的安全传输层（Sapdu/Tpdu）发送 DI/DR，导致连接释放
	RBC 发送 P42 包	特殊情况下，RBC 发送的 P42 包，要求车载断开安全连接
	RBC 未及时发送探寻帧	（1）PRI 接口中 RBC 密集发送 MA 等应用层数据，但多条 I 帧未被确认的情况下，未发送探寻帧 （2）通过 PRI 数据确认，RBC 向通信侧发送消息 2 s 后，在没有通信侧应答的情况下，RBC 未发送探寻帧
	非移交区发送包含结束消息的 24 包	在非移交区 RBC 异常发送包含结束消息的 M24 包，导致断开链接，列车运行等级由 C3 变为 C2
	其他	（1）列车正常建立连接后，RBC 主动断开
		（2）车载电台向 RBC 发送连接确认后，RBC 立即发送“DISCONNECT”拆线挂机
		（3）RBC 软件问题，RBC 安全平台 STP 库（负责平台安全连接）出现异常，导致 RBC 对外通信中断，自动恢复
车载 ATP 设备	单 MT	（1）MT 模块网络指示灯一直为红灯，重新插拔 SIM 卡并重启 MT 后，网络指示灯正常
		（2）PRI 接口数据只显示一个 MT 的呼叫记录
		（3）PRI 接口记录中只有一个 MT 的呼叫记录，在 RBC 交权区导致单 MT 运行
	MT 工作异常	（1）无线网络质量良好的情况下，MT 模块连续越区切换失败后，最终无法成功返回切换源小区（原因：no activity on the radio path）
		（2）MT 占用某基站过程中，上行电平突降为 − 110 dB，上行质量 7 级，无下行电平质量和邻区电平信息，连接释放
		（3）ATP 发送 AT 指令，未收到响应
		（4）MT 空闲状态时，工作异常，导致 ATP 未发送 AT+CSQ、AT+CREG 消息
		（1）MT 模块上行发射异常，测量报告显示上下行接收电平差异大（上行比下行差 20 dB），导致 MT 的上行性能下降；或其他硬件问题
		（2）MT 模块状态指示灯一直为红灯或灭灯，重新启动 MT 模块，状态指示灯仍异常；或其他硬件问题
		（3）MT 硬件电源板或适配器故障
	MT 天馈	测量报告中的所有记录条目均显示上下行接收电平较差（比正常车低 20 dB 或更多）

续表

故障类别	故障原因	现象
车载 ATP 设备	SIM 卡接触异常	（1）MT 模块卡槽问题、SIM 卡问题
		（2）MT 模块网络指示灯一直为红灯，重新插拔 SIM 卡并重启 MT 后，网络指示灯正常
		（3）SIM 卡松动造成的 IMSI DETACH
		（4）数据交互正常，未发生小区切换，上下行测量报告均正常；MT 触发去附着消息（IMSI DETACH INDICATION）
		（5）MT 无法进行网络注册，AT 指令中存在 CME ERROR
	MT 接收性能异常	（1）服务小区及所有邻区下行电平突降至 - 110 dBm，服务小区下行质量 7 级，无邻区电平上报。
		（2）MT 切换后下行质差，车载空口可以收到下行消息但 MT 未收到，MT 上报的下行质量为 5 至 7 级
	MT 上报邻区电平异常	（1）MT 切换后在已经开始上报邻区电平的情况下，突然停止上报邻区电平值
		（2）MT 切换后在已经开始上报邻区电平的情况下，突然停止上报运行前方基站下行电平值
	MT 上报测量报告异常	在车载空口、基站，均未收到测量报告的情况下：
		（1）切换后，MT 不发送测量报告（无下行电平、下行质量及邻区电平等信息），无线链接超时
		（2）切换后，Abis 接口测量报告显示上行电平正常，上行质量连续 7 级
	MT 小区重选异常	MT 占用相隔较远小区起呼是由非多径干扰引起，导致起呼失败或切换异常，判断 MT 模块选择异常
	MT 异常转为空闲状态	车载 I 接口显示 MT 向 ATP 发送 AT 命令 NO CARRIER（转为空闲模式）；A 接口、Abis 接口显示车载发送位置更新请求或 CM SERVICE REQUEST（连接管理服务请求）；PRI 接口显示网络侧挂机
	MT 模块其他问题	（1）小区切换后上行质差，无邻区电平，车载 Um 接口显示小区切换后 MT 未正常发送测量报告及业务数据，基站空口未收到相关消息
		（2）电台在重选的过程中收到了 ATP 呼叫 RBC 请示，导致此次呼叫比一般无重选过程的呼叫略长，约为 14 s，超出了 ATP 允许的 10 s 时间，ATP 通过 CT108 信号挂断呼叫时，电台正好准备给 ATP 回复 CONNECT 4800，导致挂断操作没有被执行，呼叫正常建立后电台没有再次收到 ATP 的挂断信号，最终造成电台在数据模式工作，ATP 却认为电台在命令模式工作，导致没有向 RBC 发送数据，RBC 主动挂断呼叫，引起超时
	车载不发送 SABME	车载收到 CONNECT 4800 后（且未超时），不发送 SABME，导致 HDLC 建立失败
	STU-V	（1）测量报告上下行接收质量正常，PRI 接口显示 ATP 的 HDLC 层发送 DISC，导致连接释放，相应车辆采用新平台 STU-V 模块
		（2）STU-V-V 或 STU-V-N 重启、以太网连接中断引起的降级

续表

故障类别	故障原因	现象
车载 ATP 设备	无线控制单元其他问题	
	ATP 逻辑异常	（1）起呼过程中，ATP 先发送 129 包，后发送 159 包
		（2）车地正常通信的情况下，异常发送 156 包
		（3）车载正常通信的情况下，ATP 异常发送 DR
		（4）300T 单电台交权触发的 5 分钟 DI 问题
		（5）其他 ATP 逻辑问题
C3 机制问题	C3 机制问题	（1）测量报告、切换均正常，CRC 漏检导致 ATP 发送 FRMR
		（2）测量报告、切换均正常，CRC 漏检导致 RBC 发送 FRMR
		（3）测量报告、切换均正常，CRC 漏检导致 ATP 发送 ER
		（4）测量报告、切换均正常，CRC 漏检导致 RBC 发送 ER
		（5）测量报告、切换均正常，CRC 漏检导致 ATP 发送 DR
		（6）测量报告、切换均正常，CRC 漏检导致 RBC 发送 DR
		（7）测量报告、切换均正常，CRC 漏检导致 ATP 发送 DISC
		（8）在 HDLC 层建链过程中，由于 MT 进行越区切换导致 HDLC_UA 帧丢失
		（9）切换过程中，数据内容发生改变，但通过了 CRC 校验，导致 ATP 或 RBC 发送 FRMR、DR、ER、DISC 消息
		（10）切换阶段 ATP 发送 M155 后，RBC 回复 M32 时，由于处于越区切换期间，导致 M32 未传输至车载侧，ATP 重传 M155 后，RBC 发送 DR，发起拆链
原因待查	监测数据不完整	（1）测量报告显示 MT 发生了小区切换，切换前上下行接收电平、质量均正常，切换后上行接收质量突然下降，导致数据包连续错误，连接释放
		（2）测量报告显示 MT 发生了小区切换，切换前上下行接收电平、质量均正常，切换后上行电平正常，上行质量持续 2 级，无下行测量报告。PRI 接口业务交互正常。BSC 判定无下行测量报告后，发起拆线
		（3）测量报告显示 MT 发生了小区切换，切换前上下行接收电平、质量均正常，切换后上行电平正常，上行质量持续 7 级，无下行测量报告。PRI 接口无上行数据。ATP 发起拆线
		（4）测量报告显示 MT 发生了小区切换，切换前上下行接收电平、质量均正常，切换后上行接收质量突然下降，导致数据包连续错误，连接释放
		（5）Abis 接口测量报告显示：MT 不发送测量报告（无下行电平、下行质量及邻区电平等信息），同时刻 PRI 接口交互正常，导致无线链接超时
		（6）C3 业务时隙检测到 V.110 帧失步，但由于经过长途传输无法判断是发送方的问题还是传输问题
		（7）小区切换后上行质量 2 级或 7 级，无邻区电平，但 PRI 业务数据正常，初步判断 MT 异常，需结合 Um 接口数据继续跟进分析

典型案例

一、列车单 MT 运行故障

1. 故障原因

列车以单 MT 方式运行，每过一个 RBC 移交区就发生一次 C3 无线超时。

2. 故障案例

2022 年 6 月 2 日，京广高速线 G1140 在广州北—广州南 09 小区发生无线通信超时，未降级。

（1）PRI 接口数据分析：PRI 接口呼叫记录显示，列车以单 MT 的方式运行，过每一个 RBC 移交区就发生一次 C3 无线超时，见表 4-4。

表 4-4　G1140 PRI 接口呼叫记录

序号	IMSI	主叫 MSISDN	车次号	RBC 号码	起呼时间	挂机时间	拆链原因
1	4602085xxxx0531	149xxxx4102	G1140	92570107	2022-06-29 14:25:21. 765	2022-06-29 14:30:57. 794	16 Normal call clearing
2	4602085xxxx0531	149xxxx4102	G1140	92570106	2022-06-29 14:31:03. 251	2022-06-29 15.21.15. 193	16 Normal call clearing
3	4602085xxxx0531	149xxxx4102	G1140	92570105	2022-06-29 15:21:20. 934	2022-06-29 16:14:05. 486	16 Normal call clearing
4	4602085xxxx0531	149xxxx4102		92570104	2022-06-29 16:14:12. 213	2022-06-29 16:14:20. 608	16 Normal call clearing
5	4602085xxxx0531	149xxxx4102	G1140	92570104	2022-06-29 16:14:24. 859	2022-06-29 16:40:37. 489	16 Normal call clearing
6	4602085xxxx0531	149xxxx4102	G1140	92570103	2022-06-29 16:40:42. 952	2022-06-29 16:51:01. 482	16 Normal call clearing
7	4602085xxxx0531	149xxxx4102	G1140	92570102	2022-06-29 16:51:07. 197	2022-06-29 17:31:15. 864	16 Normal call clearing
8	4602085xxxx0531	149xxxx4102	G1140	92570101	2022-06-29 17:31:21. 993	2022-06-29 18:13:39. 440	16 Normal call clearing
9	4602085xxxx0531	149xxxx4102	G1140	92510102	2022-06-29 18:13:45. 586	2022-06-29 18:48:47. 336	16 Normal call clearing

（2）A 接口数据分析：A 接口呼叫记录显示，列车同样以单 MT 的方式运行，见表 4-5。

表 4-5　G1140 A 接口呼叫记录

序号	IMSI	主叫 MSISDN	车次号	RBC 号码	起呼时间	拆链时间	起呼小区	拆链小区
1	4602085xxxx0531	149xxxx4102	G1140	92570107	2022-06-29 14:25:20. 065	2022-06-29 14:30:58. 104	GZB-GZN17	GZB-GZN09
2	4602085xxxx0531	149xxxx4102	G1140	92570106	2022-06-29 14:31:01. 564	2022-06-29 15:21:15. 727	GZB-GZN09	LCD-SG08
3	4602085xxxx0531	149xxxx4102		92570105	2022-06-29 15:21:19. 263	2022-06-29 16:14:05. 836	LCD-SG08	HYD-LYX08
4	4602085xxxx0531	149xxxx4102		92570104	2022-06-29 16:14:10. 307	2022-06-29 16:14:20. 964	HYD-LYX08	HYD-LYX07
5	4602085xxxx0531	149xxxx4102	G1140	92570104	2022-06-29 16:14:23. 179	2022-06-29 16:40:37. 845	HYD-LYX07	HSX-HYD06
6	4602085xxxx0531	149xxxx4102	G1140	92570103	2022-06-29 16:40:41. 322	2022-06-29 16:51:01. 885	HSX-HYD06	ZZX-HSX13
7	4602085xxxx0531	149xxxx4102	G1140	92570102	2022-06-29 16:51:05. 504	2022-06-29 17:31:16. 262	ZZX-HSX13	MLD-CSN17
8	4602085xxxx0531	149xxxx4102	G1140	92570101	2022-06-29 17:31:20. 348	2022-06-29 18:13:39. 839	MLD-CSN17	CBB-YYD11
9	4602085xxxx0531	149xxxx4102	G1140	92510102	2022-06-29 18:13:43. 345	2022-06-29 18:20:00. 265	CBB-YYD11	

结合 GSM-R 三接口监测数据，京广高速线 G1140 次列车由于单 MT 运行，导致在广州北—广州南 09 小区发生 C3 无线通信超时。

二、GSM-R 基站退服

1. 故障原因

GSM-R 基站退服导致列车发生 C3 无线通信超时。

2. 故障案例

2022 年 1 月 6 日，京广高速线 G6071 次列车在韶关—英德西 21 小区发生 C3 无线通信超时，未降级。

（1）网管监控情况：查看无线网管确认相关无线子系统 BSC、TRAU 无异常告警，韶关—英德西 21 基站上报小区退服告警，如图 4-23 所示。

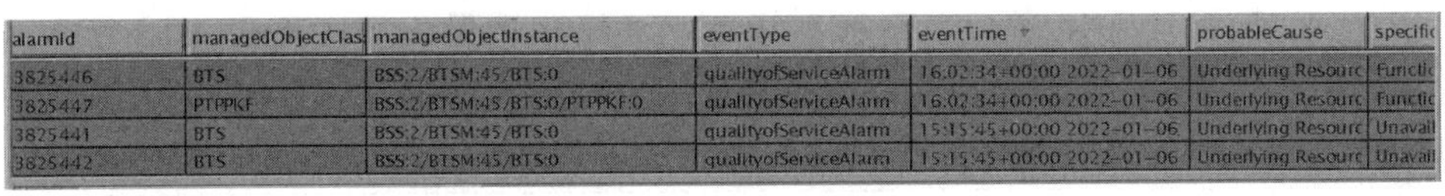

alarmId	managedObjectClas	managedObjectInstance	eventType	eventTime	probableCause	specific
3825446	BTS	BSS:2/BTSM:45/BTS:0	qualityofServiceAlarm	16:02:34+00:00 2022-01-06	Underlying Resourc	Functic
3825447	PTPPKF	BSS:2/BTSM:45/BTS:0/PTPPKF:0	qualityofServiceAlarm	16:02:34+00:00 2022-01-06	Underlying Resourc	Functic
3825441	BTS	BSS:2/BTSM:45/BTS:0	qualityofServiceAlarm	15:15:45+00:00 2022-01-06	Underlying Resourc	Unavail
3825442	BTS	BSS:2/BTSM:45/BTS:0	qualityofServiceAlarm	15:15:45+00:00 2022-01-06	Underlying Resourc	Unavail

图 4-23　韶关—英德西 21 基站告警信息

（2）PRI 接口数据分析：PRI 接口呼叫记录显示，15:33:59.580 MT1 呼叫 WG-RBC8C（号码：92570106），见表 4-6。

表 4-6　G6071 PRI 接口呼叫记录

序号	IMSI	主叫 MSISDN	车次号	RBC 号码	起呼时间	挂机时间	拆链原因
1	4602085xxxx0566	149xxxx3580	G6071	92570106	2022-01-06 15:33:59. 580	2022-01-06 16:02:57. 922	27 Destination out of order
2	4602085xxxx0933	149xxxx3947		92570106	2022-01-06 16:03:05. 243	2022-01-06 16:03:17. 499	16 Normal call clearing
3	4602085xxxx0566	149xxxx3580		92570106	2022-01-06 16:03:21. 254	2022-01-06 16:29:36. 415	16 Normal call clearing

PRI 接口呼叫信令显示：16:02:56.258 OBC→RBC 发送 136：Train Position Report，公里标 K2150+490，完全监督模式（FS）；16:02:57.689 OBC→RBC 发送 DISCONNECT 拆线，见表 4-7。

表 4-7　G6071 PRI 接口呼叫信令

序号	记录时间	小区信息	车次号	信令方向	帧类型	网络层	传输层	安全层	应用层
7751	2022-01-06 16:02:56. 258	SG-YDX21	G6071	OBC→RBC	HDLC				
7752	2022-01-06 16:02:56. 258	SG-YDX21	G6071	OBC→RBC	HDLC				
7753	2022-01-06 16:02:56. 258	SG-YDX21	G6071	OBC→RBC	TPDU	→	DT:31		
7754	2022-01-06 16:02:56. 258	SG-YDX21	G6071	OBC→RBC	SaPDU		→	SaPDU DT	
7755	2022-01-06 16:02:56. 258	SG-YDX21	G6071	OBC→RBC	APDU			→	136:Train Position Report
7756	2022-01-06 16:02:56. 371	SG-YDX21	G6071	RBC→OBC	HDLC				
7757	2022-01-06 16:02:56. 372	SG-YDX21	G6071	RBC→OBC	HDLC				
7758	2022-01-06 16:02:56. 372	SG-YDX21	G6071	RBC→OBC	HDLC				
7759	2022-01-06 16:02:56. 372	SG-YDX21	G6071	RBC→OBC	TPDU	→	AK:32		
7760	2022-01-06 16:02:56. 883	SG-YDX21	G6071	RBC→OBC	HDLC				
7761	2022-01-06 16:02:56. 883	SG-YDX21	G6071	RBC→OBC	TPDU	→	DT:21		

续表

序号	记录时间	小区信息	车次号	信令方向	帧类型	网络层	传输层	安全层	应用层
7762	2022-01-06 16:02:56. 883	SG-YDX21	G6071	RBC→OBC	SaPDU		→	SaPDU DT	
7763	2022-01-06 16:02:56. 883	SG-YDX21	G6071	RBC→OBC	APDU			→	24:General message
7764	2022-01-06 16:02:57. 026	SG-YDX21	G6071	OBC→RBC	HDLC				
7765	2022-01-06 16:02:57. 410	SG-YDX21	G6071	OBC→RBC	HDLC				
7766	2022-01-06 16:02:57. 523	SG-YDX21	G6071	RBC→OBC	HDLC				
7767	2022-01-06 16:02:57. 538	SG-YDX21	G6071	OBC→RBC	HDLC				
7768	2022-01-06 16:02:57. 538	SG-YDX21	G6071	OBC→RBC	TPDU	→	AK:22		
7769	2022-01-06 16:02:57. 689	SG-YDX21	G6071	MSC→RBC	DISCONNECT				
7770	2022-01-06 16:02:57. 716	SG-YDX21	G6071	RBC→MSC	RELEASE				
7771	2022-01-06 16:02:57. 779	SG-YDX21	G6071	RBC→OBC	V.110 帧失步				
7772	2022-01-06 16:02:57. 779	SG-YDX21	G6071	RBC→OBC	V.110 帧失步				
7773	2022-01-06 16:02:57. 813	SG-YDX21	G6071	MSC→RBC	RELEASE COMPLETE				
7774	2022-01-06 16:02:57. 922	SG-YDX21	G6071	OBC→RBC	V.110 帧失步				

（3）Abis 接口数据分析：MT1 呼叫 WG-RBC8 过程中，由韶关—英德西 20 小区切换至韶关—英德西 21 小区后，上下行平均电平及接收质量正常，见表 4-8。

表 4-8　G6071 Abis 接口测量报告

序号	触发时间	小区信息	公里标	上行接收电平/dBm	上行接收质量	下行接收电平/dBm	下行接收质量	TA
3596	2022-01-06 16:02:51. 218	SG-YDX20	K2150+064	－56	0	－54	3	4
3597	2022-01-06 16:02:51. 695	SG-YDX20	K2150+107	－58	0	－56	3	4
3598	2022-01-06 16:02:52. 174	SG-YDX20	K2150+107	－58	0	－57	3	4
3599	2022-01-06 16:02:52. 656	SG-YDX20	K2150+150	－58	0	－56	1	5
3600	2022-01-06 16:02:53. 139	SG-YDX20	K2150+193	－60	0	－57	3	5
3601	2022-01-06 16:02:53. 618	SG-YDX20	K2150+236	－59	0	－58	3	5
3602	2022-01-06 16:02:54. 094	SG-YDX20	K2150+279	－59	0	－59	2	5
3603	2022-01-06 16:02:55. 232							
3604	2022-01-06 16:02:55. 233	SG-YDX21	K2150+408	－57	0	－50	2	9
3605	2022-01-06 16:02:55. 712	SG-YDX21	K2150+451	－47	0	－47	0	9
3606	2022-01-06 16:02:56. 193	SG-YDX21	K2150+451	－47	0	－47	0	9
3607	2022-01-06 16:02:56. 673	SG-YDX21	K2150+494	－47	0	－47	0	9
3608	2022-01-06 16:02:57. 153	SG-YDX21	K2150+533	－47	0	－47	0	9
3609	2022-01-06 16:02:57. 633	SG-YDX21	K2150+576	－47	0	－47	0	9

结合 GSM-R 三接口监测数据及网管上报告警信息，京广高速线 G6071 次列车 MT1 与 WG-RBC8 通信期间，运行至韶关—英德西 21 小区后，由于韶关—英德西 21 基站出现小区退服告警，引起通信连接中断，列车发生 C3 无线通信超时。

三、SIM 卡接触异常

1. 故障原因

在 MT 和 RBC 数据交互正常，MT 未发生小区切换，上下行测量报告均正常的情况下，MT 触发去附着消息（IMSI DETACH INDICATION）。

2. 故障案例

2022 年 6 月 24 日，京广高速线 G6135 次列车在耒阳西—郴州西 14 发生 C3 无线通信超时，未降级。

（1）A 接口数据分析：A 接口信令数据显示，23:12:22.753 OBC→RBC 发送 Um 信息类型为（0x501）IMSI DETACH INDICATION 消息，之后 RBC 发送清除命令（（0x20）CLEAR COMMAND）断开连接，见表 4-9。

表 4-9　G6135 A 接口信令数据

序号	IMSI	MSISDN	车次号	小区信息	信令方向	记录时间	BSSMAP 信息类型	Um 信息类型
44	4602085xxxx0573	149xxxx3587	G6135	LYX-CZX10	BSC→MSC	2022-06-24 23:09:56. 800	（0x17）HANDOVER PERFORMED	
45	4602085xxxx0573	149xxxx3587	G6135	LYX-CZX11	MSC→BSC	2022-06-24 23:10:17. 309		
46	4602085xxxx0573	149xxxx3587	G6135	LYX-CZX11	BSC→MSC	2022-06-24 23:10:31. 800	（0x17）HANDOVER PERFORMED	
47	4602085xxxx0573	149xxxx3587	G6135	LYX-CZX12	BSC→MSC	2022-06-24 23:11:26. 041	（0x17）HANDOVER PERFORMED	
48	4602085xxxx0573	149xxxx3587	G6135	LYX-CZX13	MSC→BSC	2022-06-24 23:11:47. 297		
49	4602085xxxx0573	149xxxx3587	G6135	LYX-CZX13	BSC→MSC	2022-06-24 23:12:01. 422	（0x17）HANDOVER PERFORMED	
50	4602085xxxx0573	149xxxx3587	G6135	LYX-CZX14	BSC→MSC	2022-06-24 23:12:22. 753		（0x501）IMSI DETACH INDICATION
51	4602085xxxx0573	149xxxx3587	G6135	LYX-CZX14	MSC→BSC	2022-06-24 23:12:22. 861	（0x20）CLEAR COMMAND	
52	4602085xxxx0573	149xxxx3587	G6135	LYX-CZX14	BSC→MSC	2022-06-24 23:12:22. 910		
53	4602085xxxx0573	149xxxx3587	G6135	LYX-CZX14	MSC→BSC	2022-06-24 23:12:23. 042		
54	4602085xxxx0573	149xxxx3587	G6135	LYX-CZX14	BSC→MSC	2022-06-24 23:12:23. 090		

（2）Abis 接口数据分析：Abis 接口信令数据显示，23:12:22.715 OBC→RBC 发送 Um 信息类型为（0x501）IMSI DETACH INDICATION 消息，之后 RBC 发送清除命令（（0x20）CLEAR COMMAND）断开连接，与 A 接口信令数据相同，见表 4-10。

表 4-10　G6135 Abis 接口信令数据

序号	信令方向	IMSI	MSISDN	车次号	记录时间	小区信息	信令类型	Um 类型
360	BTS→BSC	4602085xxxx0573	149xxxx3587	G6135	2022-06-24 23:12:01. 391	LYX-CZX14	DATA INDICATION（2）	（0x62C）HANDOVER COMPLETE
361	BSC→BTS	4602085xxxx0573	149xxxx3587	G6135	2022-06-24 23:12:01. 422	LYX-CZX13	RELEASE REQUEST（7）	
362	BSC→BTS	4602085xxxx0573	149xxxx3587	G6135	2022-06-24 23:12:01. 436	LYX-CZX14	LOCATION INFORMATION（65）	
363	BTS→BSC	4602085xxxx0573	149xxxx3587	G6135	2022-06-24 23:12:01. 443	LYX-CZX13	RELEASE CONFIRM（8）	
364	BSC→BTS	4602085xxxx0573	149xxxx3587	G6135	2022-06-24 23:12:01. 483	LYX-CZX13	RF CHANNEL RELEASE（46）	
365	BTS→BSC	4602085xxxx0573	149xxxx3587	G6135	2022-06-24 23:12:01. 498	LYX-CZX13	RF CHANNEL RELEASE ACKNOWLEDGE（51）	
366	BTS→BSC	4602085xxxx0573	149xxxx3587	G6135	2022-06-24 23:12:22. 715	LYX-CZX14	DATA INDICATION（2）	（0x501）IMSI DETACH INDICATION
367	BSC→BTS	4602085xxxx0573	149xxxx3587	G6135	2022-06-24 23:12:22. 923	LYX-CZX14	DATA REQUEST（1）	（0x60D）CHANNEL RELEASE
368	BSC→BTS	4602085xxxx0573	149xxxx3587	G6135	2022-06-24 23:12:22. 930	LYX-CZX14	DEACTIVATE SACCH（37）	
369	BTS→BSC	4602085xxxx0573	149xxxx3587	G6135	2022-06-24 23:12:23. 130	LYX-CZX14	RELEASE INDICATION（9）	
370	BSC→BTS	4602085xxxx0573	149xxxx3587	G6135	2022-06-24 23:12:24. 670	LYX-CZX14	RF CHANNEL RELEASE（46）	
371	BTS→BSC	4602085xxxx0573	149xxxx3587	G6135	2022-06-24 23:12:24. 687	LYX-CZX14	RF CHANNEL RELEASE ACKNOWLEDGE（51）	

结合 GSM-R 三接口监测数据，京广高速线 G6135 次列车 MT2 与 WG-RBC7 通信期间，运行至耒阳西—郴州西 14 小区，MT 触发去附着消息(IMSI DETACH INDICATION)，列车发生 C3 无线通信超时，未降级。

四、MT 工作异常

1. 故障原因

车载 MT 电台发生小区切换后上行质差且无邻区电平，导致列车发送 C3 无线通信超时。

2. 故障案例

2022 年 5 月 25 日，京广高速线 G6176 在乐昌东—韶关 11 小区发生 C3 无线通信超时，未降级。

（1）PRI 口数据分析：PRI 接口呼叫信令显示，20:11:49.090—20:11:54.890 期间 OBC→RBC 上报的数据帧存在多次 CRC 校验失败；20:11:55.731 OBC→RBC 发送 DISCONNECT 拆线，见表 4-11。

表 4-11　G6176 PRI 接口数据

序号	IMSI	MSISDN	车次号	信令方向	记录时间	小区信息	公里标	CRC 校验	帧类型	链路层
14370	4602085xxxx0709	149xxxx3723	G6176	RBC→OBC	2022-05-25 20:11:47. 162	LCD-SG12	K2055+134	通过	HDLC	RR Frame : B
14371	4602085xxxx0709	149xxxx3723	G6176	RBC→OBC	2022-05-25 20:11:47. 361	LCD-SG12	K2055+134	通过	HDLC	I Frame : A
14372	4602085xxxx0709	149xxxx3723	G6176	RBC→OBC	2022-05-25 20:11:47. 361	LCD-SG12	K2055+134	通过	TPDU	
14373	4602085xxxx0709	149xxxx3723	G6176	OBC→RBC	2022-05-25 20:11:49. 090	LCD-SG11	K2054+968	失败		
14374	4602085xxxx0709	149xxxx3723	G6176	OBC→RBC	2022-05-25 20:11:49. 090	LCD-SG11	K2054+968	通过	HDLC	RR Frame : B
14375	4602085xxxx0709	149xxxx3723	G6176	RBC→OBC	2022-05-25 20:11:49. 162	LCD-SG11	K2054+968	通过	HDLC	RR Frame : A
14376	4602085xxxx0709	149xxxx3723	G6176	OBC→RBC	2022-05-25 20:11:49. 890	LCD-SG11	K2054+936	失败		
14377	4602085xxxx0709	149xxxx3723	G6176	RBC→OBC	2022-05-25 20:11:50. 561	LCD-SG11	K2054+870	通过	HDLC	RR Frame : B
14378	4602085xxxx0709	149xxxx3723	G6176	OBC→RBC	2022-05-25 20:11:51. 090	LCD-SG11	K2054+838	失败		
14379	4602085xxxx0709	149xxxx3723	G6176	OBC→RBC	2022-05-25 20:11:51. 090	LCD-SG11	K2054+838	失败		
14380	4602085xxxx0709	149xxxx3723	G6176	OBC→RBC	2022-05-25 20:11:51. 090	LCD-SG11	K2054+838	失败		
14381	4602085xxxx0709	149xxxx3723	G6176	RBC→OBC	2022-05-25 20:11:52. 562	LCD-SG11	K2054+740	通过	HDLC	RR Frame : A
14382	4602085xxxx0709	149xxxx3723	G6176	OBC→RBC	2022-05-25 20:11:53. 090	LCD-SG11	K2054+707	失败		
14383	4602085xxxx0709	149xxxx3723	G6176	RBC→OBC	2022-05-25 20:11:54. 161	LCD-SG11	K2054+642	通过	HDLC	RR Frame : B
14384	4602085xxxx0709	149xxxx3723	G6176	OBC→RBC	2022-05-25 20:11:54. 690	LCD-SG11	K2054+609	失败		
14385	4602085xxxx0709	149xxxx3723	G6176	OBC→RBC	2022-05-25 20:11:54. 690	LCD-SG11	K2054+609	失败		
14386	4602085xxxx0709	149xxxx3723	G6176	OBC→RBC	2022-05-25 20:11:54. 890	LCD-SG11	K2054+609	失败		
14387	4602085xxxx0709	149xxxx3723	G6176	MSC→RBC	2022-05-25 20:11:55. 731	LCD-SG11	K2054+544	通过	DISCONNECT	
14388	4602085xxxx0709	149xxxx3723	G6176	RBC→MSC	2022-05-25 20:11:55. 747	LCD-SG11	K2054+544	通过	RELEASE	
14389	4602085xxxx0709	149xxxx3723	G6176	MSC→RBC	2022-05-25 20:11:55. 851	LCD-SG11	K2054+544	通过	RELEASE COMPLETE	

（2）Abis 接口数据分析：Abis 接口测量报告数据显示，列车 MT 由乐昌东—韶关 12 小区切换至乐昌东—韶关 11 小区后，MT 的上行质量突降为 7 级，且无下行电平和邻区电平，见表 4-12 所示。

表 4-12　G6176 Abis 接口测量报告

序号	触发时间	小区信息	公里标	测量报告序号	上行接收电平/dBm	上行接收质量	下行接收电平/dBm	下行接收质量	TA
5537	2022-05-25 20:11:45. 936	LCD-SG12	K2055+197	97	− 57	0	− 52	0	3
5538	2022-05-25 20:11:46. 415	LCD-SG12	K2055+164	98	− 55	0	− 49	0	3
5539	2022-05-25 20:11:46. 893	LCD-SG12	K2055+132	99	− 53	0	− 49	0	3
5540	2022-05-25 20:11:47. 358	LCD-SG12	K2055+099	100	− 54	0			
5541	2022-05-25 20:11:47. 840	LCD-SG12	K2055+066	101	− 82	6			
5542	2022-05-25 20:11:48. 846								
5543	2022-05-25 20:11:48. 847	LCD-SG11	K2055+001	0	− 54	7			
5544	2022-05-25 20:11:49. 327	LCD-SG11	K2054+968	1	− 55	7			
5545	2022-05-25 20:11:49. 807	LCD-SG11	K2054+936	2	− 56	7			
5546	2022-05-25 20:11:50. 287	LCD-SG11	K2054+903	3	− 55	7			
5547	2022-05-25 20:11:50. 767	LCD-SG11	K2054+870	4	− 57	7			
5548	2022-05-25 20:11:51. 245	LCD-SG11	K2054+838	5	− 57	7			
5549	2022-05-25 20:11:51. 725	LCD-SG11	K2054+805	6	− 58	7			
5550	2022-05-25 20:11:52. 207	LCD-SG11	K2054+773	7	− 58	7			
5551	2022-05-25 20:11:52. 687	LCD-SG11	K2054+740	8	− 57	7			
5552	2022-05-25 20:11:53. 168	LCD-SG11	K2054+707	9	− 56	7			
5553	2022-05-25 20:11:53. 646	LCD-SG11	K2054+675	10	− 55	7			
5554	2022-05-25 20:11:54. 125	LCD-SG11	K2054+642	11	− 52	7			
5555	2022-05-25 20:11:54. 607	LCD-SG11	K2054+609	12	− 53	7			
5556	2022-05-25 20:11:55. 087	LCD-SG11	K2054+577	13	− 51	7			
5557	2022-05-25 20:11:55. 566	LCD-SG11	K2054+544	14	− 59	7			

结合 GSM-R 三接口监测数据，京广高速线 G6176 次列车由乐昌东—韶关 12 小区切换至乐昌东—韶关 11 小区后，MT 电台上行质差且无邻区电平，MT 工作异常导致列车发生 C3 无线通信超时。

五、无线通信干扰

1. 故障原因

列车 MT 占用基站单一频点时出现质差情况，经过干扰测试发现运营商基站占用 GSM-R 频点。

2. 故障案例

2022 年 5 月 23 日张吉怀线 G6061 在吉首东—凤凰古城 03 小区发生 C3 无线通信超时，未降级。

（1）Abis 接口数据分析：Abis 接口切换记录显示，列车 MT 由吉首东—凤凰古城 02 切换至吉首东—凤凰古城 03 小区后，MT 上行质量降为 5～6 级，导致 MT 在吉首东—凤凰古城 02、03、04 之间发生乒乓切换，见表 4-13。

表 4-13　G6061 Abis 接口切换记录

序号	开始时间	结束时间	车次号	切换前小区	切换目标小区	切换前上行电平-质量	切换前下行电平-质量	切换后上行电平-质量	切换后下行电平-质量	切换前后 TA
1	2022-05-23 08:02:58. 463	2022-05-23 08:02:58. 996	G6061	GZX-JSD04	GZX-JSD05	－47：0	－55：2	－51：4	－47：5	40→39
2	2022-05-23 08:04:32. 984	2022-05-23 08:04:33. 538	G6061	GZX-JSD05	GZX-JSD06	－47：4	－63：1	－47：2	－50：4	40→41
3	2022-05-23 08:05:38. 358	2022-05-23 08:05:38. 922	G6061	GZX-JSD06	GZX-JSD07	－47：2	－52：0	－47：4	－50：5	40→40
4	2022-05-23 08:06:49. 991	2022-05-23 08:06:50. 545	G6061	GZX-JSD07	GZX-JSD08	－47：0	－63：0	－48：0	－47：0	40→41
5	2022-05-23 08:07:49. 397	2022-05-23 08:07:49. 930	G6061	GZX-JSD08	JiShouDong	－47：0	－62：3	－47：0	－50：1	41→41
6	2022-05-23 08:15:27. 495	2022-05-23 08:15:28. 048	G6061	JiShouDong	JSD-FHGC01	－49：0	－62：2	－49：3	－50：4	41→41
7	2022-05-23 08:16:35. 712	2022-05-23 08:16:36. 276	G6061	JSD-FHGC01	JSD-FHGC02	－48：0	－56：1	－50：5	－48：0	40→40
8	2022-05-23 08:17:58. 910	2022-05-23 08:17:59. 463	G6061	JSD-FHGC02	JSD-FHGC03	－49：0	－55：0	－47：6	－47：4	40→41
9	2022-05-23 08:18:29. 235	2022-05-23 08:18:29. 768	G6061	JSD-FHGC03	JSD-FHGC02	－47：5	－47：0	－47：0	－47：4	40→39
10	2022-05-23 08:18:49. 619	2022-05-23 08:18:50. 182	G6061	JSD-FHGC02	JSD-FHGC03	－69：0	－87：0	－47：6	－56：4	41→40
11	2022-05-23 08:19:01. 392	2022-05-23 08:19:01. 935	G6061	JSD-FHGC03	JSD-FHGC04	－47：5	－47：1	－55：1	－66：4	40→39
12	2022-05-23 08:19:21. 766	2022-05-23 08:19:22. 863	G6061	JSD-FHGC04	JSD-FHGC03	－48：0	－61：0	－50：7	－57：2	41→41

Abis 接口测量报告显示，列车 MT 由吉首东—凤凰古城 02 切换至吉首东—凤凰古城 03 小区后，上行质差降为 5-6 级，MT 在吉首东—凤凰古城 02、03、04 之间发生乒乓切换，导致列车发生 C3 无线通信超时，见表 4-14。

表 4-14　G6061 Abis 接口测量报告

序号	触发时间	小区信息	公里标	测量报告类型	测量报告序号	上行接收电平/dBm	上行接收质量	下行接收电平/dBm	下行接收质量
1896	2022-05-23 08:17:58. 427	JSD-FHGC02	K157+668	正常	170	－50	0	－56	2
1897	2022-05-23 08:17:58. 910	JSD-FHGC02	K157+668	正常	171	－49	0	－55	0
1898	2022-05-23 08:17:59. 383	JSD-FHGC02	K157+705	无下行电平	172	－48	0		
1899	2022-05-23 08:18:00. 428			切换标识					
1900	2022-05-23 08:18:00. 429	JSD-FHGC03	K157+815	邻区电平无效	1	－47	6	－47	4
1901	2022-05-23 08:18:00. 902	JSD-FHGC03	K157+815	无邻区电平	2	－47	5	－47	0
1902	2022-05-23 08:18:01. 385	JSD-FHGC03	K157+852	无邻区电平	3	－47	5	－47	0
…									
1958	2022-05-23 08:18:28. 742	JSD-FHGC03	K159+965	正常	60	－47	5	－47	0
1959	2022-05-23 08:18:29. 225	JSD-FHGC03	K160+005	正常	61	－47	5	－47	0
1960	2022-05-23 08:18:29. 707	JSD-FHGC03	K160+045	无下行电平	62	－47	4		
1961	2022-05-23 08:18:30. 884			切换标识					
1962	2022-05-23 08:18:30. 885	JSD-FHGC02	K160+124	邻区电平无效	1	－47	0	－47	4
1963	2022-05-23 08:18:31. 367	JSD-FHGC02	K160+163	正常	2	－47	0	－47	0

续表

序号	触发时间	小区信息	公里标	测量报告类型	测量报告序号	上行接收电平/dBm	上行接收质量	下行接收电平/dBm	下行接收质量
1964	2022-05-23 08:18:31. 850	JSD-FHGC02	K160+203	正常	3	− 47	0	− 47	0
…									
2000	2022-05-23 08:18:49. 126	JSD-FHGC02	K161+579	正常	39	− 63	1	− 77	0
2001	2022-05-23 08:18:49. 609	JSD-FHGC02	K161+610	正常	40	− 69	0	− 87	0
2002	2022-05-23 08:18:50. 082	JSD-FHGC02	K161+650	无下行电平	41	− 70	0		
2003	2022-05-23 08:18:51. 308			切换标识					
2004	2022-05-23 08:18:51. 309	JSD-FHGC03	K161+729	邻区电平无效	1	− 47	6	− 56	4
2005	2022-05-23 08:18:51. 782	JSD-FHGC03	K161+773	无下行电平	2	− 47	5		
2006	2022-05-23 08:18:52. 265	JSD-FHGC03	K161+813	正常	3	− 47	6	− 47	0
…									
2023	2022-05-23 08:19:00. 908	JSD-FHGC03	K162+452	正常	21	− 47	5	− 47	0
2024	2022-05-23 08:19:01. 381	JSD-FHGC03	K162+491	正常	22	− 47	5	− 47	1
2025	2022-05-23 08:19:01. 864	JSD-FHGC03	K162+530	无下行电平	23	− 47	5		
2026	2022-05-23 08:19:03. 031			切换标识					
2027	2022-05-23 08:19:03. 032	JSD-FHGC04	K162+647	邻区电平无效	1	− 55	1	− 66	4
2028	2022-05-23 08:19:03. 515	JSD-FHGC04	K162+686	正常	2	− 56	2	− 78	3
2029	2022-05-23 08:19:03. 988	JSD-FHGC04	K162+724	正常	3	− 53	2	− 76	2
…									
2065	2022-05-23 08:19:21. 756	JSD-FHGC04	K163+992	正常	40	− 48	0	− 61	0
2066	2022-05-23 08:19:22. 229	JSD-FHGC04	K164+015	无下行电平	41	− 47	0		
2067	2022-05-23 08:19:22. 712	JSD-FHGC04	K164+049	无下行电平	42	− 83	7		
2068	2022-05-23 08:19:23. 465			切换标识					
2069	2022-05-23 08:19:23. 466	JSD-FHGC03	K164+083	无下行电平	1	− 50	7		
2070	2022-05-23 08:19:23. 939	JSD-FHGC03	K164+117	无下行电平	2	− 49	7		

结合 GSM-R 三接口监测数据，张吉怀线 G6061 运行至吉首东—凤凰古城 03 小区，由于存在无线干扰，列车 MT 出现上行质差 5～6 级，导致列车发生 C3 无线通信超时。

课程	GSM-R 通信系统应用与维护	任务	CTCS-3 无线列控通信
班级		姓名	

活页笔记

自我分析与总结

课程	GSM-R 通信系统应用与维护	任务	CTCS-3 无线列控通信
班级		姓名	

同步练习

1. 选择题

（1）TRAU 和 MSC 之间互联的接口为（　　）。

A. A　　B. Pri

C. Um　　D. Ater

（2）BSC 和 TRAU 之间互联的接口为（　　）。

A. A　　B. Pri

C. Um　　D. Ater

（3）移动终端和基站之间互联的接口为（　　）。

A. Um　　B. A

C. Abis　　D. Ater

（4）下列哪一个接口监测数据可以查看列车运行过程的测量报告（　　）。

A. A　　B. Pri

C. Abis　　D. Ater

（5）下列哪一个接口不属于“三接口监测”（　　）。

A. Um　　B. Pri

C. A　　D. Abis

2. 填空题

（1）I_{FIX} 接口是指地面无线闭塞中心 RBC 与 GSM-R 系统交换机 MSC 之间的____接口。

（2）I_{FIX} 接口的接口速率为_____。

（3）列车进行 CTCS-3 级列控呼叫过程中全程_____呼叫，表现为接口信令记录只有一个电台进行呼叫。

（4）I_{GSM-R} 接口是指 CTCS-3 级列控系统列控车载设备中_____与 MT 之间的接口。

（5）CTCS-3 级列控无线超时通信原因可分为_____、_____。

3. 简答题

（1）什么是跨 RBC 切换，切换需要注意什么？

（2）简述 CTCS-3 列控系统车地之间通信流程？

（3）请列出无线干扰导致 CTCS-3 列控超时的原因，并说明各原因下的现象？

实操

1. 根据提供的三接口数据，分析列车发生无线超时的原因。

2. 讨论当发生无线干扰时，如何通过三接口数据进行判断。

课程	GSM-R 通信系统应用与维护	任务	CTCS-3 无线列控通信
班级		姓名	

任务与考核

任务名称		CTCS-3 无线列控通信		
任务	知识技能目标	考核项目	自我评价	教师评价
CTCS-3 级列控系统组成	1. 了解 CTCS-3 级列控系统。 2. 熟悉列控车载设备和地面设备的组成。	列控车载设备模块与功能（10 分）		
		地面设备模块与功能（10 分）		
CTCS-3 级列控系统原理	1. 掌握 CTCS-3 级列控系统原理	CTCS-3 列控系统运行流程（20 分）		
CTCS-3 级列控系统通信流程	掌握 I_{FIX} 接口通信流程	I_{FIX} 接口通信流程（10 分）		
	掌握 I_{GSM-R} 接口通信流程	I_{GSM-R} 接口通信流程（10 分）		
CTCS-3 列控无线超时	1. 了解无线超时的产生。 2. 掌握无线超时分析定位。 3. 熟悉并运用接口监测软件	无线超时数据分析（10 分）		
		Abis 接口监测系统运用（10 分）		
		PRI 接口监测系统运用（10 分）		
CTCS-3 列控无线超时原因类别	1. 了解 CTCS-3 列控无线超时类别 2. 掌握常见无线超时现象	无线干扰的故障原因与现象（10 分）		
总分				

任务九　GPRS 网络及其在铁路中的应用

一、GPRS 网络

铁路目前存在很多业务点分散、非周期间断数据传输、偶发性大容量数据传输的数据业务需求。为解决车地之间、现场与数据中心之间数据传输的问题，根据铁路局 GSM-R 相关技术条件，铁路行车调度信息，铁路设施维护管理信息，旅客服务信息等多种服务信息采用 GPRS 方式进行数据传输。GPRS 网络采用分组交换技术，高效传输数据和信令，在一段时间内绑定多个信道为一个用户服务，或者多个用户共享一个信道，可以有效利用无线信道资源，优化了对网络资源和无线资源的利用，提供了与现有铁路数据网的无缝连接，适用于车地之间除列车控制信息以外的其他非安全数据信息的传输，提高了网络资源和频率资源的利用率。

（一）主要网元

GPRS 网络主要由 SGSN（Service GPRS Support Node，服务 GPRS 支持节点）、GGSN（Gateway GPRS Support Node，关口 GPRS 支持节点）、RADIUS 服务器（Remote Authentication Dial In User Service Server，远程接入鉴权与认证服务器）、DNS（Domain Name System，域名服务器）和 PCU（Packet Control Unit，分组控制单元）等组成，如图 4-24 所示。

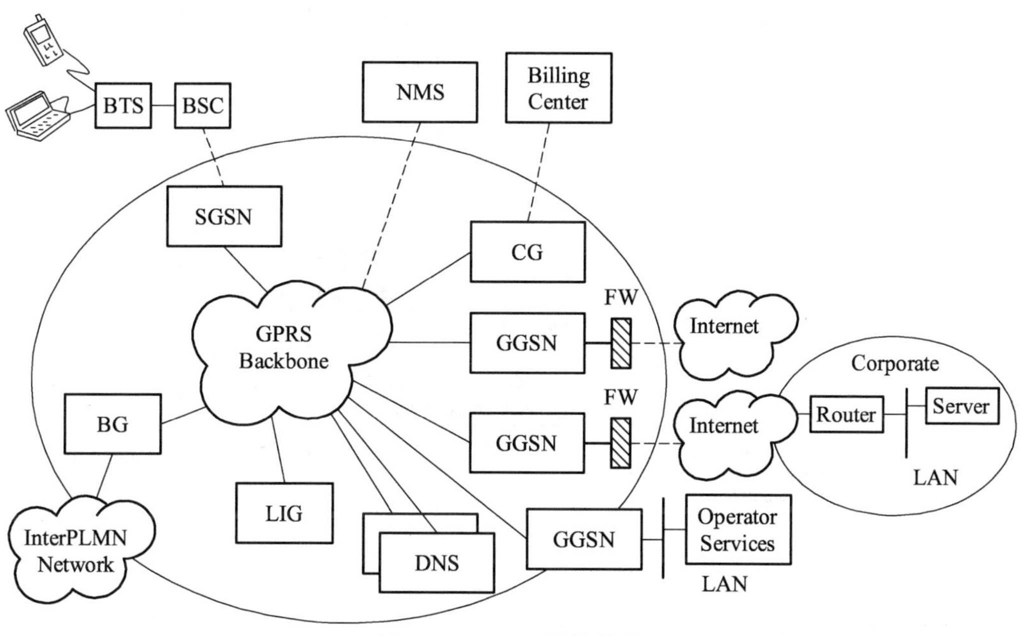

图 4-24　GPRS 网络结构

（二）GPRS 主要通信流程

附着/去附着流程

用户首次附着到 GPRS 网络上时，SGSN 就要建立一个 MM 上下文，如果用户再次附着，SGSN 会搜索 SDB 中已有的数据重建 MM 上下文。MM 上下文包括用户移动性管理的一些内容，包括 IMSI、MM 状态、P-TMSI、MSISDN、Routing Area、Cell identity、New SGSN Address 和 VLR Num 等。用户附着分为 SGSN 内附着和 SGSN 间附着，其信令流程如图 4-25 和图 4-26 所示。

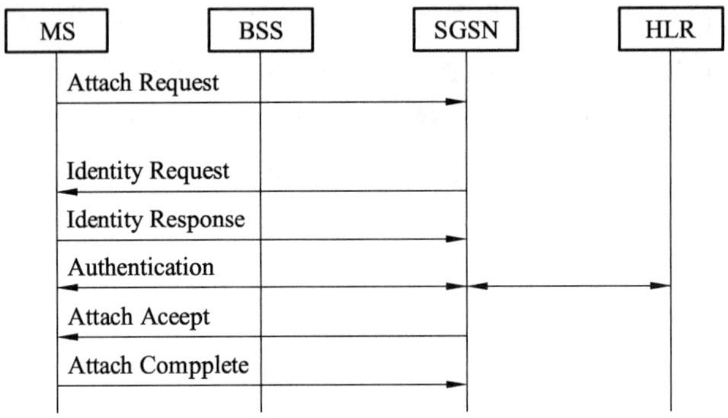

图 4-25　GPRS 网络 SGSN 内附着流程

去附着流程分为三种情况：MS 发起去附着、SGSN 发起去附着及 HLR 发起去附着，以下针对三种情况进行详细分析。

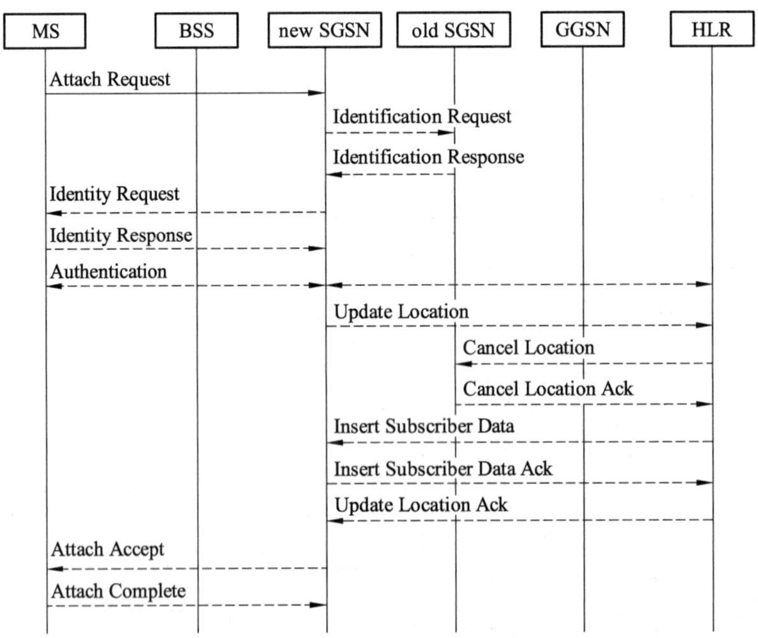

图 4-26　GPRS 网络 SGSN 间附着流程

1）MS 发起去附着

MS 发起的分离流程，如图 4-27 所示，其信令步骤如下：

（1）MS 向 SGSN 发出分离请求（分离类型、切断）。

（2）如果是 GPRS 分离，则 SGSN 收到该请求后向 GGSN 发出删除 PDP 上下文请求（TID），GGSN 返回删除 PDP 上下文响应（TID）。

（3）如果是 IMSI 分离，SGSN 则向 MSC/VLR 发出 IMSI 分离指示。

（4）如果是 GPRS 分离，则 SGSN 则向 MSC/VLR 发出 GPRS 分离指示。

（5）SGSN 向 MS 发送分离确认。

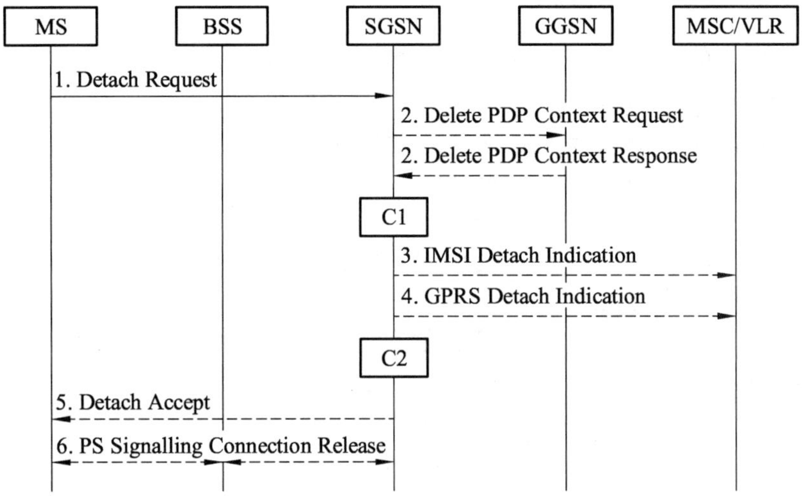

图 4-27　GPRS 网络 MS 去附着流程

2）SGSN 发起去附着

SGSN 发起的分离流程，如图 4-28 所示，其信令步骤如下：

（1）SGSN 向 MS 发出分离请求消息（包含分离类型）。

（2）SGSN 向 GGSN 发出删除 PDP 上下文请求（TID），GGSN 返回删除 PDP 上下文响应（TID）。

（3）SGSN 向 MSC/VLR 发出 GPRS 分离指示（IMSI）。

（4）MS 向 SGSN 返回分离确认。

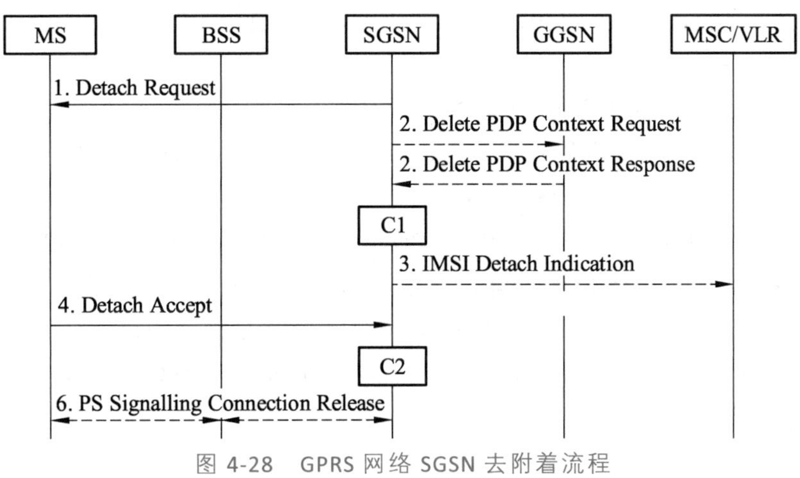

图 4-28　GPRS 网络 SGSN 去附着流程

3）HLR 发起去附着

HLR 可以从运营目的出发要求从 SGSN 中删除一个用户的 MM 和 PDP 上下文。HLR 发起的分离流程，如图 4-29 所示，其信令步骤如下：

（1）HLR 向 SGSN 发送一个位置取消（包含 IMSI、取消类型）消息。

（2）SGSN 收到该消息之后向 MS 发出分离请求（包含分离类型）。

（3）SGSN 向 GGSN 发出删除 PDP 上下文请求（TID），GGSN 返回删除 PDP 上下文响应（TID）。

（4）SGSN 向 MSC/VLR 发出 GRPS 分离指示（IMSI）。

（5）MS 返回分离确认。

（6）SGSN 向 HLR 返回位置取消确认（IMSI）。

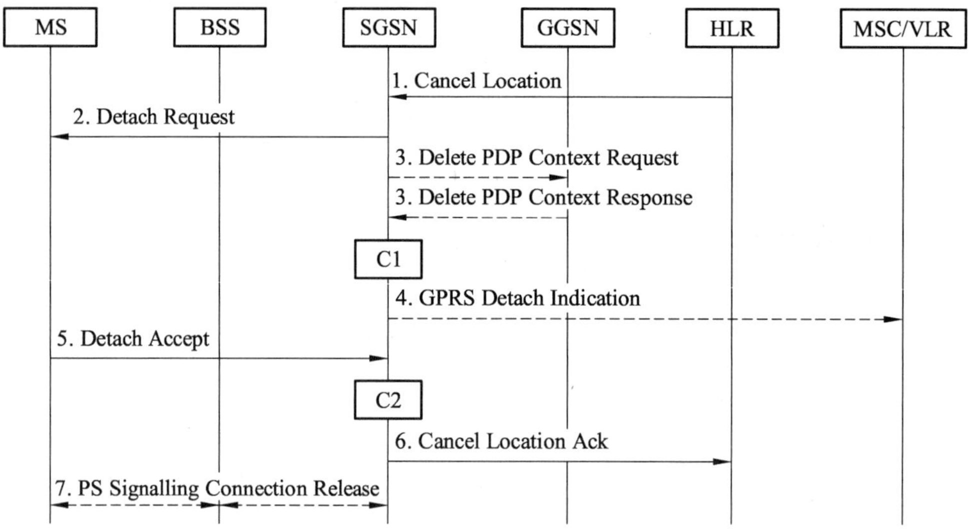

图 4-29　GPRS 网络 HLR 去附着流程

2. PDP 激活/去激活流程

MS 发起的 PDP 上下文激活流程，如图 4-30 所示，其信令步骤如下：

（1）MS 向 SGSN 发出激活 PDP 上下文请求消息（包含 NSAPI、TI、PDP 类型、APN、要求的 QoS、PDP 配置选项）。

（2）执行安全性规程（可选）。

（3）SGSN 根据 MS 提供的激活类型、PDP 地址、APN，通过 APN 选择标准来解析 GGSN 地址，从而检查该请求是否有效。

（4）SGSN 如果收到 GGSN 的创建 PDP 上下文响应，则在该 PDP 上下文中插入 NSAPI、GGSN 地址、动态 PDP 地址，并根据商定的 QoS 选择无线优先权，然后向 MS 返回激活 PDP 上下文接受消息（包含 PDP 类型，PDP 地址，TI，商定的 QoS，无线优先权，PDP 配置选项）。此时就已建立起 MS 与 GGSN 之间的路由，并开始计费，可以进行分组数据传送。

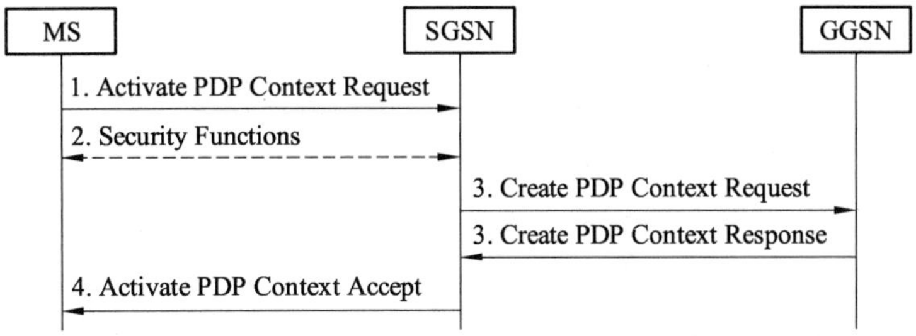

图 4-30 GPRS 网络 MS 发起 PDP 激活流程

PDP 去激活流程分为三种情况：MS 发起去激活、SGSN 发起去激活及 GGSN 发起去激活，以下针对三种情况进行详细分析。

1）MS 发起 PDP 去激活

MS 发起 PDP 去激活流程，如图 4-31 所示，其信令步骤如下：

（1）MS 向 SGSN 发出去激活 PDP 上下文请求消息（包含 TI）。

（2）执行安全性管理规程（可选）。

（3）SGSN 向 GGSN 发出删除 PDP 上下文请求消息（包含 TID），GGSN 删除 PDP 上下文，释放动态 PDP 地址，并向 SGSN 返回响应消息。

（4）SGSN 向 MS 返回去激活 PDP 上下文接受消息（包含 TI）。

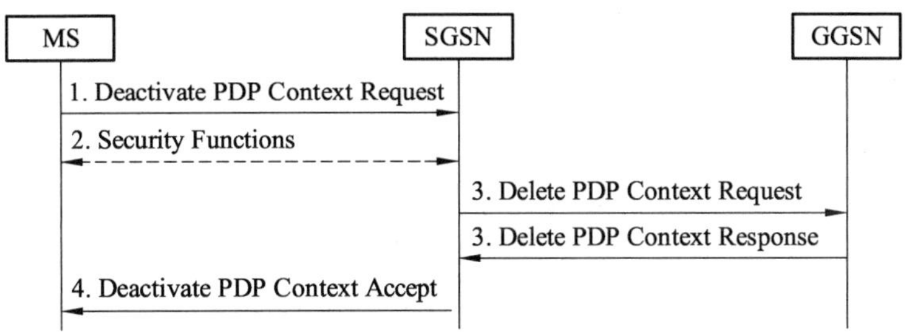

图 4-31 GPRS 网络 MS 发起 PDP 去激活流程

2）SGSN 发起去激活

SGSN 发起 PDP 去激活流程，如图 4-32 所示，其信令步骤如下：

（1）SGSN 向 GGSN 发出删除 PDP 上下文请求消息（包含 TID），GGSN 删除该 PDP 上下文，释放动态 PDP 地址，并向 SGSN 返回响应消息。

（2）SGSN 向 MS 发出去激活 PDP 上下文请求消息（包含 TI），MS 删除 PDP 上下文，并向 SGSN 返回去激活 PDP 上下文接受消息。

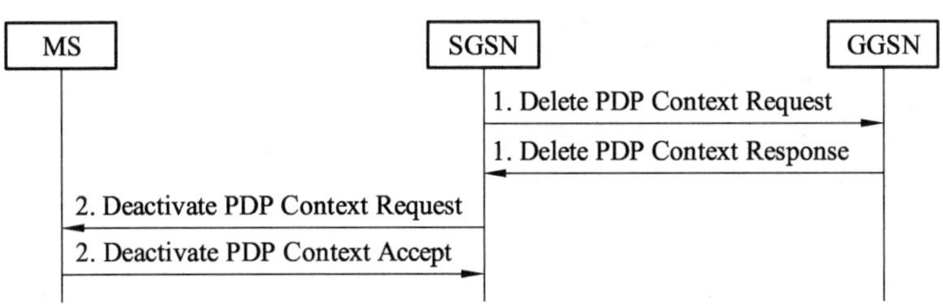

图 4-32 GPRS 网络 SGSN 发起 PDP 去激活流程

3）GGSN 发起去激活

GGSN 发起 PDP 去激活流程，如图 4-33 所示，其信令步骤如下：

（1）GGSN 向 SGSN 发出删除 PDP 上下文请求消息（包含 TID）。

（2）SGSN 向 MS 发出去激活 PDP 上下文请求消息（包含 TI），MS 删除 PDP 上下文，并向 SGSN 返回去激活 PDP 上下文接受消息；

（3）SGSN 向 GGSN 返回删除 PDP 上下文响应消息（包含 TID），GGSN 释放动态 PDP 地址和相应的 PDP 上下文。

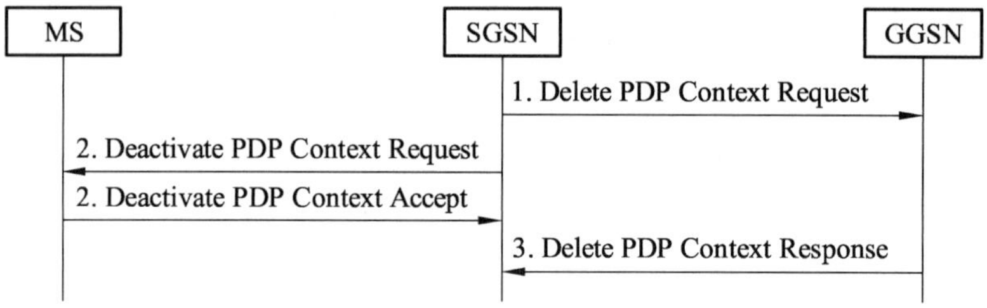

图 4-33　GPRS 网络 GGSN 发起 PDP 去激活流程

3. 路由区更新

MS 在移动过程中，涉及路由区（RAU）的更新，根据是否在 SGSN 范围内，可分为 SGSG 内的 RAU 更新和 SGSG 间的 RAU 更新。以下针对两种情况进行详细分析。

1）SGSN 内的 RAU 更新

SGSN 内的 RAU 更新流程，如图 4-34 所示，其信令步骤如下：

（1）MS 向 SGSN 发出路由区更新请求（包含原 RAI、原 P-TMSI 签名、更新类型等），BSS 在其中加上包含 RAC 和 LAC 的小区全球标识（CGI）。

（2）启动安全性规程（可选）。

（3）SGSN 更新该 MS 的 MM 上下文，必要时给它分配一个新的 P-TMSI，然后向 MS 返回路由区更新接受消息（包含 P-TMSI、P-TMSI 签名）。

（4）如果分配了新的 P-TMSI，则 MS 应返回路由区更新完成消息（P-TMSI）。

如果路由区更新过程失败超过最大允许次数，或者 SGSN 返回路由区更新拒绝，则 MS 将进入 IDLE 状态。

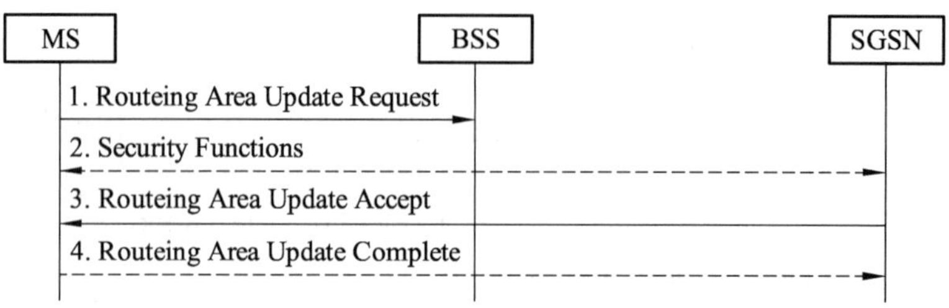

图 4-34　GPRS 网络 SGSN 内的 RAU 更新流程

2）SGSN 间的 RAU 更新

SGSN 间的 RAU 更新流程，如图 4-35 所示，其信令步骤如下：

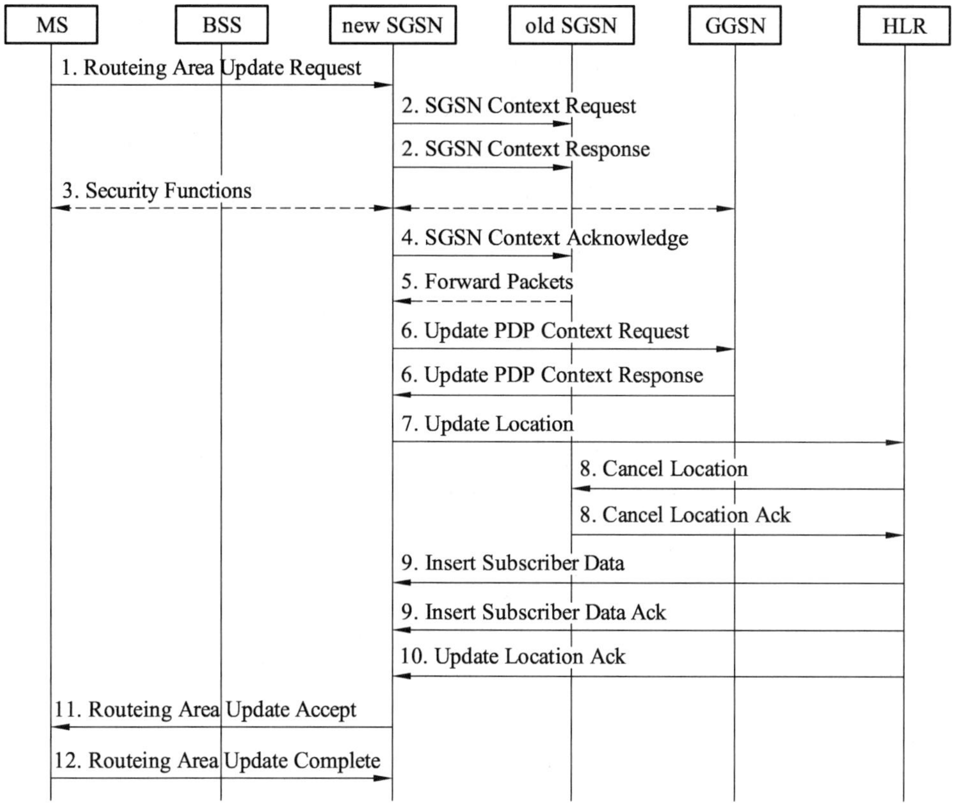

图 4-35　GPRS 网络 SGSN 间的 RAU 更新流程

（1）MS 向新 SGSN 发送路由区更新请求（包含原 RAI、原 P-TMSI 签名、更新类型等），BSS 在其中加上包含 RAC 和 LAC 的小区全球标识（CGI）。DNS 根据原 RAI 域名解析出原 SGSN 的 IP 地址，发送给新的 SGSN。

（2）新 SGSN 向原 SGSN 发出 SGSN 上下文请求（包含原 RAI、TLLI、原 P-TMSI 签名、新 SGSN 地址），以获得该 MS 的 MM 上下文和 PDP 上下文。

（3）执行加密功能（可选）。

（4）新 SGSN 向原 SGSN 返回 SGSN 上下文确认；原 SGSN 收到该确认后，标记该 MS 上下文中的 MSC/VLR 关联等其他信息无效。如果前面的鉴权未通过，则新 SGSN 应该拒绝该 MS 的路由区更新请求，原 SGSN 应该当作什么也没有发生。

（5）在收到新 SGSN 的 SGSN 上下文确认消息后，原 SGSN 在一定的时期内将相关的 N-PDU 转发给新 SGSN。

（6）新 SGSN 向 GGSN 发出更新 PDP 上下文请求（包含新 SGSN 地址、TID、商定的 QoS），GGSN 返回更新 PDP 上下文响应（包含 TID）。

（7）新 SGSN 向 HLR 发出位置更新消息（包含 SGSN 编号、SGSN 地址、IMSI）。

（8）HLR 向原 SGSN 发出位置取消消息（包含 IMSI、取消类型），原 SGSN 删除相应的 MM 和 PDP 上下文后返回位置取消确认（包含 IMSI）。

（9）HLR 通知新 SGSN 插入用户数据（包含 IMSI、GPRS 签约数据），新 SGSN 创建相应的 MM 上下文后返回插入用户数据确认（包含 IMSI）。

（10）HLR 向新 SGSN 返回位置更新确认（包含 IMSI）。

（11）新 SGSN 重建该 MS 的 MM 上下文和 PDP 上下文，为该 MS 分配新的 P-TMSI，向 MS 返回路由区更新接受消息（包含 P-TMSI、LLC 确认、P-TMSI 签字）。

（12）MS 返回路由更新完成消息（包含 P-TMSI、LLC 确认）。

4. GPRS 用户状态

GPRS 用户存在三种状态，分为 IDLE（空闲状态）、READY（就绪状态）和 STANDBY（守候状态），其转换过程如图 4-36 所示。

IDLE 状态下网络不知道 MS 的存在，如 MS 没开机或网络盲区。

READY 状态下网络在“小区”层次上管理 MS，因此，改变服务小区，需要进行小区更新。由于网络知道 MS 所在小区，下行数据传输时，不需触发寻呼，可直接进行数据传输。进入 READY 状态后即启动定时器进行计时，超时后转入守候状态。

STANDBY 状态下网络在“路由区”层面上管理 MS，下行数据传输时，需触发寻呼，并仅需作路由区更新。

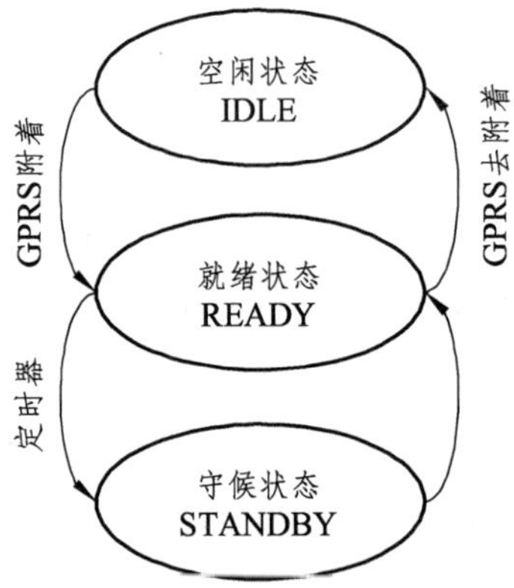

图 4-36　GPRS 用户状态改变情况

二、GPRS 在铁路中的应用

（一）铁路新增 GPRS 网元设备

GSM-R 分组域数据业务主要用于铁路的列调，通过调度中心对火车进行远程集中调度，司机通过机车无线综合通信设备显示的命令来进行相关操作，其 GSM-RGPRS 网络结构，如图 4-37 所示。相较于 GPRS 系统，GSM-RGPRS 系统新增网元有 GROS（GPRS 归属服务器）和 GRIS（GPRS 接口服务器）。

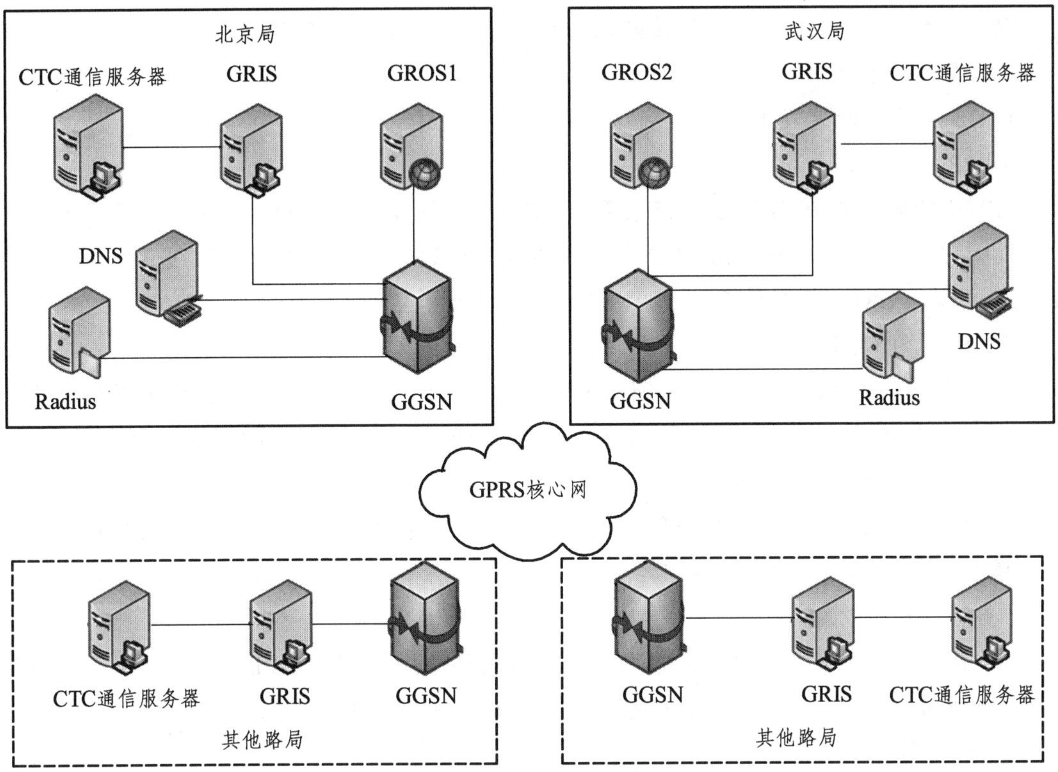

图 4-37 GSM-RGPRS 网络结构示意图

1. GROS 功能

GROS 为归属位置寄存器，北京和武汉各设一套 GROS，采用热备冗余方式工作，武汉 GROS 作为北京 GROS 的备份服务器，服务器分别设置不同 IP 地址，其功能如下：

（1）当前 CIR 所在路局 GRISIP 地址查询。

（2）判断机制：位置区号（LAC）、小区 ID。

（3）CIR 存储 GROS 地址，供开机查询。机车综合无线通信设备（CIR）设置两个 GROS 地址，开机时登录 GPRS 网络后自动向北京 GROS 查询 IP 地址，三次失败后改向武汉 GROS 查询。

2. GRIS 功能

每个路局设置一套 GRIS，采用热备冗余方式工作，负责整个路局管辖范围内 GPRS 业务数据传输，管辖范围与路局管辖范围一致。GRIS 通过 GPRS 核心网与北京和武汉的 GROS 相连，交互时同时给两台 GROS 发数据，只有主用 GROS 回复，其功能如下：

1）GPRS 网络接入功能

GRIS 为各种铁路应用系统提供网络接入功能，同时为地面应用服务器和车载电台之间提供透明的数据传输通道。

2）协议转换功能

GRIS 用来连接地面应用服务器和 GGSN，在数据传输的过程中，GPRS 接口服务区完成传输层和应用层通信协议的转换以及功能号到 GPRS 终端 IP 地址的映射。

3）数据存储转发

GRIS 采用存储转发的机制，完成各种应用数据的传送。

4）IP 地址更新

GRIS 能够通知车载无线通信设备（CIR）完成 IP 地址更新。当机车运行至新的 CTC/TDCS 区段时，若 CTC/TDCS 中心未能及时通过 GRIS 通知车载无线通信设备进行 IP 地址更新，GRIS 将负责通知 CIR 完成 IP 地址更新。

5）IP 地址存储

各路局的 GRIS 都存储有全部路局 GRIS 的 IP 地址，当收到 CTC 系统发送的越界指示和下一个 CTC 管辖区域代码时，能够根据区域代码确认接管 GRIS 的 IP 地址。

6）判断机车综合通信设备是否越界

各路局 GRIS 存储有路局管辖范围的小区数据，能够根据 CIR 发送的公里标信息和 GPS 信息判断列车运行是否已经越界。

7）信息安全功能

GRIS 具备信息安全的功能，能够防止非法的移动用户利用 GPRS 接口服务器进行数据传输，同时也能够防止非授权的固定用户向 CIR 发送数据。

8）数据显示

GRIS 软件的人机界面非常人性化，能够简洁明了的反映系统连接的故障情况，并将应用数据以合理形象的方式显示给维护人员，便于用户进行有效的分析。

9）日志记录，查询，报表功能

GRIS 对所有经过 GRIS 所转发的数据进行记录和备份，便于故障的查询和分析，同时支持对相关数据进行统计和导出。

10）告警提示功能

当和外部地面应用服务器或 GGSN 连接出现故障时，能够在网管终端上进行文字与声音告警提示。

（二）通信过程

铁路通用分组无线业务系统负责车载 GPRS 终端与地面应用实体之间数据信息的传输，并对车载电台接入 GPRS 网络的安全认证以及 IP 地址分配等功能，其具体功能由 RADIUS 服务器，GRIS，DNS 服务器等设备完成。

1. 车载电台 PDP 激活通过安全认证并获取 IP 地址

安全是铁路应用的首要条件，为确保只有合法的用户接入 GPRS 网络，车载电台中 GPRS 终端在进行 PDP 激活时，GGSN 会将其发送的鉴权认证信息发送给 RADIUS 服务器，由 RADIUS 服务器来判断该车载电台是否合法，若鉴权通过，RADIUS 服务器将按照相关的规则为车载电台分配对应的 IP 地址，使车载电台接入 GPRS 网络。

2. 向 GPRS 归属服务器（GROS）查询当前所属 GRIS 的 IP 地址

在铁路实际应用中，大部分的地面应用实体都是以路局为单位进行设备，由于列车运行位置具有极大的变动性，机车并不知道当前区域的 GRIS 的 IP 地址，因此在车载无线设备上会固定设置主备两个 GROS 的 IP 地址。当车载电台进行 PDP 激活后，首先会向 GROS 查询其当前所属的 GRIS 的 IP 地址，并将该 IP 地址作为以后数据传输的目的地址。

3. 车载应用实体与地面应用实体之间的数据传输

车载应用实体与地面应用实体之间的数据传输由 GRIS 完成，分为两个方向。

1）车载应用实体→地面应用实体

车载应用实体将其采集的数据信息发送给车载电台，车载电台将按照协议规定好的格式打包后发送至当前所属的 GRIS。GRIS 按数据业务类型转发至对应的地面应用实体。

2）地面应用实体→车载应用实体

地面应用实体向某一机车上的车载应用实体发送数据信息时，将按照协议规定好的格式打包发送至与其相连的 GRIS,GRIS 按照其目的功能号向 DNS 服务器查询该功能号所对应的车载电台的 IP 地址，查到后将该数据信息发送给该车载电台。

（三）铁路 GPRS 应用

铁路 GPRS 系统应用有列车进路预告信息，调度命令、行车凭证、调车作业通知单、调车请求、车次号校核与列车停稳信息等。其中，重要的有列车进路预告信息、调度命令和车次号校核与列车停稳信息，以下针对该三种应用进行详细解释。

1. 列车进路预告信息

列车进路预告信息是铁路 CTC 区段列车安全运行的重要行车调度指挥业务。列车进路预告信息由 CTC 自动生成，可以利用 GSM-R 网络或 450 MHz 无线列车调度通信系统传送。在 GSM-R 网络模式下，进路预告信息的传递涉及 GSM-R 网络（GPRS）、CTC 设备（调度集中控制系统，包括 CTC 中心设备和车站设备、GSM-R 通信服务器等）、机车综合无线通信设备（CIR）、GPRS 接口服务器（GRIS）等设备。

CTC 系统根据最新的阶段计划信息、车次号信息、本站站细规则、当前信号道岔设备状态、列车位置等约束条件，在合适的接近区间或指定的提前时间量到达时，自动按计划排列接发列车进路预告信息。

2. 调度命令

铁路调度命令是调度员、车站值班员向司机下达的书面命令，是列车行车安全的重要保障。调度员通过向列车司机发送调度命令对行车、调度和事故进行指挥控制，是实施铁路运输管理的重要手段。

调度命令传送系统功能:

（1）调度员向辖区内的运行列车发送调度命令。

（2）在 CTC 区段调度员向辖区内的运行列车发送行车凭证。

（3）在 CTC 区段调度员向辖区内的运行列车发送调车作业通知单。

（4）车站值班员向辖区内的运行列车发送行车凭证。

（5）车站值班员向辖区内的运行列车发送调车作业通知单。

（6）自动向辖区内的运行列车发送列车接车进路预告信息。

（7）列车接收调度命令后发送自动确认和手动签收信息，并将信息送发送方显示。

（8）调度命令发送方未收到自动确认信息，应自动重发，自动重发后仍未收到自动确认，应向调度命令发送方提示。

（9）机车装置判断是发给本次列车的调度命令，在显示操作终端上显示。

（10）机车装置提示司机签收调度命令，司机根据需要选择打印。

（11）TDCS 设备和机车装置应存储调度命令并记录操作过程。

（12）机车装置未收到来自监控装置的机车号和车次号信息时，接收的命令信息中机车号与机车装置记录的机车号相同，应显示所接收到的调度命令。

（13）系统中各终端应具有语音提示功能，对各种命令的提示音应有区分。

（14）机车装置可向车站发送调车请求。

（15）机车装置工作在补机状态时应显示、记录所有接收到的调度命令及签收、打印等操作过程，此时确认信息不向地面发送。

3. 车次号校核与列车停稳信息

列车无线车次号信息是指按照一定发送时机，列车周期性将车次号信息发送给 CTC，作为车次号校核使用，同时在车次号信息里包含了列车当前的 GPS 和公里标等信息，使得调度中心可以实时掌握列车的位置，它是列车行车安全的重要保障。列车无线车次号信息包含启动信息、停稳信息、无线车次号校核等信息。车次号信息是按照预先设定的程序自动发送，无须人工干预。

无线车次号校核系统将从机车运行安全监控记录装置 TAX 采集的车次号、机车号、位置（公里标）、机车速度等车次号信息，通过无线信道，传送给 CTC/TDCS 系统进行车次号校核。无线车次号校核系统利用现有无线列调系统实现，当无线列调机车台被车次号信息触发时，不论是否正在通话，均切断话音调制并改变发射频率，强行转为传送车次号数据信息，传送完成后恢复话音通信。这种受限于现有网络单信道资源的情况，难免存在数据和话音业务之间争抢信道，而在同频干扰和业务并存的情况下，数据传输可靠性降低。利用 GSM-R 实现的无线车次号校核完全摆脱了基于无线列调信道的场强覆盖限制，克服了单信道争抢带来碰撞等造成可靠性低的问题。GSM-R 系统车次号校核与列车停稳信息传送系统组成如图 4-38 所示。

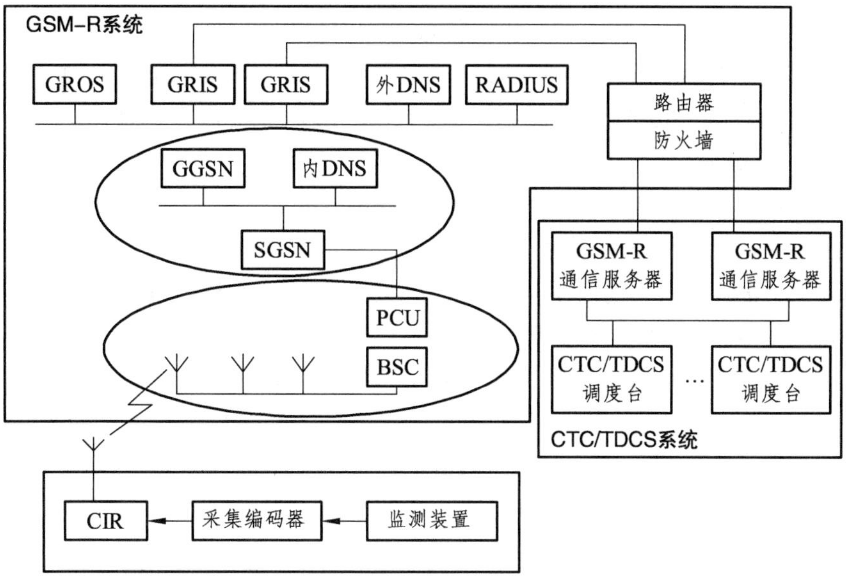

图 4-38　GSM-R 系统车次号校核与列车停稳信息传送系统组成

其系统功能如下：

（1）机车数据采集编码器采集监测装置的数据，每 200ms 将采集到的数据编码发送一次，CIR 按规定条件发送车次号信息。

（2）实现车次号信息传送的目的 IP 地址及时更新。

（3）支持 CTC/TDCS 查询指定列车的车次号信息。

（4）对发送的车次号信息、列车停稳和列车启动信息进行存储。

（5）机车数据采集编码器具有发送车次号测试信息的功能。

（6）CTC/TDCS 根据接收到的无线车次号信息进行车次校核和追踪。

（7）CTC/TDCS 具有按车站和按机车自动统计车次号信息传送成功率的功能。

4. 通信过程

1）目的 GRISIP 地址查询

车载电台设备开机或重启后，首先会注册 GSM-R 网络并进行 PDP 激活操作。在 PDP 激活成功后，车载电台会向预存的 GROS 查询当前位置所属 GRIS 的 IP 地址，其查询指令中包含机车号、车次号、公里标、当前小区号、经纬度等信息。GROS 根据指令中的相关信息，查询数据库后，获得列车当前位置所对应的 GRISIP 地址，并发送回车载电台，该地址作为车载电台发送车次号校核信息、列车停稳及启动等信息的目的地址。

2）CTC 给 CIR 发送调度命令信息

调度员、车站值班员编辑调度命令信息，当输入车次号后，系统判断对应的机车号唯一时，自动填入相应的机车号；不唯一时，显示对应车次全部机车号并提醒编辑人员选择，按下调度命令信息发送按键，CTC/TDCS 发送调度命令信息给 GRIS。

GRIS 接收到 CTC/TDCS 发送的调度命令信息后，在本地存储，根据机车号向域名服务器（DNS）查找对应 CIR 的 IP 地址并转发给对应的列车。

CIR 接收到调度命令信息，判断列车车次号和机车号与本列车相符时，发送自动确认信息，当接收到一个完整命令后在 MMI 上显示调度命令信息并发出阅读提示音。GRIS 接收到 CIR 发来的调度命令信息的确认信息后，在本地存储，并转发给 CTC/TDCS。

CTC/TDCS 接收到自动确认、手动签收信息时在调度命令信息发送方显示。

当系统有多条信息需要发送时，发送顺序依次为列车进路预告信息、行车凭证、调度命令、调车作业通知单，同种调度命令信息按编辑的时间顺序进行排队。

3）CIR 给 CTC 发送车次号信息

CIR 对机车数据采集编码器发送的信息进行实时分析，数据内容符合以下条件之一时则发送一次车次号信息。

（1）监控状态下，列车进入新的闭塞分区、进站、出站。

（2）非监控状态下，列车运行速度由 0 变为 5 km/h。

（3）非监控状态转为监控状态时。

（4）列车停稳时发送一次列车停稳信息，列车启动时发送一次列车启动信息。

CTC/TDCS 根据需要可向运行列车上的采集处理装置查询车次号信息。

典型案例

一、案例背景

列车运行过程中，通过 GPRS 网络，CTC 给列车下发调度命令，实现列车进路预告正确的传达。某日，接到报障信息，反馈多趟列车在佛山西站附近无法附着 GPRS 网络，同时无法收到进路预告信息。

查看 GRIS 服务器上信息数据发现问题列车均运行至佛山西站附近小区后，车载电台 CIR 未再上报车次号校核信息与活动性检测，CTC 向 CIR 多次下发佛山西站进路预告，CIR 均未回复自动确认和手动签收，如图 4-39 所示，并且查询问题列车 CIR 数据卡上下线情况，发现运行至佛山西站附近小区后，CIR 数据模块均出现掉网情况。

时间	方向	业务	IP地址	车次号	机车号	调度命令编号	发令处所	线路代码	位置区号	小区ID	公里标
2022-01-17 03:42:14	CIR->GRIS	车次号校核信息		DJ7797							无效
2022-01-17 03:42:14	GRIS->CTC	车次号校核信息		DJ7797							无效
2022-01-17 03:42:15	CIR->GRIS	车次号校核信息		DJ7797							无效
2022-01-17 03:42:15	GRIS->CTC	车次号校核信息		DJ7797							无效
2022-01-17 03:42:15	CIR->GRIS	活动性检测		DJ7797		13					
2022-01-17 03:42:15	GRIS->CIR	活动性检测		DJ7797		13					
2022-01-17 03:58:18	CTC->GRIS	列车接车进路预告信息		DJ7797		9035	佛山西				
2022-01-17 03:58:18	GRIS->CIR	列车接车进路预告信息		DJ7797		9035	佛山西				
2022-01-17 03:58:32	CTC->GRIS	列车接车进路预告信息		DJ7797		9035	佛山西				
2022-01-17 03:58:32	GRIS->CIR	列车接车进路预告信息		DJ7797		9035	佛山西				

图 4-39　DJ7797 次列车 GRIS 数据

查看基站 GPRS TBF（Temporary Block Flow）相关参数见表 4-15，发现上下行尝试次数突增，上行和下行 GPRSTBF 建立失败次数增加，数据业务突发拥塞，导致上行和下行 TBF 建立成功率突降，其中上行 TBF 建立成功率降至 60%以下，下行 TBF 建立成功率降至 70%以下。

表 4-15　基站 GPRSTBF 建立情况

起始时间	上行 GPRS TBF 建立成功次数	上行 GPRS TBF 建立尝试次数	下行 GPRS TBF 建立成功次数（无）	下行 GPRS TBF 建立尝试次数（无）	无信道资源导致上行 GPRS TBF 建立失败次数	无信道资源导致下行 GPRS TBF 建立失败次数	上行 TBF 建立成功率	下行 TBF 建立成功率
01/17/2022 03:00:00	9 303	16 038	13 205	19 265	6 661	5 996	58.01%	68.54%
01/17/2022 04:00:00	9 279	22 694	13 845	22 776	13 356	8 788	40.89%	60.79%
01/17/2022 05:00:00	12 168	29 650	13 947	26 112	17 332	11 923	41.04%	53.41%
01/17/2022 06:00:00	10 837	21 496	12 975	22 781	10 585	9 706	50.41%	56.96%

二、案例分析

GPRS 系统中无线资源指 PDCH，PDCH 是小区内所有 GPRS attached 手机共享和动态分配的，以 TBF 形式进行划分、按需分配，TBF 是代表用户的一个 session 的开始和结束的标志，是指两个无线资源实体所使用的一个物理连接，以达到在 PDCH 上支持单向传递 LLC PDU 的目的。网络可以给 TBF 分配一个或多个 PDCH 信道。一个 TBF 包含很多 RLC/MAC 块，用来承载一个或多个 LLC PDU。TBF 以 TFI（Temporary Flow Indicator）表示（上下行 TBF 是独立的），采用 5 位编码。GPRS 网络会每一个 TBF 安排一个 TFI，用来唯一的标识一个 TBF。当数据需要传送时分配 TBF，传送完毕后 TBF 就被释放。因此在一个 PDCH 上最多同时存在 32 个 TBF，也就是说可以有 32 个手机同时传送数据。

GPRS 网络中 TBF 上行建立过程如图 4-40 所示，MS 通过在 RACH 上发送 CHANNEL REQUEST 来发起接入流程，每当 BSC 收到 MS 发送的指示为 GPRS 接入的 CHANNEL REQUEST 消息后，如测量点 A，统计值“上行 GPRS TBF 建立尝试次数”加一。而 BSC 发送 IMMEDIATE ASSIGNMENT 消息后，在指配的信道上收到了该 MS 的上行数据块，表示接入的上行 GPRS TBF 建立成功，如测量点 C，统计值“上行 GPRS TBF 建立成功次数”加一。

GPRS 网络中 TBF 下行建立过程如图 4-41 所示，BSC 通过在 MS 所属的 CCCH 群组对应的子时隙上发送 IMMEDIATE ASSIGNMENT 消息来发起分组下行 GPRS TBF 指配流程，尝试建立下行 GPRS TBF，每当 BSC 发出 IMMEDIATE ASSIGNMENT 消息时，如测量点 A，统计值“下行 GPRS TBF 建立尝试次数”加一。BSC 通过在 CCCH 上给 MS 发送附带 Starting Time（Starting Time 用于提供起始的 TDMA 帧号）的 IMMEDIATE ASSIGNMENT 消息来发起建立下行 GPRS TBF 请求。当 Starting Time 超时后，BSC 会发送 POLLING 消息给 MS 来获取 TA 值，并且预留块资源让 MS 回应指配确认消息。如果 BSC 在指配的信道的预留块资源上收到该 MS 的 PACKET CONTROL ACKNOWLEDGEMENT 消息，表示下行 GPRS TBF 建立成功，如测量点 B，统计值“下行 GPRS TBF 建立成功次数”加一，而且 BSC 能够通过接收到的 PACKET CONTROL ACKNOWLEDGEMENT 消息时来计算 TA 值。

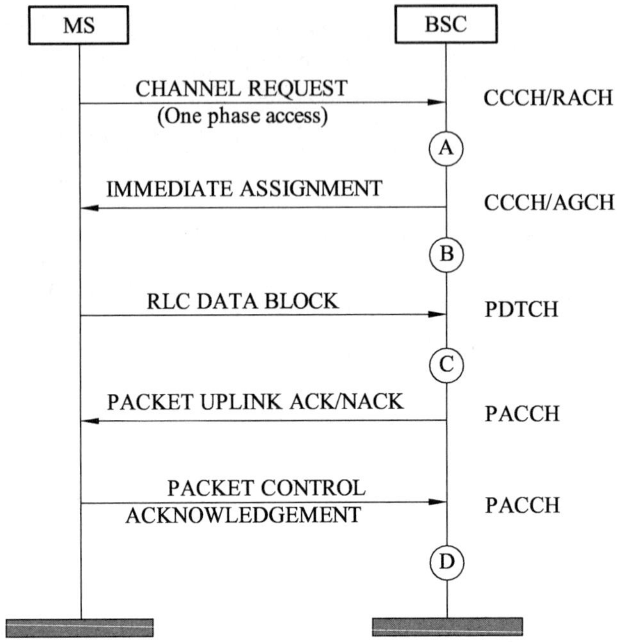

图 4-40　GPRS 网络 TBF 上行建立过程

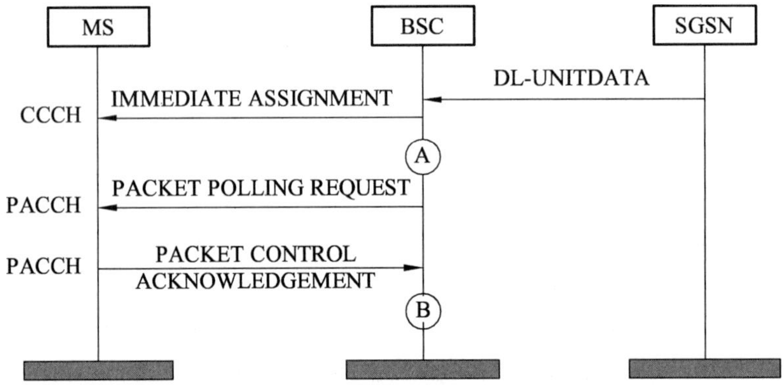

图 4-41　GPRS 网络 TBF 下行建立过程

三、处理流程

TBF 建立成功率低主要分两种情况：信道资源拥塞导致 TBF 建立失败和手机无响应导致 TBF 建立失败，根据故障的背景情况，发现小区的数据业务量大，数据业务出现了严重的拥塞，小区的负荷强度及 PS 寻呼量较大，导致手机无响应 TBF 建立失败。

针对上述原因导致的 TBF 建立失败，我们发现 MS 建立 TBF 主要在 CCCH 信道和 PACCH 信道上发起，在 CCCH 信道发起 TBF 建立流程，网络侧会发送 POLLING 消息给 MS 来获取 TA 值，并且预留块资源让 MS 回应指配确认消息。在 PACCH 上发起建立 TBF 流程，当前的上行 TBF 传输过程中或下行 TBF 释放过程中发起新的下行 TBF 建立请求；在当前的下行 TBF 传输过程中为该 TBF 重新指配下行资源，网络侧发送 PACKET DOWNLINK ASSIGNMENT 消息，并且预留块资源让 MS 回应指配确认消息。如果某小区业务量较高导致 CCCH 过载，将会在一定程度上影响 TBF 建立成功率。

通过对该问题小区增加一个 1 个 BCH 信道后 MS 无响应导致的 TBF 建立失败次数明显减少，TBF 建立成功率显著提升，观察后续列车在 GPRS 网络中进路预告业务均正常。

课程	GSM-R 通信系统应用与维护	任务	GPRS 网络及其在铁路中的应用
班级		姓名	

活页笔记

自我分析与总结

课程	GSM-R 通信系统应用与维护	任务	GPRS 网络及其在铁路中的应用
班级		姓名	

同步练习

1. 选择题

（1）铁路 GPRS 网络中设备不包括（　　）。

A. GPRS 接口服务器　　B. RADIUS

C. DNS 服务器　　D. M2000 服务区

（2）GPRS 去附着流程中，发起方不包含以下哪个设备（　　）。

A. MS　　B. SGSN　　C. HLR　　D. GGSN

（3）PDP 去激活流程中，发起方不包含以下哪个设备（　　）。

A. MS　　B. SGSN　　C. HLRD. GGSN

（4）归属 GPRS 接口服务器为（　　）。

A. GRIS　　B. GROS　　C. RADIUS　　D. DNS

（5）GPRS 用户状态不包括（　　）。

A. IDLE　　B. HELLO

C. READY　　D. STANDBY

2. 填空题

（1）当车载电台进行 PDP 激活后，首先会向_____查询其当前所属的_____的 IP 地址，并将该 IP 地址作为以后数据传输的目的地址。

（2）GPRS 网络采用_____，高效传输数据和信令。

（3）机车综合无线通信设备（CIR）设置两个 GROS 地址，开机时登录 GPRS 网络后自动向_____GROS 查询 IP 地址，_____次失败后改向_____GROS 查询。

（4）每个路局设置一套 GRIS，采用_____方式工作，负责整个路局管辖范围内 GPRS 业务数据传输，管辖范围与路局管辖范围一致。

（5）GRIS 通过_____与北京和武汉的 GROS 相连，交互时同时给两台 GROS 发数据，只有_____ GROS 回复。

3. 简答题

（1）PDP 去激活共有几种情况，请简述 PDP 去激活的信令流程。

（2）GPRS 用户共有几种状态，请简述 GPRS 用户状态改变的过程。

（3）请简述 GPRS 网络的整个通信过程。

实操

1. 现场确认移动终端 GSM-R 手持机的组成部分，并对其功能模块进行学习，确认如何通过功能模块完成车次功能号的注册。

2. 现场确认基站的组成模块，并阐述模块对应的功能。

<table>
<tr><td>课程</td><td>GSM-R 通信系统应用与维护</td><td>任务</td><td>GPRS 网络及其在铁路中的应用</td></tr>
<tr><td>班级</td><td></td><td>姓名</td><td></td></tr>
</table>

任务与考核

<table>
<tr><th colspan="2">任务名称</th><th colspan="3">GPRS 网络及其在铁路中的应用</th></tr>
<tr><td>任务</td><td>知识技能目标</td><td>考核项目</td><td>自我评价</td><td>教师评价</td></tr>
<tr><td rowspan="4">GPRS 网络</td><td rowspan="4">1. 了解 GPRS 网络架构。
2. 掌握 GPRS 网络主要通信</td><td>GPRS 网络主要网元组成（10 分）</td><td></td><td></td></tr>
<tr><td>附着/去附着信令流程（15 分）</td><td></td><td></td></tr>
<tr><td>PDP 激活/去激活信令流程（15 分）</td><td></td><td></td></tr>
<tr><td>路由区更新信令流程（15 分）</td><td></td><td></td></tr>
<tr><td rowspan="4">GPRS 在铁路中的应用</td><td rowspan="4">1. 掌握铁路新增 GPRS 网元设备。
2. 掌握 GPRS 网络在铁路中的通信流程。
3. 掌握铁路 GPRS 应用</td><td>GROS 和 GRIS 设备功能（10 分）</td><td></td><td></td></tr>
<tr><td>铁路 GPRS 网络通信流程（10 分）</td><td></td><td></td></tr>
<tr><td>调度命令信息通信流程（10 分）</td><td></td><td></td></tr>
<tr><td>列车进路预告信息作用（15 分）</td><td></td><td></td></tr>
<tr><td colspan="3">总分 100 分</td><td colspan="2"></td></tr>
</table>

模块五

GSM-R 无线网络设备实践

GSM-R 系统由网络交换子系统(NSS)、无线子系统(BSS)、操作维护子系统(OSS)、智能网子系统(IN)、通用分组无线业务子系统(GPRS)及移动终端(MS)组成。GSM-R 系统的主要设备可分为核心网络设备和无线网络设备。核心网络设备一般设立在铁路局集团的核心机房内部，包括组成 NSS、OSS、IN 和 GPRS 等子系统的设备；无线网络设备包括组成 BSS 子系统的 TRAU、BSC、BTS、直放站及天馈系统等设备。本章主要介绍 GSM-R 无线网络设备的结构及其工作原理。

任务十　GSM-R 无线网络设备认知与实践

一、BSC 设备

本任务以目前铁路 GSM-R 无线子系统中广泛采用的华为 BSC6000 设备为例，介绍 BSC6000 设备的总体结构，详细说明 BSC6000 设备的硬件配置及单板功能。

（一）BSC 总体结构

BSC6000 设备的总体结构包括物理结构和逻辑结构。

1. BSC6000 的物理结构

BSC6000 的硬件物理结构主要由机柜、线缆、LMT 计算机终端和告警箱组成，如图 5-1 所示。

BSC6000 设备的不同机柜所提供的功能不同，机柜可分为 GBCR 机柜和 GBSR 机柜。GBCR 机柜实现 BSC 的核心业务与操作维护功能，BSC 固定配置 1 个；GBSR 机柜主要实现 BSC 的各项基本业务，根据业务量的需要进行配置，可以配置 0～3 个。BSC 线缆包括网线、光纤、中继电缆等各类线缆，配置数目根据实际情况确定。BSC6000 机柜前面板如图 5-2 所示。

LMT 计算机终端指安装了“华为本地维护终端”软件组并与网元的实际操作维护网络连通的操作维护终端，为 BSC 必配设备。告警箱以声、光的形式上报告警，为 BSC 选配设备。

2. BSC6000 的逻辑结构

BSC6000 从逻辑上由 TDM（Time Division Multiplexing）交换子系统、GE（Gigabits Ethernet）交换子系统、业务处理子系统、业务控制子系统、接口处理子系统、时钟子系统、供电子系统和环境监控子系统组成，如图 5-3 所示。

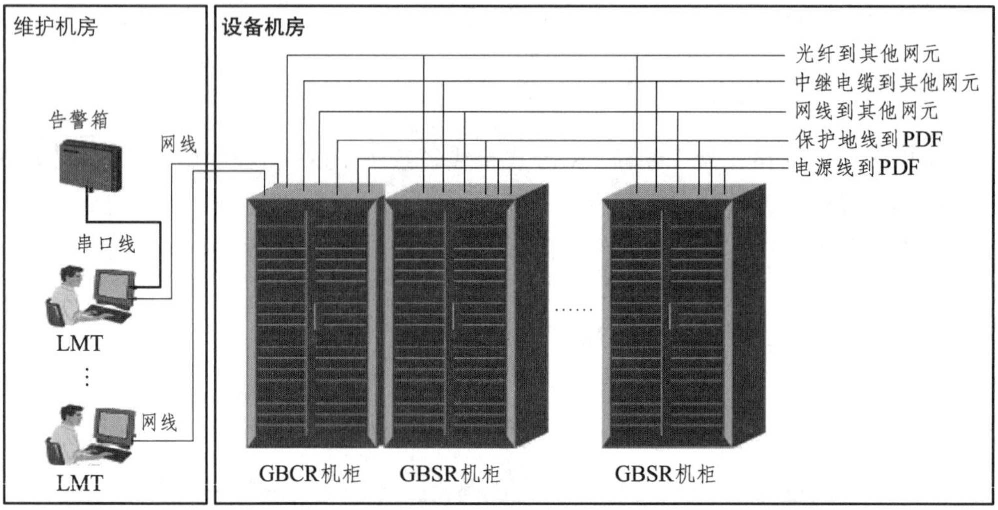

图 5-1　BSC6000 硬件物理结构

图 5-2　BSC6000 机柜前面板

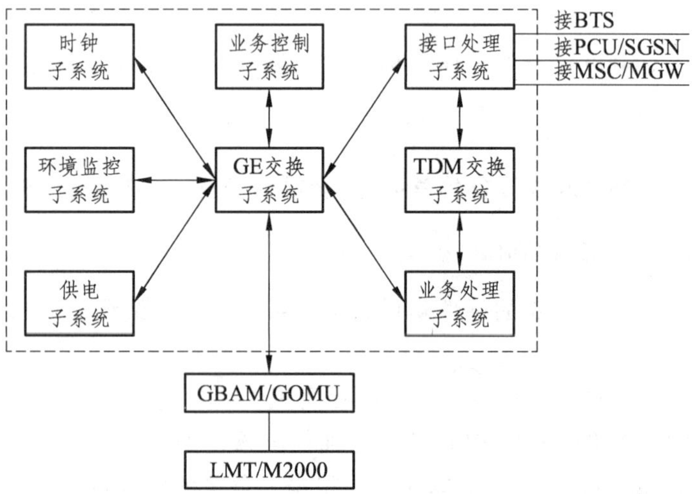

图 5-3　BSC6000 逻辑结构

（1）根据 PCU 类型的不同，BSC6000 接口处理子系统提供 Gb 接口或 Pb 接口，Gb 接口和 Pb 接口不能共存：① 当 BSC6000 配置内置 PCU 时，接口处理子系统提供 Gb 接口，实现 BSC6000 与 SGSN 之间的通信。② 当 BSC6000 配置外置 PCU 时，接口处理子系统提供 Pb 接口，实现 BSC6000 与 PCU 之间的通信。

（2）根据传输方式的不同，BSC6000 接口处理子系统提供两种传输方式的 A 接口，两种传输方式的 A 接口不能共存：① 当 A 接口采用 IP 传输时，A 接口实现 BSC6000 与 MGW 之间的通信。② 当 A 接口采用 TDM 传输时，A 接口实现 BSC6000 与 MSC/MGW 之间的通信。

（二）BSC6000 硬件配置

BSC6000 硬件配置中包含如下三种类型的插框：GMPS 插框、GEPS 插框和 GTCS 插框。通常会把 GMPS 插框和 GEPS 插框统称为 BM 框，GTCS 插框称为 TC 框。以下根据 BSC6000 逻辑结构中重要的子系统的物理组成进行硬件配置介绍。

1. TDM 交换子系统

TDM（Time Division Multiplexing）交换子系统负责完成电路域数据的交换工作，其物理组成包含 GTNU 单板、GDPUX 单板、各接口板、插框背板以及 GTNU 交叉电缆等。

根据 BSC6000 框间 TDM 互联的方式不同，可以将其分为：

（1）GMPS 插框与 GEPS 插框间的 TDM 互联：GMPS 插框与 GEPS 插框通过 GTNU 单板面板接口和 GTNU 交叉电缆实现 TDM 全互联，如图 5-4 所示。

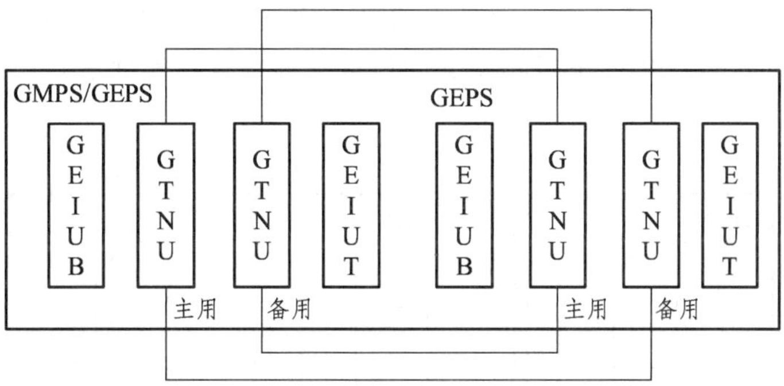

图 5-4　GMPS 插框与 GEPS 插框间的 TDM 互联

（2）GTCS 插框间的 TDM 互联：当 BSC 插框组合模式为 BM/TC 分离时，BSC6000 存在 GTCS 插框间的 TDM 互联。GTCS 插框间通过 GTNU 单板面板接口和 GTNU 交叉电缆实现 TDM 全互联，如图 5-5 所示。

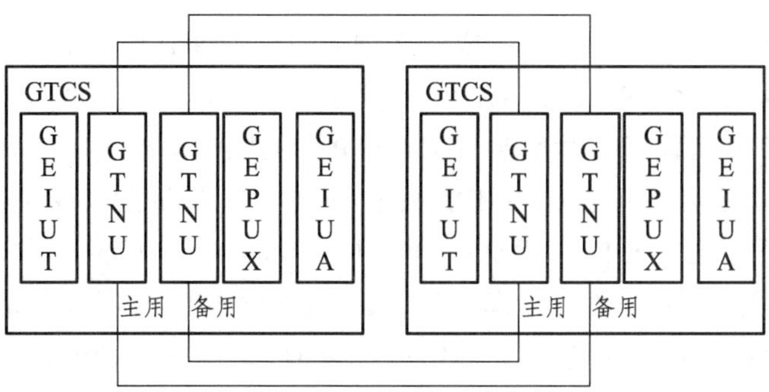

图 5-5　GTCS 插框间的 TDM 互联

2. GE 交换子系统

GE（Gigabit Ethernet）交换子系统主要完成 BSC6000 信令和操作维护信息的 GE 交换、分组数据包的交换，其物理组成为插框的背板、GSCU 单板和交叉网线或非屏蔽直通网线。根据 BSC6000 框间 GE 互联的方式不同，可以将其分为：

（1）GMPS 与 GEPS 插框间的 GE 互联：以 GMPS 插框为中心框，以最多三个 GEPS 插框为从框，通过各插框的 GSCU 单板和交叉网线或非屏蔽直通网线进行星型互联，如图 5-6 所示。

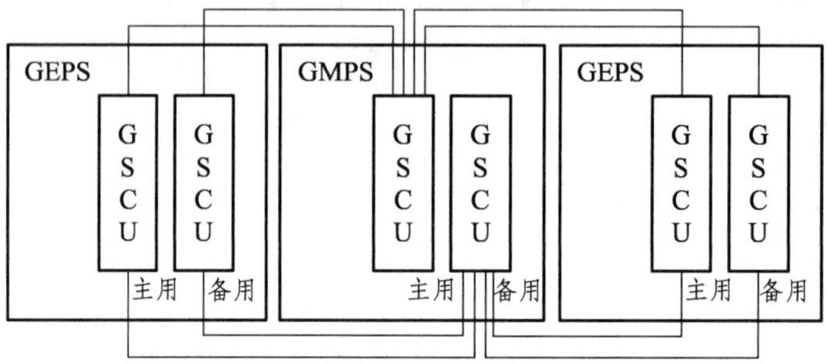

图 5-6　GMPS/GEPS 框间 GE 互联

（2）GTCS 插框间的 GE 互联：以任一 GTCS 插框为中心框，以最多三个 GTCS 插框为从框，通过各插框的 GSCU 单板和交叉网线或非屏蔽直通网线进行星型互联，如图 5-7 所示。

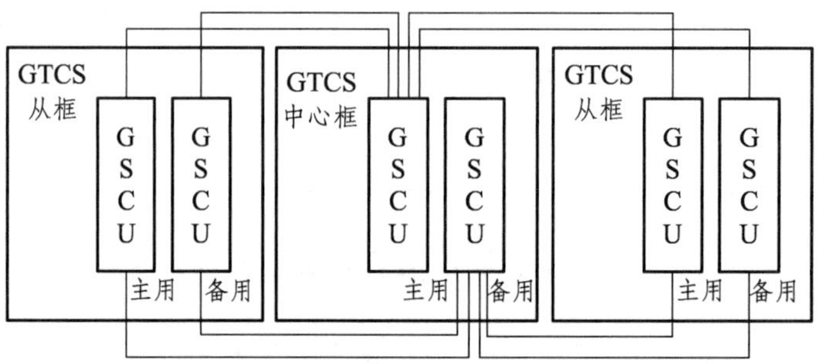

图 5-7　GTCS 框间 GE 互联

3. 业务处理子系统

BSC6000 业务处理子系统主要完成语音编解码、速率适配和分组域业务处理功能，其硬件实体是各插框的 GDPUP 和 GDPUX 单板。根据电路域业务容量和分组域业务容量的需要，BSC6000 可配置不同数目的 GDPUP 和 GDPUX 单板。

（1）GDPUX 单板建议配置在 GMPS 插框的 08～11 号槽位，GEPS 插框的 00～03、08～13、14～27 号槽位，GTCS 插框的 00～03、08～13 号槽位，实现电路域业务处理功能。BSC6000 插框在不同的组合模式下，GDPUX 单板实现不同的功能。

① 当 BSC6000 插框组合模式为 BM/TC 分离时，配置在 GMPS/GEPS 插框的 GDPUX 单板实现语音帧格式转换和转发功能，配置在 GTCS 插框的 GDPUX 单板实现语音编解

码和速率匹配功能。

② 当 BSC6000 插框组合模式为 BM/TC 共框时，GDPUX 单板实现语音编解码和速率匹配功能。同时，当 Abis 接口采用 HDLC 或 IP 协议传输时，GDPUX 单板还实现分组化语音帧格式转换功能。

③ 当 BSC6000 插框组合模式为 A 接口 IP 化时，GDPUX 单板实现分组化语音帧格式转换和转发功能。

（2）GDPUP 单板建议配置在 GMPS 插框的 08～11 号槽位，GEPS 插框的 08～13 号槽位，实现分组域业务处理功能。

由于 BSC6000 插框组合模式的不同及 PCU 类型的不同，BSC6000 业务处理子系统物理组成有所不同。

（1）BSC6000 插框组合模式为 BM/TC 分离。

① 如果 BSC6000 配置外置 PCU，BSC6000 业务处理子系统物理组成包括 GTCS 插框的 GDPUX 单板。

② 如果 BSC 配置内置 PCU，BSC 业务处理子系统物理组成包括 GMPS/GEPS 插框的 GDPUP 和 GDPUX 单板，GTCS 插框的 GDPUX 单板。

（2）BSC6000 插框组合模式为 BM/TC 共框或 A 接口 IP 化时。

① 如果 BSC6000 配置外置 PCU，BSC6000 业务处理子系统物理组成包括 GMPS/GEPS 插框的 GDPUX 单板。

② 如果 BSC6000 配置内置 PCU，BSC6000 业务处理子系统物理组成包括 GMPS/GEPS 插框的 GDPUP 单板和 GDPUX 单板。

4. 业务控制子系统

BSC6000 业务控制子系统具有寻呼控制、系统消息管理、信道分配、基站公共业务管理、呼叫控制、分组业务控制、切换及功率控制、小区广播短消息、基站操作维护和 TC 资源池管理功能。

BSC6000 业务控制子系统由不同的单板组成。业务控制子系统的硬件实体包括：

① GMPS/GEPS 插框内的 GXPUM 单板和 GXPUT 单板。

② GBAM 服务器/GOMU 单板。

③ GTCS 插框内的 GSCU 单板。

5. 接口处理子系统

BSC6000 接口处理子系统完成 BSC6000 各个接口的处理，其由各类接口板和 GXPUM 单板组成。BSC6000 接口处理子系统的物理组成如图 5-8 所示。BSC6000 接口处理子系统包含的物理单板类型有 Abis 接口板、A 接口板、Ater 接口板、Gb 接口板和 Pb 接口板。Abis 接口板有 GEIUB、GOIUB、GFGUB、GOGUB 和 GEHUB 等型号；A 接口板有 GEIUA、GOIUA、GFGUA 和 GOGUA 等型号；Ater 接口板的单板类型有 GEIUT 和 GOIUT 等型号；Gb 接口板的单板类型有 GFGUG 和 GEPUG 等型号；Pb 接口板有 GEIUP

和 GOIUP 等型号。根据传输方式的不同，各种单板分别提供 E1/T1 电接口、STM-1 光接口、FE/GE 电接口和 GE 光接口等。

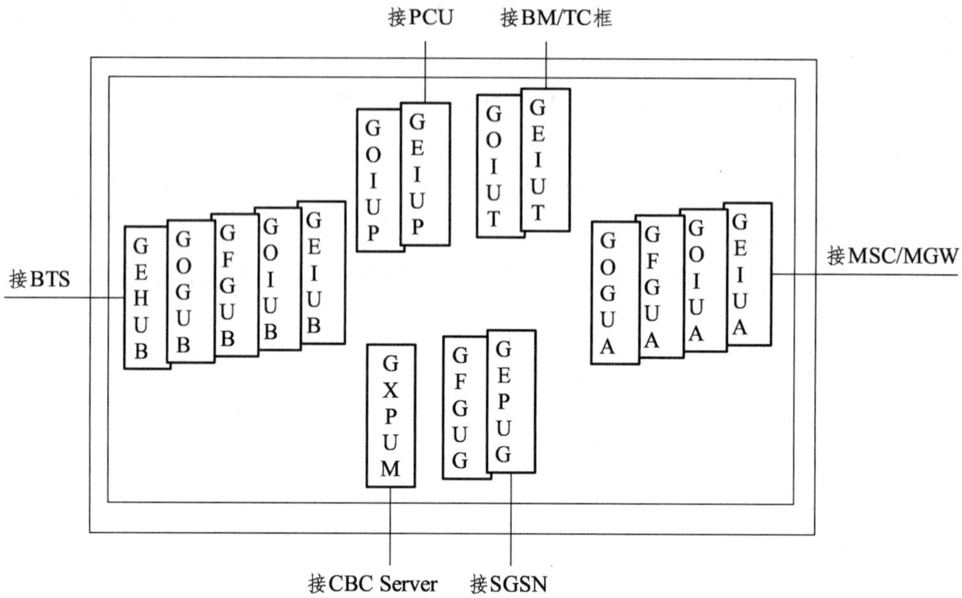

图 5-8　BSC6000 接口处理子系统物理组成示意图

6. 时钟子系统

BSC6000 时钟子系统由 GGCU 单板和各个插框的时钟处理单元组成，它为 BSC6000 提供工作所需的时钟，并为基站提供参考时钟。BSC6000 的时钟源包括 BITS（Building Integrated Timing Supply，大楼综合定时供给设备）时钟和线路时钟，每类时钟源支持 1 + 1 备份。

BITS 可以为 BSC 等通信设备提供外接时钟，可以提供 2 种时钟：① E1 信号时钟 2 Mb/s（2.048 Mb/s）的数字时钟；② 2 MHz（2.048 MHz）的模拟时钟。该时钟分为 BITS0 和 BITS1 两种输入方式。BSC6000 通过 GGCU 单板上的同步时钟信号输入接口获取该时钟，为 GMPS/GEPS 插框提供参考时钟。

线路时钟是 GTCS 插框从 A 接口提取的 8 kHz 时钟，分为 LINE0 和 LINE1 两种输入方式。根据 BSC6000 插框组合方式的不同，BSC6000 获取线路时钟方式有如下要求：① BM/TC 分离时，各 GTCS 插框独立从 A 接口提取线路时钟；GGCU 单板通过 Ater 接口提取线路时钟，并为 GMPS/GEPS 插框提供参考时钟。② BM/TC 共框时，GMPS 插框从 A 接口提取线路时钟，该时钟通过背板通道传输到 GGCU 单板。③ A 接口 IP 化时，BSC6000 的时钟源不能为线路时钟。

（三）BSC6000 单板功能

BSC6000 单板是在物理单板上加载不同的软件形成的逻辑单板，以下对 BSC6000 各子系统重要单板的功能进行详细介绍。

1. GTNU 单板

GTNU（GSM TDM Switching Network Unit）单板是 TDM 交换网络单元，物理单板为 TNUa。GTNU 单板为 BSC6000 TDM 的交换单元，完成 128 K × 128 K TDM 交换，是整个系统的 TDM 交换中心。其固定配置在 GMPS/GEPS/GTCS 插框的第 4、5 号槽位，构成主备用关系，负责 TDM 网络资源分配，以及搭网和拆网。

2. GSCU 单板

GSCU（GSM Switching and Control Unit）单板是 GE 交换网络单元，物理单板为 SCUa，GSCU 单板为所在插框提供维护管理和 GE 交换平台。为本插框其他单板提供同步时钟和时间同步信息，固定配置插框的第 6、7 号槽位，构成主备用关系。

3. GXPUM/GXPUT 单板

GXPUM（GSM eXtensible Processing Unit for Main service）单板是主业务处理单元，GXPUT（GSM eXtensible Processing Unit for Transmission）单板是传输处理单元，物理单板均为 XPUa，内置 4 个 CPU 处理单元。

GXPUM 单板为 BSC6000 的主业务处理单元，配置在 GMPS/GEPS 插框的第 0、1 号槽位，主要功能为：① 提供寻呼控制功能。② 提供系统消息管理功能。③ 提供信道分配功能。④ 提供基站公共业务管理功能。⑤ 提供语音呼叫控制功能。⑥ 提供分组业务控制功能。⑦ 提供切换功能。⑧ 提供功率控制功能。⑨ 提供与小区广播中心 CBC（Cell Broadcast Center）之间接口功能。⑩ 提供小区广播消息存储功能。⑪ 支持按小区广播信道 CBCH（Cell Broadcast CHannel）调度小区广播消息。⑫ 提供 LAPD（Link Access Procedure on the D channel）协议处理功能。

GXPUT 单板为 BSC6000 GSM 传输处理单元，配置在 GMPS/GEPS 插框的第 2、3 号槽位，主要功能为：① 提供 LAPD 协议处理功能。② 提供 SS7 MTP3 协议处理功能。

4. GOMU 单板

GOMU（GSM Operation and Maintenance Unit）单板是操作维护单元，物理单板为 OMUb。GOMU 单板为 BSC6000 服务器单板，固定配置在 GMPS/GEPS 插框的第 20 ~ 23 号槽位，具有高速计算和海量数据处理的能力，是操作维护终端与 BSC6000 其他单板通信的桥梁，主要功能为：① 为 BSC6000 提供性能管理、故障管理、配置管理、安全管理和加载管理等功能。② 向 LMT/M2000 提供 BSC6000 的操作维护接口，实现 LMT/M2000 和 BSC6000 之间的通信控制。③ 作为 BSC6000 的操作维护处理中心，是操作维护终端与 BSC6000 其他单板通信的桥梁。

5. GDPUP 单板

GDPUP（GSM Data Processing Unit for PS service）单板是分组业务处理单元，物理

单板为 DPUd，根据需求可配置在 GMPS 插框的 08～11 号槽位，GEPS 插框的 08～13 号槽位，实现分组域业务处理功能，主要功能为：① 提供 1024 条同时激活的 MCS9 速率的 PDCH 信道分组业务处理功能。② 提供 1 024 条 MCS-9 PDCH 处理功能。③ 提供分组链路处理功能。④ 提供分组故障自检测功能。

6. GDPUX/GDPUC 单板

GDPUX（GSM Data Processing Unit for eXtensible service）单板是电路业务扩展处理单元，物理单板为 DPUc。GDPUC（GSM Data Processing Unit for CS service）单板是电路业务处理单元，物理单板为 DPUa。它们是 BSC6000 的电路业务处理单元，配置在 GTCS 插框的 00～03、08～13 号槽位，实现电路域业务处理功能，实现语音编解码功能，以资源池方式工作，主要功能为：① 提供语音业务编解码功能。② 提供数据业务速率适配功能。③ 提供 TFO 功能。④ 提供语音增强功能。⑤ 提供语音故障自检测功能。

7. GEIU 单板

GEIU（GSM E1/T1 Interface Unit）单板是 E1/T1 接口单元，物理单板为 EIUa，GEIU 接口板包括：GEIUB（Abis 接口电路），GEIUT（Ater 接口电路），GEIUA（A 接口电路）。主要功能为：① 提供 SS7 MTP2 协议处理功能。② 提供 LAPD 协议处理功能。③ 提供 GTCS 框拉远时维护链路功能。④ 提供板级 TPS（支路保护倒换）功能。

8. GGCU 单板

GGCU（GSM General Clock Unit）单板是通用时钟单元，物理单板为 GCUa，固定配置在 GMPS 插框的第 12、13 号槽位，两块互为主备用关系。GGCU 板为 GMPS 和 GEPS 提供系统同步所需要的同步时钟信号，主要功能为：① 同步时钟的产生和保持功能。② 提供 GGCU 主备板输出同步信息一致性的功能。

二、BTS 设备

相较于放置在核心和区域网络机房的 BSC 设备，大量的 BTS 设备设立在铁路沿线的各个通信机房内，本小节将介绍铁路 GSM-R 无线网络主要采用的 DBS3900 和 BTS3012 基站设备。

（一）DBS3900

DBS3900 基站采用分布式安装的先进理念，采用模块化设计，突破了传统基站各单板模块集中安装的理念，使得功能模块的安装位置不再受机柜的约束，安装方式也更新颖。相较于传统的基站，DBS3900 因为其灵活安装的特点，被广泛运用于铁路沿线及隧道等复杂恶劣的环境中。

1. 技术特点

1）结构简洁

DBS3900 基站只有两种基本功能模块，减少了备件数量，降低了维护成本。基本功能模块依据现场实际场景可以进行灵活快速的安装，省去机房建设成本，对安装环境要求低。DBS3900 基站支持不同制式的模块共享传输、共享网管，实现多种制式的融合。

2）安装灵活

DBS3900 能够满足多种应用场景的需求，其射频模块支持上塔安装，所需的馈线长度大幅减少，节省了馈线成本。同时，由于上塔安装大大减少了馈线损耗，系统增益得到了 3～5 dB 的提高，覆盖半径增加 20%以上，以比传统宏基站低的机顶功率实现与其相当的覆盖能力。

3）宽带业务

DBS3900 基站的基带处理能力大大增强、内部带宽大大扩展，能够在空口支持所有时隙级的 MCS-9 业务。Abis 接口支持 IP 传输，传输带宽得到极大扩展。

4）节省功耗

DBS3900 基站通过引入多载波功放等硬件设计技术和智能功放管理等一系列软件省功耗技术，可以大幅降低基站的能耗。同时，射频模块采用自然散热方式，无须风扇即可在自然环境下工作，进一步降低了能耗，没有噪声，也减少了因为风扇原因导致的故障。

2. 设备组成

DBS3900 基于分布式安装的先进理念，采用了模块化设计，包括仅有的两种基本功能模块：基带控制单元 BBU3900 和射频拉远单元 RRU（Remote Radio Unit）。BBU3900 与 RRU 之间通过 CPRI（Common Public Radio Interface）接口光纤进行通信，使得模块的远距离分散安装成为可能。BBU3900 是基带控制单元，主要功能包括：实现基站与 BSC 之间的信号交互；提供系统时钟；集中管理整个基站系统，包括操作维护和信令处理；提供与 LMT 或 M2000 连接的维护通道。RRU 主要完成基带信号和射频信号的调制解调、数据处理、合分路等。单个 RRU3004 模块最大支持 2 个载波，针对不同的容量和覆盖需求，可以灵活地通过 RRU 级联方式快速扩容。

1）BBU3900 模块

（1）BBU3900 的功能。

BBU3900 的主要功能包括：① 提供与 BSC 通信的物理接口，完成基站与 BSC 之间的功能交互。② 提供与射频模块之间通信的 CPRI 接口。③ 提供 USB 接口，执行基站软件下载。④ 提供与 LMT（或 M2000）连接的维护通道。⑤ 完成上下行数据处理。⑥ 集中管理整个分布式基站系统，包括操作维护和信令处理。⑦ 提供系统时钟。

（2）BBU3900 系统组成。

BBU3900 包含 5 个单元：基站接口单元、主控单元、高速接口单元、时钟单元和监控单元。其系统原理如图 5-9 所示。

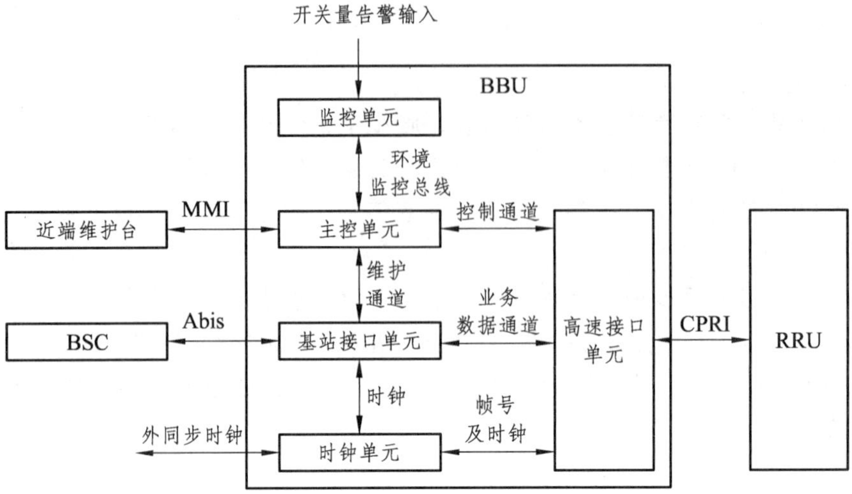

图 5-9　BBU3900 系统原理

① 基站接口单元。

基站接口单元的主要功能如下：实现 BTS 与 BSC 之间的连接；实现 E1 时隙数据与内部数据总线之间的交换；实现下级时钟与上级时钟的同步。

② 主控单元。

主控单元集中管理整个分布式基站系统，包括操作维护和信令处理，并提供系统时钟。主要功能如下：支持 UART、HDLC、IP over FE 等多种通信协议，支持 HDLC HubBTS 功能；控制基站接口单元，实现与 BSC 的通信；控制射频接口单元，实现与 RRU 的通信；时钟模块功能包括基站时钟集中供给和管理，支持外部同步时钟的输入。

③ 高速接口单元。

高速接口单元的主要功能为：接收 RRU 送来的上行基带数据；向 RRU 发送下行基带数据；每个 BBU3900 提供 6 个 SFP 光模块接口。

④ 时钟单元。

时钟单元的主要功能为：提供基站所需的高精度时钟源及基于此时钟源的系统时钟；判断锁相状态，提供软件锁相、DA 调整，以及产生帧号。

⑤ 监控单元。

监控单元主要收集外部接入的各路开关量告警信息，并将告警信息上报给主控单元。

（3）BBU3900 硬件组成。

BBU3900 采用盒式结构，所有对外接口均位于盒体的前面板上。BBU3900 的单板包括 UEIU（环境接口板）、GTMU（GSM 主控传输板）、UELP（通用 E1/T1 防雷保护单元）、USCU（时钟单元）和 UPEU（电源与环境监控单元）。BBU3900 的模块包括 UBFA（风扇单元）。其中，GTMU、UBFA 和 UPEU 是必配单板。GTMU 最大配置数量为 1，只能配置在 Slot5 和 Slot6 两个槽位；UBFA 最大配置数量为 1，只能配置在 FAN 槽位；UPEU 最大配置数量为 2，可以配置在 PWR1 和 2 槽位，单个 UPEU，优先配置在 PWR2 槽位；UELP、UEIU 和 USCU 为选配单板。BBU3900 典型配置如图 5-10 所示。

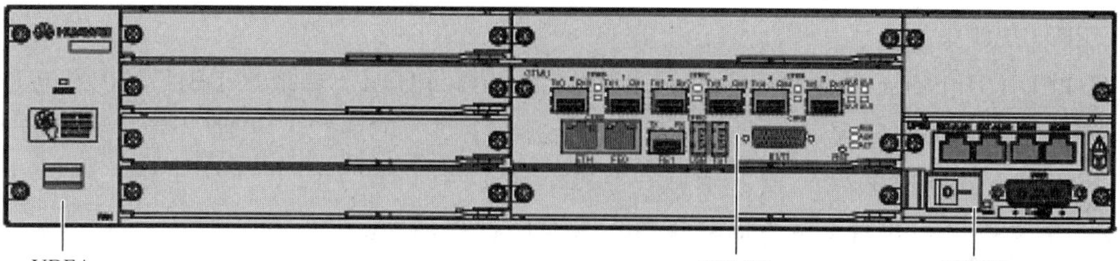

图 5-10 BBU3900 典型配置

① GTMU 单板。

GTMU（GSM Transmission &Timing & Management Unit for BBU）单板是 BBU 基本传输及控制功能实体，提供基准时钟、电源监控、维护接口和外部告警采集接口，控制和管理整个基站。其主要功能为：负责 BTS 的控制、维护和操作；支持故障管理、配置管理、性能管理和安全管理；支持对风扇及电源模块的监控；集中供给和管理 BTS 时钟；提供时钟输出，用于测试；提供网口，用于终端维护；支持 4 路 E1 传输；提供与射频模块通信的 CPRI 接口。

GTMU 单板的面板如图 5-11 所示。

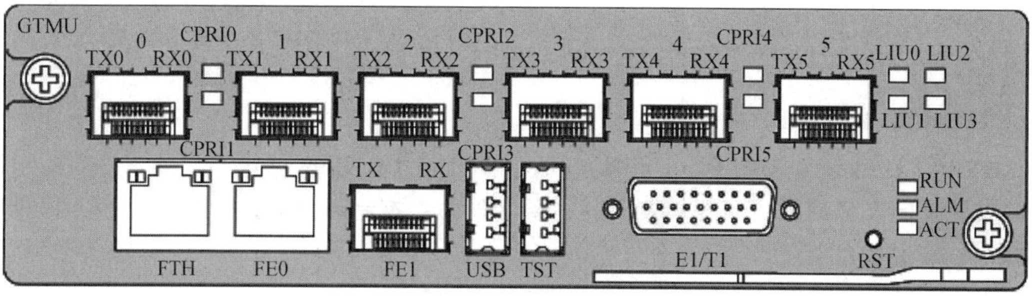

图 5-11 GTMU 单板面板

GTMU 单板的接口说明见表 5-1。

表 5-1 GTMU 单板的接口说明

面板标识	连接器类型	说 明
CPRI0 ~ CPRI5	SFP 连接器	与射频模块互连的数据传输接口，支持光电传输信号的输入、输出
ETH	RJ45 连接器	近端维护和调试
FE0	RJ45 连接器	预留接口，将实现功能：采用网线形式与机房内路由设备连接，传输网络信息
FE1	DLC 连接器	预留接口，将实现功能：采用光纤形式与机房内路由设备连接，传输网络信息
USB	USB 连接器	预留接口，将实现功能： 采用 U 盘自动进行软件升级
TST	USB 连接器	为测试仪表提供参考时钟
E1/T1	DB26 母型连接器	GTMU 单板与 UELP 单板或 BSC 之间的 4 路 E1/T1 信号的输入、输出

② UPEU 单板。

UPEU（Universal Power and Environment Interface Unit）单板是 BBU3900 的电源单板，用于实现 DC－48 V 或 DC＋24 V 输入电源转换为 DC＋12 V 电压。其主要功能为：将 DC－48 V 或 DC＋24 V 输入电源转换为单板支持的 DC＋12 V 工作电源；提供 2 路 RS485 信号接口和 8 路干结点信号接口；具有防反接功能。

UPEU 有两种单板类型，分别为 UPEA（Universal Power and Environment Interface Unit Type A）和 UPEB（Universal Power and Environment Interface Unit Type B）。UPEA 单板将 DC－48 V 输入电源转换为 DC＋12 V 电源；UPEB 单板是将 DC＋24 V 输入电源转换为 DC＋12 V 电源，面板外观如图 5-12 所示。

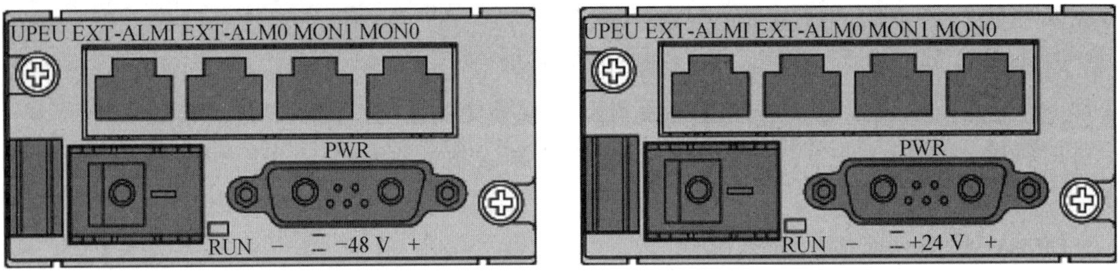

（a）UPEA　　（b）UPEB

图 5-12　UPEA 单板和 UPEB 单板

③ UBFA 模块。

UBFA（Universal BBU Fan Unit Type A）模块是 BBU3900 的风扇模块，主要用于风扇的转速控制及风扇板的温度检测。其主要功能为：控制风扇转速；向主控板上报风扇状态；检测进风口温度。

④ UEIU 单板。

UEIU（Universal Environment Interface Unit）单板是 BBU3900 的环境接口板，主要用于将环境监控设备信息和告警信息传输给主控板。其主要功能为：提供 2 路 RS485 信号接口；提供 8 路干结点信号接口。

UEIU 单板的面板如图 5-13 所示。UEIU 面板提供 4 路 RJ45 接口，MON0 和 MON1 各提供 1 路 RS485 信号接口，EXT-ALM0 和 EXT-ALM1 各提供 4 路干结点信号接口。

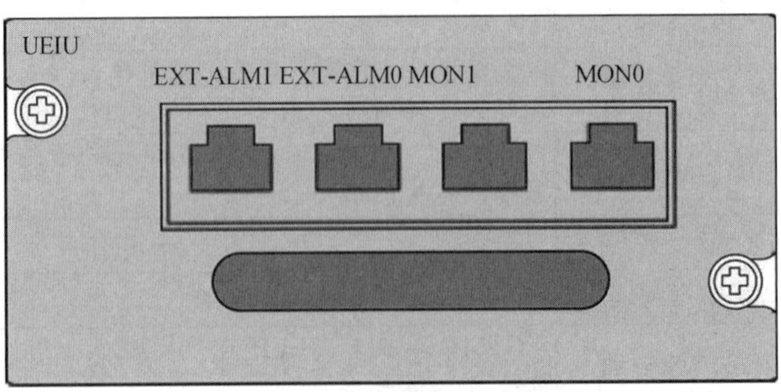

图 5-13　UEIU 单板面板

⑤ UELP 单板。

UELP（Universal E1/T1 Lightning Protection Unit）单板是通用 E1/T1 防雷保护单元，可选配安装于 SLPU 模块或 BBU 模块内。每块 UELP 单板支持 4 路 E1/T1 信号的防雷，UELP 单板上有 1 个拨码开关，用于接收端的接地选择。拨码开关有四位拨码位。UELP 单板面板如图 5-14 所示。INSIDE 是 DB25 连接器，提供 E1 转接传输接口；OUTSIDE 是 DB26 连接器，提供 E1 传输接口。

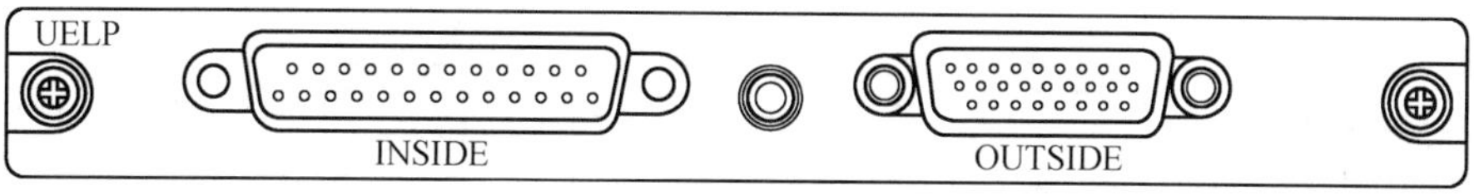

图 5-14　UELP 单板面板

⑥ USCU 单板。

USCU（Universal Satellite card and Clock Unit）单板是通用星卡时钟单元。USCU 兼容 6 种星卡，为主控传输板提供绝对时间信息和 1 pps（pulse per second，脉冲每秒）参考时钟源，并且支持 RGPS 接口和 BITS 接口。其主要功能为：为主控传输板提供绝对时间信息和 1 pps 参考时钟源；兼容 6 种类型星卡，包括 Resolution T、M2 M、GPS15L、K161、GG16、JNS100；通过检测 1 pps 信号判断当前使用的卫星卡类型；支持 RGPS 信号输入；提供 BITS 接口，支持 2 MHz、10 MHz 时钟参考源自适应输入。

USCU 单板的面板如图 5-15 所示，1 为 GPS 接口，2 为 RGPS 接口，3 为 BITS 接口，4 为 TST 接口。

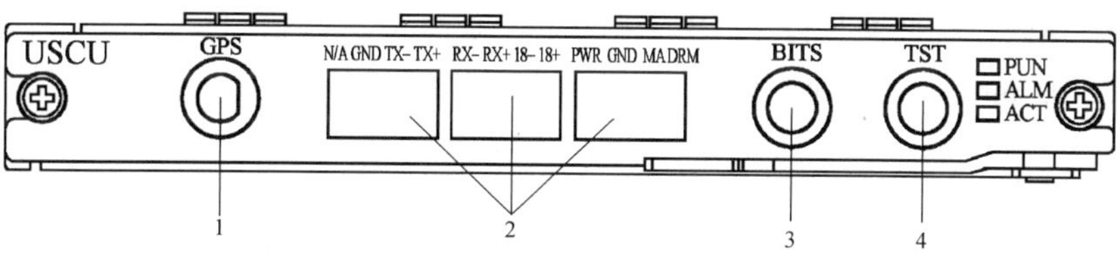

图 5-15　USCU 单板面板

2）RRU3004 模块

（1）RRU3004 功能。

RRU3004 是射频远端单元，主要完成基带信号及射频信号的处理。RRU3004 的主要功能包括：① 在发射通道采用直接变频技术，将信号调制到 GSM-R 发射频段，经滤波放大或合并后，由射频前端单元的双工滤波器送往天线发射。② 通过天馈接收射频信号，将接收信号下变频至中频信号，并进行放大处理、模数转换、数字下变频、匹配滤波、AGC（Automatic Gain Control）后发送给 BBU3900 进行处理。③ 功率控制和驻波检测。④ 频率合成和环路测试。⑤CPRI 接口时钟电路产生、恢复及告警检测等功能，完成 CPRI 接口驱动。

（2）RRU3004 系统组成。

每个 RRU 模块包含高速接口模块、信号处理单元、PA（Power Amplifier）、双双工器、LNA（Low Noise Amplifier）。RRU3004 模块的系统组成如图 5-16 所示。

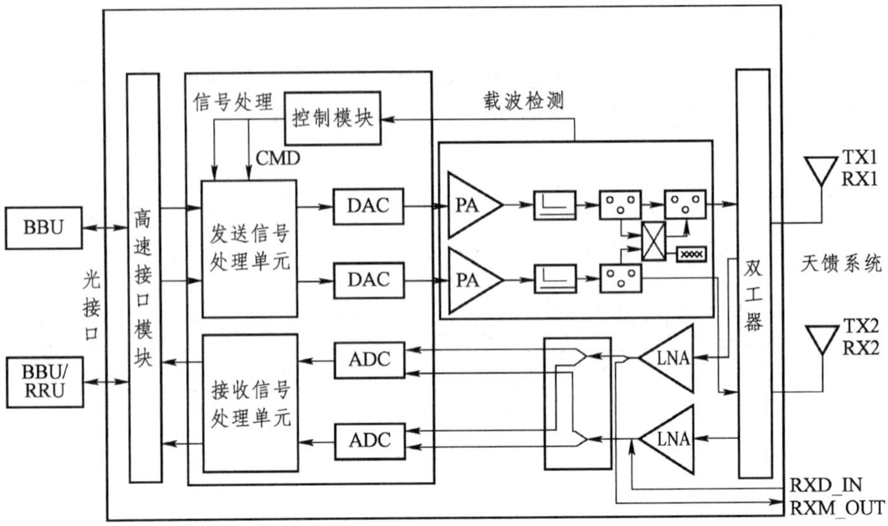

图 5-16 RRU3004 模块的系统组成

（3）RRU3004 硬件组成。

RRU 模块面板分为配线腔面板、底部面板和指示灯区域。配线腔面板提供电源接线柱（RTN +、NEG – ）、东西向光/电接口（TX RX CPRI_E/W）、告警接口（MON/EXT_ALM）、硬件复位按钮（RST）、驻波测试按钮（TST VSWR）和 CPRI 接口测试按钮（TST CPRI）。底部面板分为 DC RRU 底部面板和 AC RRU 底部面板。DC RRU 底部面板提供射频互联接口（RX_IN/OUT）、电调天线通信接口（RET），以及发送/接收射频接口 A 和 B（ANT_TX/RXA/B）。AC RRU 底部面板除了 DC RRU 底部面板提供的接口，还有交直流电源线接口（AC-in、DC-out）。RRU 模块有 6 个指示灯，用于指示 RRU 模块的运行状态。

（二）BTS3012

BTS3012 是双密度系列室内型宏基站，支持双密度收发信机，单机柜最大支持 12 载波。BTS3012 支持向 GERAN（GSM/EDGE Radio Access Network）的演进，适用于高密度大话务量用户地区及需要广覆盖的地区。

1. 技术特性

BTS3012 主要的技术特性包括：① 单机柜最多支持 12 载波，多机柜最大支持 72 载波。② 支持 PBT（Power Boost Technology）功能，一个载波最大功率可达 100 W。③ TCH/FS 信道静态灵敏度为 – 112.5 dBm（常温典型值）。④ 支持 Hub BTS 功能。⑤ 支持空口软同步。⑥ 支持环网快速倒换。⑦ 支持发射分集和四分集接收。⑧ 支持 Flex Abis 组网方式。⑨ 支持 Abis 传输优化。⑩ 支持本地交换功能。⑪ 支持 Abis over IP。⑫ 支持 Clock over IP。⑬ 支持 GPS 全网同步。⑭ 支持 E1、FE、T1、STM-1、微波和卫星等传输方式。⑮ 支持 850 MHz、900 MHz、1 800 MHz、1 900 MHz 多频段混合组网，满足不同地域运营商的要求。

2. BTS3012 物理结构

当外部输入电源为 – 48 V 时，BTS3012 机柜从物理结构上可划分为 DAFU 框、DTRU 框、风扇框、公共框、信号防雷框、传输框和配电单元。在小区配置为 S4/4/4 的情况下，BTS3012 机柜的一种典型单机柜满配置如图 5-17 所示。

当外部输入电源为+ 24 V 时，BTS3012 机柜从物理结构上可划分为 DAFU 框、DTRU 框、风扇框、公共框、信号防雷框、电源框和配电单元。在小区配置为 S4/4/4 的情况下，BTS3012 机柜的一种典型单机柜满配置如图 5-18 所示。

3. BTS3012 系统原理及其组成

BTS3012 的系统组成包括：公共子系统、信号防护子系统、双密度载频子系统、射频前端子系统、天馈子系统、电源子系统和环境监控子系统。BTS3012 的系统原理如图 5-19 所示。

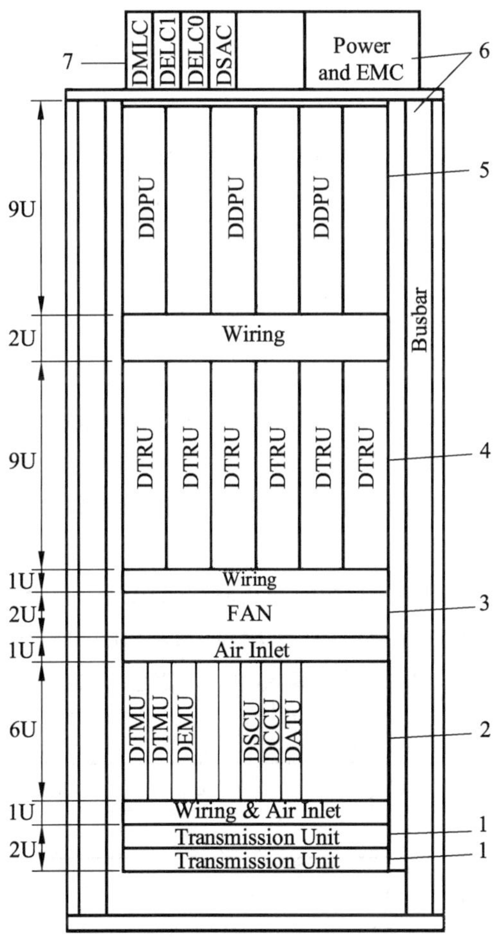

1—传输框；2—公共框；3—风扇框；4—DTRU 框；5—DAFU 框；6—配电单元；7—信号防雷框

图 5-17　BTS3012 单机柜典型满配置（ – 48 V）

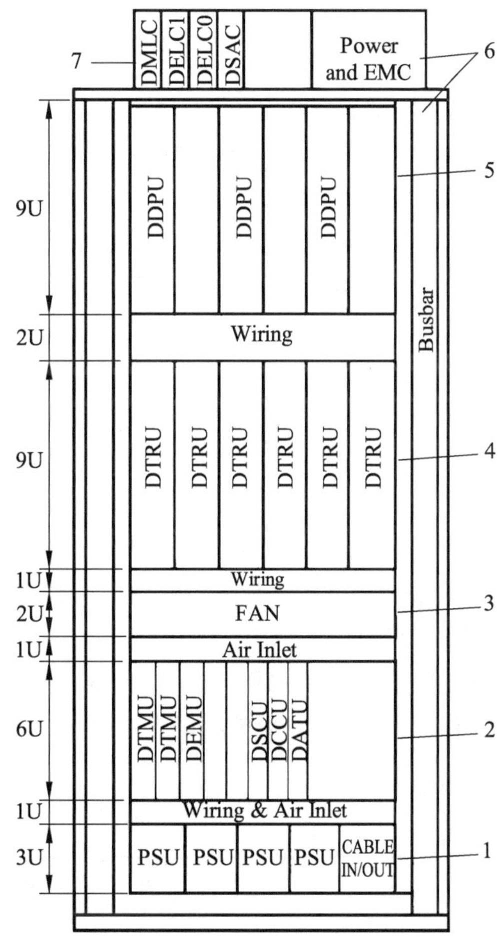

1—传输框；2—公共框；3—风扇框；4—DTRU 框；5—DAFU 框；6—配电单元；7—信号防雷框

图 5-18　BTS3012 单机柜典型满配置（ + 24 V）

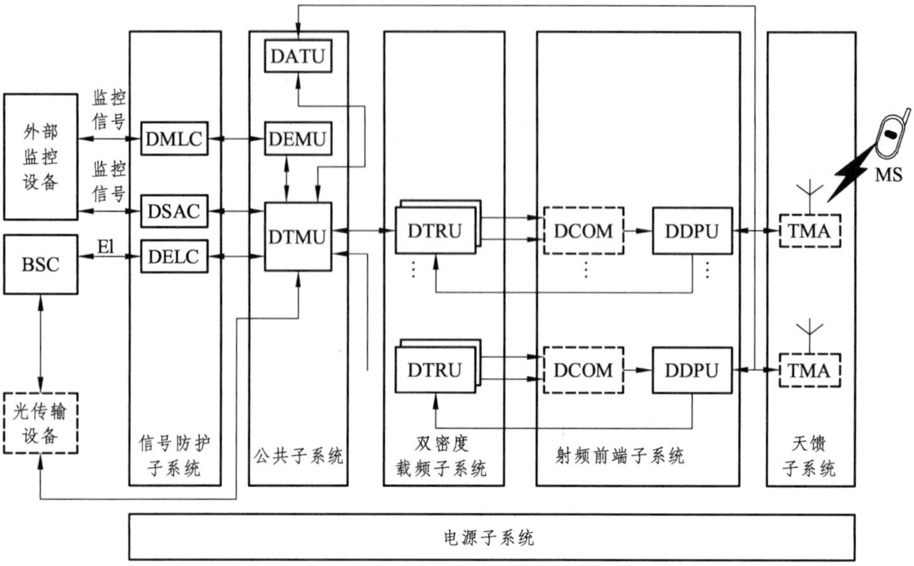

图 5-19　BTS3012 的系统原理

1）公共子系统

BTS3012 公共子系统完成对其他子系统和模块的管理和控制、E1 信号接入、基站时钟供给、环境告警采集和监控、全网时钟同步等。

公共子系统主要完成如下功能：① 提供基站 Abis over IP 传输接口。② 提供基站 Hub 节点汇聚功能。③ 提供 Clock over IP 功能。④ 管理和控制其他子系统和模块。⑤ 实现基站与 BSC 的 E1 连接，默认配置支持 4 路 E1 信号输入，如有特殊要求，支持 8 路 E1 信号输入。⑥ 实现数字量告警信号和扩展数字量控制信号输出。⑦ 基站时钟集中供给和管理，以及时钟单元的热备份。⑧ 全网时钟同步，支持外部 BITS 同步时钟的输入。⑨ 完成基站设备的操作维护和管理监控。⑩ 机房内烟雾、水浸、温度、湿度、红外、门禁等环境变量采集和监控，为设备安全可靠运转提供保障。上报电调天线功能控制、馈电电流监控的相关告警。

BTS3012 公共子系统功能由公共框实现，公共框由 DTMU、DEMU、DATU、DCSU、DCCU、DPTU、DABB、DGPS 等单板组成。DTMU 配置在 0、1 槽位，DEMU、DABB、DGPS 和 DATU 可混插在机框 2、3、4、7 号槽位，DPTU 配置在 3、4 槽位，DCSU 和 DCCU 配置在 5、6 槽位。BTS3012 公共框单板配置如图 5-20 所示。

DTMU	DTMU	DEMU			DCSU	DCCU	DATU
0	1	2	3	4	5	6	7

图 5-20　BTS3012 公共框配置

2）信号防护子系统

BTS3012 信号防护子系统完成相关信号的防护与接入，主要具有如下功能：① E1 信号的防护接入。② 并柜并组信号防护。③ 开关量信号接入。④ 电源防雷器失效告警信号接入。⑤BITS 时钟信号的防护接入。⑥ 烟雾/水浸/门禁/红外/温湿度传感器等信号的防护接入。

BTS3012 信号防护子系统功能由机顶框实现，机顶框由 DMLC 单板、DELC 单板和 DSAC 单板组成。DMLC 和 DELC 可混插在机框 0、1、2 号槽位，DSAC 插在 3 号槽位。BTS3012 机顶框典型的单板配置如图 5-21 所示。

DMLC	DELC1	DELC0	DSAC
0	1	2	3

图 5-21 BTS3012 机顶框典型单板配置

3）双密度载频子系统

BTS3012 双密度载频子系统功能由 DTRU 框实现，DTRU 框由 DTRU 模块组成，BTS3012 双密度载频子系统包括三部分：射频发射部分、射频接收部分和基带处理部分。

（1）射频发射部分的功能。

① 完成载波基带信号到射频信号的调制、上变频、滤波、射频跳频。

② 完成信号放大、合路输出等。

（2）射频接收部分的功能。

① 完成载波的射频信号解调、射频跳频。

② 完成射频信号的接收分路、分集接收。

（3）基带处理部分的功能。

① 完成信令处理、信道编译码、交织与解交织、调制与解调等。

② 支持话音业务、传真业务。

③ 支持 Phase Ⅱ 规定的各种数据业务，支持 GPRS 业务、EDGE 业务。

④ 支持射频环测、锁相环故障倒换。

4） 射频前端子系统

BTS3012 射频前端子系统主要完成射频信号的收发双工、发射合路、接收分路、接收信号低噪声放大和相关的控制。主要功能包括：① 多路发射信号合路输出。② 收发信号双工。③ 天馈驻波及低噪放告警检测与上报。④ 低噪放增益控制。⑤ 天馈端口发射功率检测与上报。⑥ 单板温度检测及上报。⑦ 支持单板在位检测。⑧ 支持在线软件升级。

BTS3012 射频前端子系统功能由 DAFU 框实现，根据实际配置情况 DAFU 框可由 DDPU 模块、DCOM 模块、DFCU 模块及 DFCB 模块中的一种或几种组成。在小区配置为 S4/4/4 的情况下，若 DAFU 框选配 DDPU 模块，一种典型的配置如图 5-22（a）所示；若选配 DFCU 模块，一种典型的配置如图 5-22（b）所示。

	DDPU		DDPU		DDPU
0	1	2	3	4	5

（a）

DFCU	DFCU	DFCU
0	2	4

（b）

图 5-22 DAFU 框满配置

5）天馈子系统

BTS 天馈子系统完成上行信号的接收和下行信号的发射。BTS 天馈子系统主要功能包括：① 下行信号的发送。② 上行信号的接收。③ 放大上行信号。④ 天馈防雷。

6）电源子系统

BTS3012 电源子系统对接入的电源进行防雷和滤波等处理后，通过电源配电条 Busbar 向机柜内部各设备提供电源。BTS3012 电源子系统功能由机柜配电单元和电源框实现，由机柜顶部的直流电源防雷器、EMI 滤波器、机顶保护地排、机柜右侧的电源配电条 Busbar 及电源框中的 PSU（DC）模块组成。当外部输入电源为 – 48 V 时，BTS3012 电源子系统结构如图 5-23 所示；当外部输入电源为 + 24 V 时，BTS3012 电源子系统结构如图 5-24 所示。

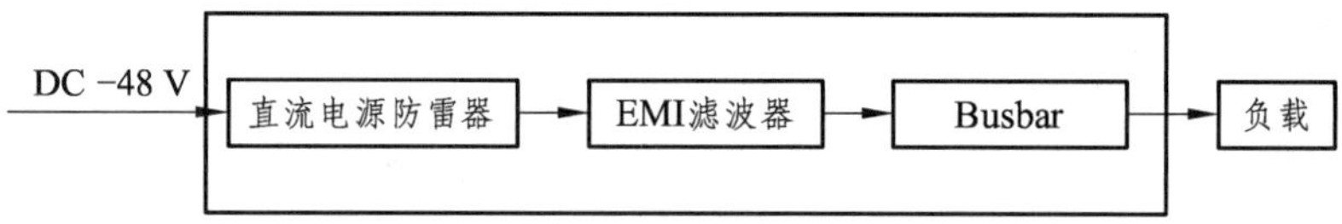

图 5-23　BTS3012 电源子系统结构（ – 48 V）

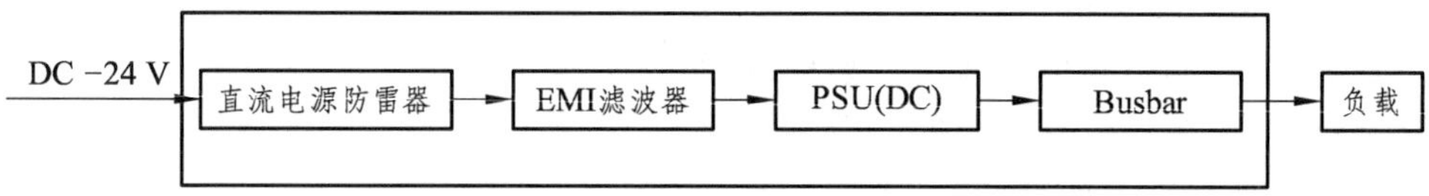

图 5-24　BTS3012 电源子系统结构（ + 24 V）

7）环境监控子系统

BTS3012 是室内型基站，需具备完善的环境监控功能。BTS3012 的环境监控功能主要是通过传感器、DTMU 单板、DDF 配线盒等设备来实现，机柜内部温度的调节通过风扇盒模块来实现。BTS3012 环境监控子系统支持以下功能：① 管理和监控机柜内部环境，电源与蓄电池充放电情况，并将监控信息上报给 DTMU 单板。② DEMU 模块采集各个传感器送过来的温度、湿度、烟雾、水浸、门禁等环境变量并上报 DTMU 单板。DTMU 单板根据预先设定，执行相应操作并上报操作维护中心，以实现对基站环境的有效监控。③ 风扇框提供散热功能，为内部设备提供合适的运行环境，当温度超过门限值时发出告警。

BTS3012 环境监控子系统由 DDF 配线盒、DEMU 单板和各种传感器组成，环境监控子系统组成如图 5-25 所示。

4. BTS3012 单板和模块清单（ – 48 V/+24 V）

BTS3012 的单板包括 DTMU、DEMU、DATU、DPTU、DABB、DCSU、DCCU、DCMB、DELC、DMLC、DSAC、DCTB、DTRB、DGPS。BTS3012 的模块包括 DTRU、DCOM、DDPU、DFCU、DFCB、PSU 和风扇盒。BTS3012 的单板和模块清单见表 5-2。

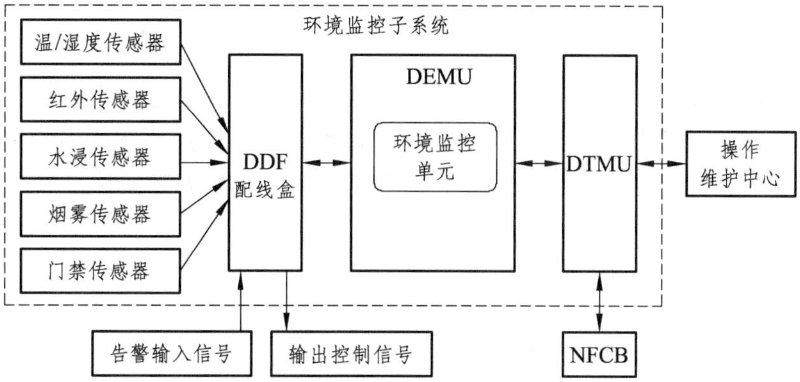

图 5-25　BTS3012 环境监控子系统组成

表 5-2　BTS3012 的单板和模块清单

机框	单板/模块	中文名称	英文全称	单机柜配置数量说明	
				满配置	最小配置
公共框	DTMU	定时/传输和管理单元	Transmission/Timing/Management Unit for DTRU BTS	2	1
	DEMU	环境监控板	Environment Monitoring Unit for DTRU BTS	1	0
	DATU	天线和塔放控制板	Antenna and TMA Control Unit for DTRU BTS	2	0
	DPTU	分组传输单元	Packet Transmission Unit	2	0
	DABB	E1 旁路板	Abis Bypass Board for DTRU BTS	1	0
	DCSU	并柜信号转接板	Combined Cabinet Signal Connection Unit for DTRU BTS	1	1
	DCCU	信号转接板	Cable Connection Unit for DTRU BTS	1	1
	DCMB	公共单元背板	Common Module Backplane for DTRU BTS	1	1
	DGPS	GPS 信号处理单元	GPS Processing Unit for DTRU BTS	1	1
机顶框	DELC	E1 信号防雷板	E1 Signal Lightning Protection Card for DTRU BTS	3	1
	DMLC	监控信号防雷板	Monitor Signal Lightning Protection Card for DTRU BTS	1	0
	DSAC	扩展信号接入板	Signal Access Card for DTRU BTS	1	1
	DCTB	机顶背板	Cabinet Top Backplane for DTRU BTS	1	1
DTRU 框	DTBU	收发信机模块	Double Transceiver Unit	6	1
	DTBB	双密度载频框背板	Double Transceiver Unit Backplane	1	1
DAFU 框	DCOM	合路单元	Combining Unit for DTRU BTS	3	0
	DDPU	双工单元	Dual-Duplexer Unit for DTRU BTS	6	0
电源框（仅 +24 V 机柜配置）	PSU	配电单元	Power Supply Unit	4	1
风扇框	风扇盒	风扇盒	Fan Module	1	1

三、天馈系统

天馈系统是基站主设备与天线之间（含天线）用以实现移动信号覆盖的设备。它是 GSM-R 无线网络的重要组成部分，其性能优劣对移动通信质量整体的影响至关重要。本小节将从天馈系统的结构与功能、天馈系统主要设备、典型的天馈系统等方面简单介绍天馈系统。

（一）天馈系统结构与功能

基站天馈系统结构如图 5-26 所示。

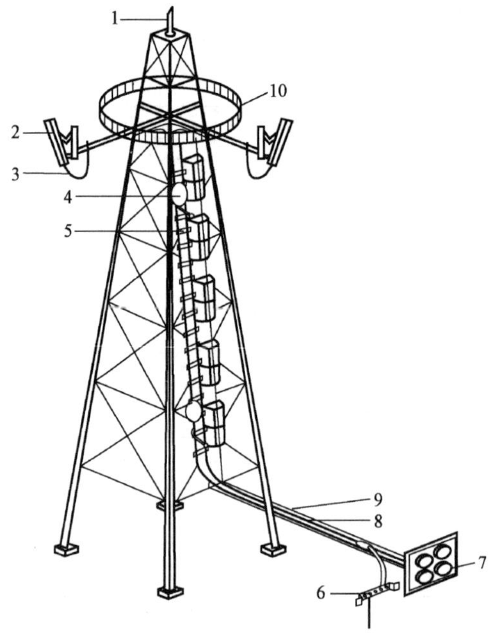

1—避雷针；2—定向天线；3—跳线；4—馈线接地夹；5—馈线固定夹；6—室外接地排；
7—馈线密封窗；8—馈线；9—室外走线架；10—铁塔平台护栏。

图 5-26　基站天馈系统结构

天馈系统的功能如下：① 天线主要用来接收用户设备发射过来的上行信号和发射基站输出的下行信号。其中，电调天线具备遥控功能，可以远程控制无线电下倾角。② 天馈系统对基站有一定的雷电保护作用（感应雷）。天馈系统中的避雷针把非常大的雷电流导通到地，从而大大减小了到达基站的雷电流。

（二）天馈系统主要设备

天馈系统主要设备包括天线、泄漏电缆、馈线和跳线、RCU、BT、SBT、TMA、STMA、SASA、SASU、合路器、分路器和 AISG 控制线等。

1．天　线

天线的基本功能是辐射和接收无线电波。无线电发射机输出的射频信号，通过馈线输送到天线，由天线以电磁波形式辐射出去；电磁波到达接收地点后，由天线接收下来，并通过馈线送到无线电接收机，常见的天线外形如图 5-27 所示。

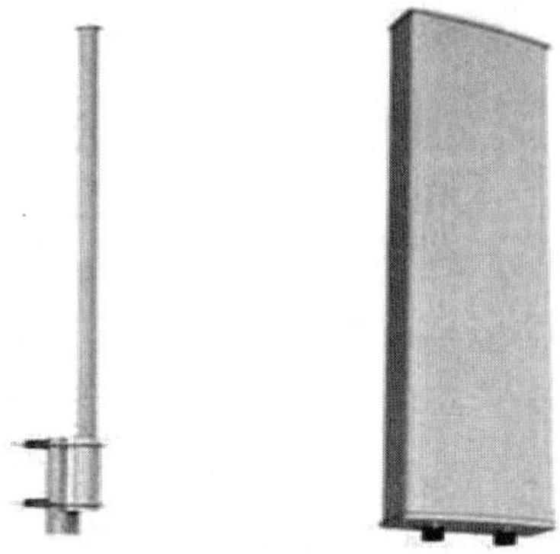

（a）全向天线　　（b）定向天线

图 5-27　天线外形

1）天线种类

天线按不同的标准可分为 4 类。

（1）按辐射方向划分：全向天线、定向天线。

（2）按极化方式划分：单极化天线、双极化天线。

（3）按工作频段数量划分：单频天线、双频天线、多频天线。

（4）按下倾方式划分：固定电下倾角天线、手动调节电下倾角天线、远程控制电下倾角天线。

2）天线波束下倾

在信号覆盖和网络优化中需要不断调整天线的俯仰角，使基站天线的主波束依据网络要求进行下倾控制。天线波束下倾示意如图 5-28 所示。

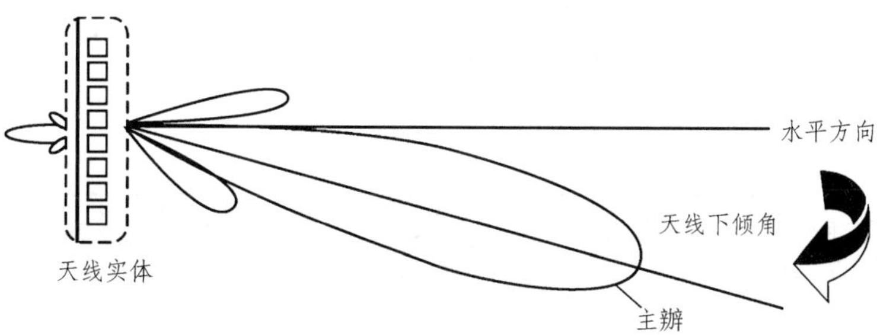

图 5-28　天线波束下倾示意

目前，实现波束下倾的方法主要有两种：

（1）机械下倾：通过调整天线背面支架调整装置使天线发生下倾，改变天线倾角。

（2）电下倾：通过控制天线内部辐射单元的幅度和相位，使波束发生下倾，改变天线倾角。电下倾方式分为以下三种：

① 固定电下倾（Fixed Electrical Tilt，FET）：设计天线时，通过控制辐射单元的幅

度和相位，使天线水平波束偏离法线方向一定的角度。

② 手动可调电下倾（Manual Electrical Tilt，MET）：采用可调移相器，通过天线底部的旋转手柄或者调节螺母手动控制移相器移动，使波束发生下倾，从而实现手动调节。

③ 远程控制电下倾（Remote Electrical Tilt，RET）：外置或内置微型伺服系统，通过精密电机控制移相器移动，使波束发生下倾，从而实现远程控制电下倾。

3）天线方位角

天线方位角是指天线抛物面轴线与正北极的夹角，准确的方位角能保证基站的实际覆盖与预期效果相同，保证整个网络的运行质量。而且，依据话务量或网络具体情况对方位角进行适当的调整，可以更好地优化现有的移动通信网络。工程安装中采用指南针来调整天线方位角。调整方位角时，轻轻转动天线调整方位角，直至满足设计指标。

2. 泄漏电缆

在隧道等环境中，利用普通天线传送无线信号效果不佳，这种情况下泄漏电缆有着极其广泛的应用。随着新型无线移动发射系统的发展，新型漏泄元件能以较低的衰减转发 900 MHz 波段内的信号。横向电磁波通过同轴电缆从发射端传至电缆的另一端，通过同轴电缆外导体上所开的槽孔，电缆内传输的一部分电磁能量发送至外界环境。同样，外界能量也能传入电缆内部。

泄漏电缆电性能的主要指标有纵向衰减常数和耦合损耗，其性能指标见表 5-3。

（1）纵向衰减：普通同轴电缆内部的信号在一定频率下，随传输距离而变弱。衰减性能主要取决于绝缘层的类型及电缆的大小，也受制于外导体槽孔的排列方式。

（2）耦合损耗：耦合损耗描述的是电缆外部因耦合产生且被外界天线接收能量大小的指标。它定义为特定距离下，被外界天线接收的能量与电缆中传输的能量之比。由于影响是相互的，也可用类似的方法分析信号从外界天线向电缆的传输。耦合损耗受电缆槽孔形式及外界环境对信号的干扰或反射影响。宽频范围内，辐射越强意味着耦合损耗越低。

表 5-3 泄漏电缆性能指标

项　目	42 mm（$1\frac{5}{8}$英寸）	32 mm（$1\frac{1}{4}$英寸）	22 mm（$\frac{7}{8}$英寸）
最大传输衰减（20 °C） 900 MHz/（dB/100 m）	2.7	4.3	5.3
耦合损失（距离 2 m） （95%概率）900 MHz/dB	68	70	74

3. 馈线和跳线

馈线和跳线是连接天线与基站主设备之间的线缆，主要任务是有效地传输信号能量，将天线接收的信号以最小的损耗传送到接收机输入端，或将发射机发出的信号以最小的损耗传送到发射天线的输入端，其外形如图 5-29 所示。

图 5-29　馈线和跳线外形

馈线硬度大，损耗小，一般用于长距离走线。馈线规格需要根据天线与基站之间的距离而定。常见的有 22 mm（$\frac{7}{8}$英寸）、32 mm（$1\frac{1}{4}$英寸）两种规格。跳线比较柔软，损耗较大，一般用于短距离连接。跳线大都为定长，常见的规格为 13 mm（$\frac{1}{2}$英寸）。

4. RCU

RCU（Remote Control Unit）是电调天线内部移相器的驱动马达，它接受来自基站的控制命令并执行命令，驱动步进马达，通过传动机构来带动天线内的可调移相器，以改变天线的下倾角。RCU 的控制接口为 RS 485 接口。

RCU 的外形如图 5-30 所示。

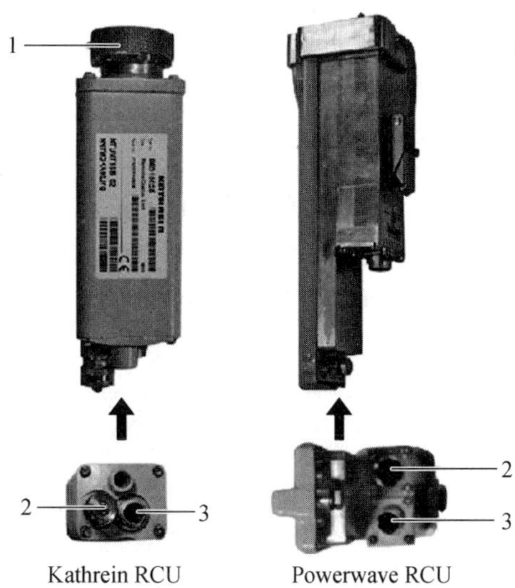

1—安装螺母用于连接天线的接口；2—AISG 标准母型连接器（8 芯接口）用于电调天线级联；3—AISG 标准公型连接器（8 芯接口）用于连接电调天线信号线的接口。

图 5-30　RCU 的外形

5. BT

BT（Bias Tee）是将射频信号或 OOK 信号耦合进馈线的无源部件，安装在基站侧，外形如图 5-31 所示。

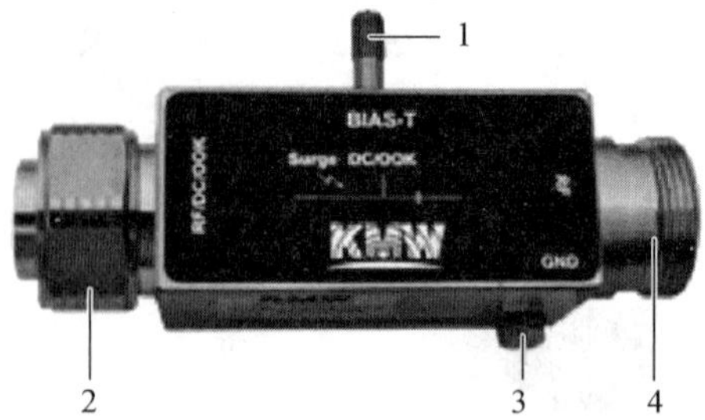

1—SMA 接口；2—7/16 DIN 型公型连接器；3—接地端子；4—7/16 DIN 型母型连接器。

图 5-31　BT 的外形

6. SBT

SBT（Smart Bias Tee）是通过馈线为 RCU 提供直流电源和控制命令的部件，安装于 RET 线侧。其外形如图 5-32 所示。

1—7/16 DIN 型母型连接器（接跳线）；2—AISG 标准母型连接器；
3—7/16 DIN 型公型连接器（接天线）；4—接地端子。

图 5-32　SBT 外形

SBT 的主要功能：① 将来自馈线的 OOK 调制的控制命令转换成 RS 485 信号，转发给 RCU。② 将来自 RCU 的信息由 RS485 信号转换为 OOK 信号，再转发至馈线。③ 将来自馈线的射频信号和控制信号分路送至天线和 RCU。④ 将来自馈线的直流电送至 RCU。

7. TMA/STMA

TMA（Tower Mounted Amplifier）是一种安装在塔上的低噪声放大器模块。TMA 将天线接收下来的微弱信号在塔上直接放大，以提高基站系统的接收灵敏度，提高系统的上行覆盖范围，同时有效降低用户设备的发射功率。

TMA 分为单 TMA 和双 TMA 两类，其主要功能如下：① 单 TMA 主要用于使用全向天线的基站和使用单极化天线的基站。② 双 TMA 主要用于使用双极化天线的基站。

一个双 TMA 等于两个单 TMA，只是在结构上将两个 TMA 做在一起，其外形如图 5-33 所示。

STMA（Smart Tower Mounted Amplifier）是具有 AISG 接口功能的 TMA，其主要功能为① 将来自馈线的 OOK 信号转换成 RS 485 信号，输出给 RCU。② 将来自 RCU 的

RS 485 信号转换成 OOK 信号，输出到馈线。③ 将来自馈线的直流电源转供给 RCU。

STMA 外形如图 5-34 所示。

1—7/16 DIN 型母型连接器（接来自天线的跳线）；
2—7/16 DIN 型母型连接器（接来自基站的馈线）；
3—接地端子。

图 5-33　TMA 外形

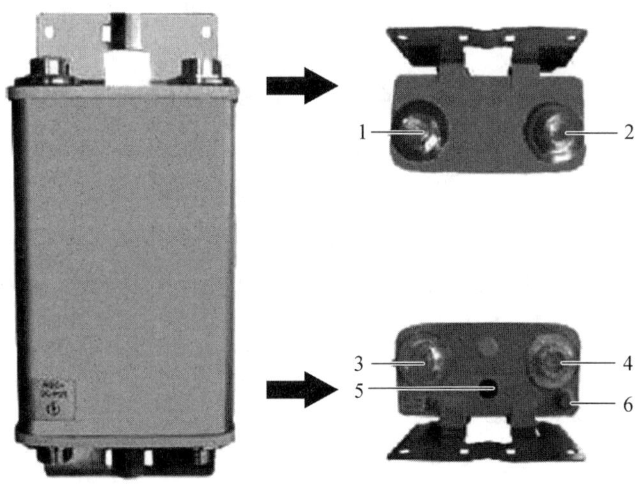

1—ANT 0（7/16 DIN 型母型连接器，接来自天线的跳线）；2—ANT 1（7/16 DIN 型母型连接器，接来自天线的跳线）；3—NodeB 0（7/16 DIN 型母型连接器，接来自基站的馈线）；4—ANT 0（7/16 DIN 型母型连接器，接来自基站的馈线）；5—AISG 标准母型连接器（8 芯接口，接 AISG 控制线）；6—接地端子。

图 5-34　STMA 外形

8. SASA/SASU

SASA（Same-band Antenna Sharing Adapter）可以在不影响原 GSM-R 无线网络性能的前提下，将 GSM-R 系统原来分别在两个天线上的发射载波合并到一个天线中。SASA 是 2 G/3 G 同频共天馈解决方案的重要组成部件。其外形如图 5-35 所示。

SASU（Same-band Antenna Sharing Unit）能将不同系统的两路同频信号合为一路，同时具备低插损特质，其外形如图 5-36 所示。

1—ANT-M（7/16 DIN 型公型连接器，接来自 SASU BS_M 端口的跳线）；2—ANT-D（7/16 DIN 型公型连接器，接来自 SASU BS_D 端口的跳线）；3—GSM-M（7/16 DIN 型公型连接器，接来自 GSM-R 基站主集接收端口的跳线）；4—GSM-D（7/16 DIN 型公型连接器，接来自 GSM-R 基站分集接收端口的跳线）。

图 5-35　SASA 外形

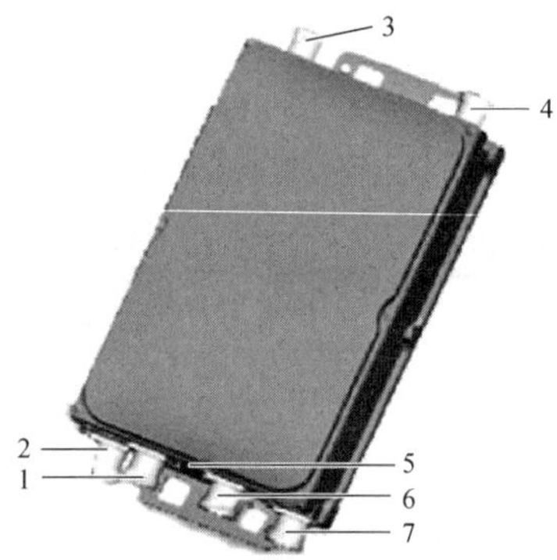

1—BS_D（7/16 DIN 型公型连接器，接至 GSM-R 基站分集接收端口）；2—BS_M（7/16 DIN 型公型连接器，接至 GSM-R 基站主集接收端口）；3—ANT_D（7/16 DIN 型公型连接器，接来自天线主集接收端口的跳线）；4—ANT_M（7/16 DIN 型公型连接器，接来自天线分集接收端口的跳线）；5—AISG_F（AISG 标准母型连接器，接至电调天线的 RCU）；6—UMTS_D（7/16 DIN 型公型连接器，接至 UMTS 基站分集接收端口）；7—UMTS_M（7/16 DIN 型公型连接器，接至 UMTS 基站主集接收端口）。

图 5-36　SASU900 外形

9. 合路器

合路器是把多路信号合成为一路信号的部件，其外形如图 5-37 所示。

1—输入口（7/16 DIN 型母型连接器）；2—输出口（7/16 DIN 型母型连接器）。

图 5-37　合路器外形

合路器根据其功能，可分为同频合路器和异频合路器。

（1）同频合路器：把同频率的不同路信号合成为同频率的一路信号。

（2）异频合路器：将不同频率的不同路信号合成为含有不同频率信号的一路信号。

10. 分路器

当扇区分裂时，需要使用分路器。分路器将基站发出的射频信号、电调天线控制信号和直流信号分成多路，分别传送到几个扇区相应的天馈设备上。

分路器种类有很多，常见的有一分二、一分三、一分四分路器。不同型号的分路器，其连接器类型和功率也不同。图 5-38 所示为一分三分路器。

1—输入口（7/16 DIN 型母型连接器）；2—输出口（7/16 DIN 型母型连接器）。

图 5-38　一分三分路器外形

11. AISG 控制线

AISG 控制线是 RCU 与 SBT（或 STMA）间的信号线，常见的规格有 0.5 m、2 m、15 m 等，其外形如图 5-39 所示。

1—8 芯 AISG 标准公型连接器，接 SBT（或 STMA）；2—8 芯 AISG 标准母型连接器，接 RCU。

图 5-39　0.5 m AISG 控制线外形

连接 RCU 与 SBT（或 STMA）间的信号线的两端分别为 8 芯 AISG 标准公型连接器和 8 芯 AISG 标准母型连接器。

（三）典型天馈系统

1. 宏基站天馈系统

宏基站容量大、体积大、功率大，是构建无线网络覆盖的主要设备类型，广泛应用于市区、郊区、农村、道路等各种环境。宏基站典型电调天馈系统配置方式，如图 5-40

所示，电调天线的控制可以在网管 OMC 或基站终端维护界面上进行，通过网管 OMC 或基站终端下发的控制命令先发给基站，基站将该命令调制成 OOK 信号与直流电流一起输出到 BT，经 BT 耦合到馈线。OOK 信号与直流电流进入 SBT 后，通过 SBT 与 RCU 之间的控制电缆，直流电流被直接转给 RCU。OOK 信号先通过 SBT 被解调，转换成 RS 485 信号，再输出给 RCU。

2. 分布式基站天馈系统

分布式基站又称射频拉远站，其体积小、质量轻、易安装。在无机房或机房位置不理想的情况下，采用分布式基站可经济快速地建好无线网络。分布式基站电调天馈系统配置方式，如图 5-41 所示。

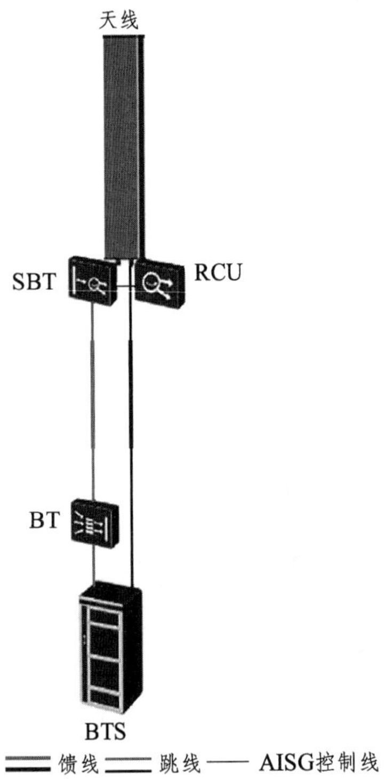

图 5-40　宏基站电调天馈系统

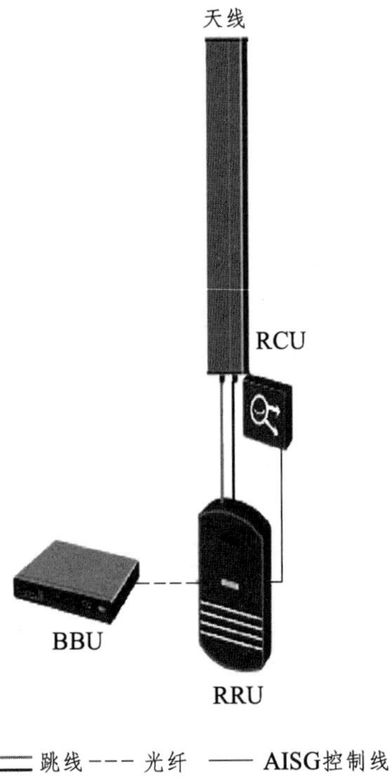

图 5-41 分布式基站电调天馈系统

四、直放站设备

在 GSM-R 无线网络中，受电波传播衰减和复杂无线环境的影响，不可避免地存在一些基站的无线电波覆盖范围出现弱场区或盲区。由于 GSM-R 无线网络建设成本和现场条件的限制，不可能在所有的弱覆盖区域建设基站，因此可以在这些地区设置直放站，以增强无线电波的覆盖效果。

（一）直放站的作用

直放站工作在基站和移动台之间，是 GSM-R 系统的无线接口，通过双向中继放大射频信号，延伸基站信号的覆盖范围。在下行链路中，直放站接收施主基站的无线信号，然后通过功放进行射频功率放大，二次发射到需要覆盖的弱信号区域；在上行链路中，直放站将覆盖区域内移动台发射的信号，通过低噪声放大器进行放大，转发给施主基站。

（二）直放站类型

直放站的常见类型如下：① 按传输带宽分类，可分为宽带直放站和选频直放站。② 按使用场所分类，可分为室外直放站和室内直放站。③ 按传输方式分类，可分为同频直放站、移频直放站和光纤直放站。④ 按输出功率大小分类，可分为大功率直放站，中功率直放站和小功率直放站。

在众多的直放站中，光纤直放站凭借其干扰小、可靠性高等优点，在我国 GSM-R 无线网络中得到了广泛的运用。

（三）光纤直放站

光纤直放站是把 GSM-R 无线信号转换为光信号，通过光纤传输到待覆盖区并进行信号覆盖的直放站。光纤直放站的系统结构如图 5-42 所示。

图 5-42　光纤直放站系统结构

光纤直放站由近端机和远端机两部分组成，其组网如图 5-43 所示。在下行方向上，近端机通过耦合器接收来自基站的下行信号，将射频信号转换为光信号再送到光纤传输；传送到远端机后，远端机再将光信号转换为射频信号，经功率放大器放大后由用户天线发射至覆盖区域，从而达到覆盖目的。同理，在上行方向上，远端机天线接受来自移动台的上行信号，经低噪声放大并转换为光信号输入光纤，传送到近端机后，将上行光信号变换为射频信号，经放大器放大，由耦合器传送给基站。

此外，近端机还通过光纤端口与远端机进行通信，实现远程监控。

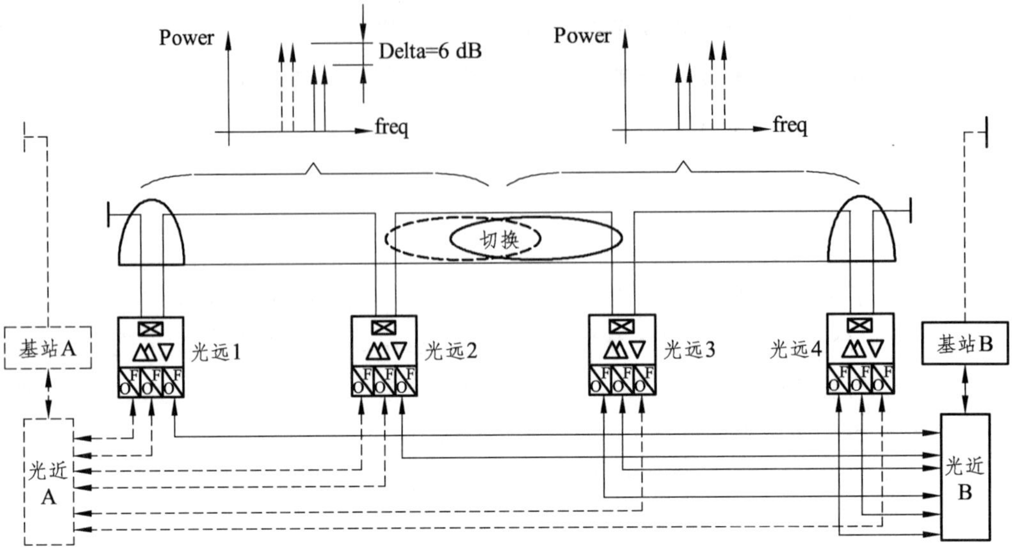

图 5-43　光纤直放站组网

（四）光纤直放站设备

COMLAB 光纤直放站是铁路 GSM-R 无线网络广泛采用的直放站。

1. COMLAB 光纤直放站的主要技术指标

（1）频率范围：上行链路 885 ~ 889 MHz，下行链路 930 ~ 934 MHz。

（2）双工收发间隔 45 MHz；相邻频道间隔：200 kHz。

（3）具备本地监控和远程监控功能。

（4）主要模块（光端机和功放）热备份，以及主备从自动切换。

（5）光纤采用波分复用方式，支持 1 310 nm（远端）、1 550 nm（近端）波长。

（6）下行增益（RU 光端机射频输出端到 RU 天线口）：35 ~ 58 dB。

（7）上行增益（RU 天线口到 RU 光端机射频输入端）：10 ~ 30 dB。

（8）远端机下行最大输出功率：35 dBm。

（9）电缆监测发射频率：868.025 ~ 869.975 MHz。

（10）RU 蓄电池最长供电时间：≥3 h（选配）。

（11）最大 DC 保护电压（天线口）：DC 3 kV。

（12）输入输出阻抗：50 Ω。

（13）电源：远端单元用交流 AC 220 V ± 30%。

（14）近端单元用直流 DC －48 V（波动范围 －40 ~ 57 V）。

（15）工作温度：正常 +15 ~ +30 °C；极限 －40 ~ +55 °C。

2. 近端机

COMLAB 光纤直放站近端机的外观如图 5-44 所示。

COMLAB 近端机光纤模块各指示灯的含义见表 5-4。

表 5-4 COMLAB 近端机光纤模块各指示灯含义

指示灯/状态	FOINSP	FOANDT	Tx	Rx
绿色	正常		正常	正常
黄色		不能建立连接		
红色			光发射故障	光接收故障
黄灯闪		建立自检过程		

3. 远端机

COMLAB 光纤直放站远端机的外观如图 5-45 所示。

图 5-44 COMLAB 光纤直放站近端机外观

图 5-45 COMLAB 光纤直放站远端机外观

COMLAB 远端机 MOXA 控制卡各指示灯含义见表 5-5。

表 5-5 COMLAB 远端机 MOXA 控制卡各指示灯含义

指示灯名称	指示灯颜色	状态描述
Ready	绿色	电源打开且功能正常
Tx	绿色	串口 1/2 正在发送数据
	不亮	—
Rx	黄色	串口 1/2 正在接收数据
	不亮	—

典型案例

一、案例背景

在 GSM-R 网络建设过程中，设备连线应符合相关的产品文档规定，不能随意进行连接，否则将导致异常情况发生。在赣深高铁 GSM-R 网络建设过程中发现存在以下问题：

（1）某基站进行电源主备冗余测试，当一路电源故障时，基站完成设备冗余性切换后，无法提供 GSM-R 网络服务。

（2）某直放站的远端机有两个射频口，测试发现直放站连接的漏缆无法发射信号。

二、案例分析

（1）基站 RRU 连接 BBU 的接线如图 5-46 所示。当存在主 RRU 电源线连接备用直流电源模块 DCDU，备用 RRU 连接主 DCDU 时，若一路输入电源故障，例如主 DCDU 无输入或故障，此时主 BBU 和备 RRU 会同时掉电，剩余备 BBU 和主 RRU 工作。由于备 BBU 和主 RRU 无尾纤连接，将导致基站不能正常工作。

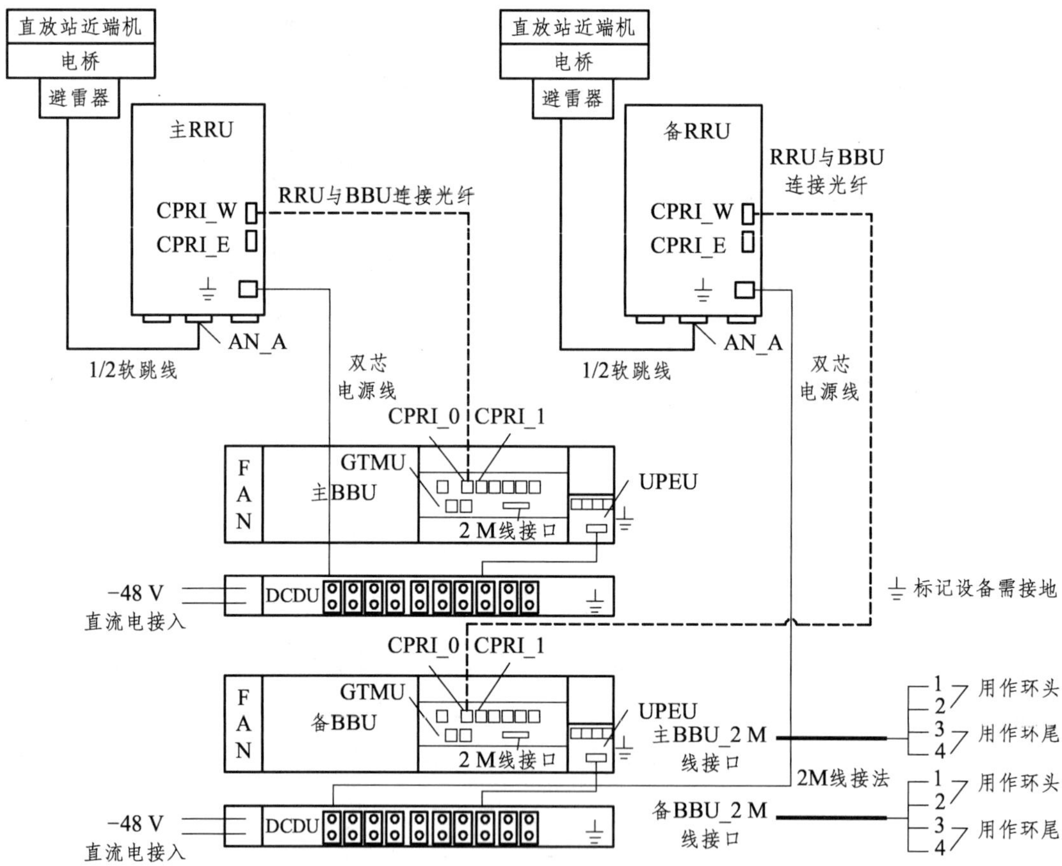

图 5-46　赣深线基站电源连接

（2）赣深高铁直放站远端机有两个射频口，分别为 RF1 和 RF2，其中 RF1 可以同时收发信号，RF2 只能接收信号。在隧道口直放站连接漏缆时必须确保 RF1 连接漏缆，否则漏缆不能发射信号，赣深高铁直放站接线如图 5-47 所示。

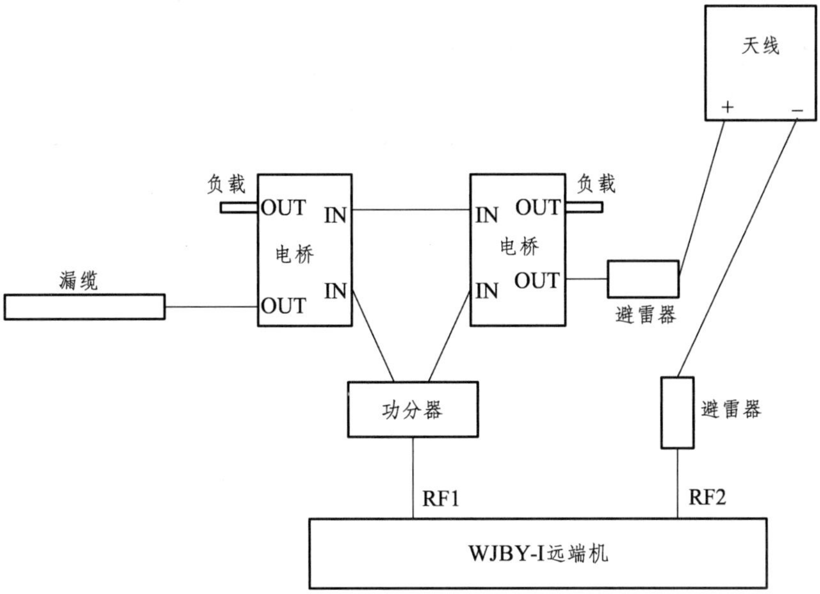

图 5-47　赣深线直放站射频连接

三、处理流程

根据基站电源和直放站内部连接原理及连接图，排查发现问题均为连线错误导致，对设备线缆进行重新连接后，设备业务测试正常。在铁路施工建设过程中，基站等设备的内部线缆一定要按照产品文档进行连接，工程设计和建设需要充分考虑设备的特性和现场的实际情况，严格按照产品设计和产品文档进行施工，施工和设备厂家工程师需要全程盯控施工质量，做到万无一失。

课程	GSM-R 通信系统应用与维护	任务	GSM - R 无线网络设备认知与实践
班级		姓名	

活页笔记

自我分析与总结

课程	GSM-R 通信系统应用与维护	任务	GSM - R 无线网络设备认知与实践
班级		姓名	

同步练习

1. 选择题

（1）TRAU 完成 BSC 和 MSC 之间语音编码和 PCM 速率之间分别为（　　）的转换。

A. 13 kbit/s，64 kbit/s　　B. 16 kbit/s，64 kbit/s

C. 64 kbit/s，13 kbit/s　　D. 64 kbit/s，16 kbit/s

（2）测试时 TA=5，MS 与基站的距离约为（　　）米。

A. 600　　B. 2750　　C. 3550　　D. 1100

（3）一个小区最多可以有（　　）条 GPRS 物理信道。

A. 8　　B. 16　　C. 32　　D. 由可用的TCH数限制

（4）下面（　　）不属于 GSM-R 系统用户终端射频指标。

A. 发射功率　　B. 接收功率

C. 接收参考灵敏度　　D. 频偏

（5）（　　）为移动台与基站之间的通信接口，用于移动台与 GSM-R 系统的固定部分之间的互通。

A. Ater 接口　　B. A 接口　　C. PRI 接口　　D. Um 接口

2. 填空题

（1）漏泄同轴电缆的交流电气特性主要有特性阻抗、_____、标称耦合损耗、传输衰减等。

（2）基站子系统（BSS）是 GSM-R 系统中最基本的组成部分。它由两种基本组成设备，分别是_____。

（3）工作中需要在直放站的输入端和输出端测试其至施主天线和覆盖天线的驻波比，驻波比要求小于_____。

（4）直放站是一个全双工射频放大器，它是从归属基站的下行链路及从移动台的上行链路　中接收、放大并_____，该信号给移动台和归属基站。

（5）铁路基站 BTS 设备基站环倒换试验周期为_____。

3. 简答题

（1）有哪几种原因可能导致华为基站 BTS 3012 出现载频单板通信告警?

（2）什么是驻波比? 驻波比的参数要求是多少?

（3）如何查询华为基站的驻波比?

实操

1. 现场确认 BTS 设备板卡的组成部分，并研讨如何通过直放站实现远端信号覆盖，并按照学校当前规模设计直放站覆盖组网图。

2. 现场熟悉天馈系统馈线制作流程，并确认需要的相关组件。

课程	GSM-R 通信系统应用与维护	任务	GSM-R 无线网络设备认知与实践
班级		姓名	

任务与考核

任务名称		GSM - R 无线网络设备认知与实践		
任务	知识技能目标	考核项目	自我评价	教师评价
BSC 设备	1. 了解 BSC 总体结构。 2. 掌握 BSC 单板及功能	BSC6000 硬件配置（10 分）		
		BSC6000 主要单板及功能（15 分）		
BTS 设备	1. 了解 BTS 技术特点。 2. 掌握 BTS 单板及功能	BTS 系统原理（10 分）		
		BTS 主要单板及功能（15 分）		
天馈系统	了解天馈系统主要场景。 掌握天馈系统设备功能与组成	天馈系统主要设备（15 分）		
		典型天馈系统（10 分）		
直放站设备	1. 了解直放站的作用。 2. 掌握直放站类型及光纤直放站设备组成	直放站设备分类（10 分）		
		光纤直放站系统结构及组成（15 分）		
总分 100 分				

模块六

GSM-R 无线网络工程施工及设备维护

GSM-R 无线网络工程施工的质量直接关系到 GSM-R 系统的运行，以及后续的维护和管理等工作，只有施工系统化、规范化，才能有效地避免因施工原因造成设备工作不稳定的情况，提高设备运行的可靠性和工作效率。GSM-R 无线网络的维护工作则是 GSM-R 无线网络正常运行的重要保障，通过对设备进行维护，及时了解设备的运行状态，能够提前发现系统中存在的安全隐患，同时在设备出现故障时，能够及时进行适当的处理。

本模块分别对 GSM-R 无线网络工程施工及设备维护进行介绍。

任务十一　GSM－R 无线网络工程施工及设备维护实战

一、GSM-R 无线网络工程施工

本小节首先介绍 GSM-R 无线网络工程施工的一般流程，然后重点介绍 GSM-R 无线网络设备安装与调试的过程，包括 BSC、BTS、天馈系统和直放站的施工流程、安装方法和要求，以及开通和调试的步骤。

（一）GSM-R 无线网络工程施工流程

GSM-R 无线网络工程施工流程如图 6-1 所示。

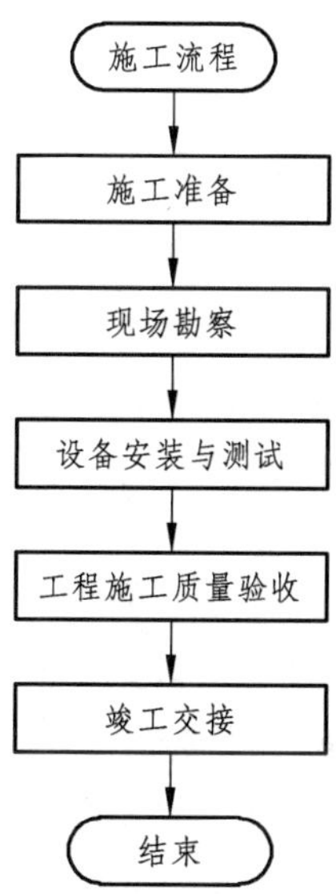

图 6-1　GSM-R 无线网络工程施工流程

1. 施工准备

1）施工计划

为了保证整个 GSM-R 无线网络工程施工的顺利进行，需要制订一个切实可行的计划，合理安排施工进度，确定施工人员、工器具、材料及相关技术标准。工程开工前，应提交开工报告，

并签订施工安全协议等相关协议。

2）审核文件

GSM-R 无线网络工程施工单位应组织参加施工的技术人员认真审阅设计文件，掌握工程的全部施工内容和设计要求，对施工现场的实际条件，施工图的设计说明、技术方案、工程数量等内容进行详细核查。

GSM-R 无线网络工程施工设计文件主要包括机房设备平面布置图、室内走线架平面设计图、设备接配线图、光电缆径路图等。图纸核对包括下列主要内容：图纸的组成内容是否符合有关规定，施工图纸是否齐全，设计说明书、工程数量及主要设备和器材的规格、数量表是否与图纸相符，施工图与现场实际是否一致。

施工图核对中发现的问题应及时与建设、设计、监理单位联系解决，且核对完毕后应留存完整记录。

2. 现场勘察

工程开工前，施工单位人员应根据施工文件对施工环境进行勘察和确认，判断是否符合开工条件。现场勘察的主要内容如下。

1）施工环境调查

施工环境调查包括施工现场的地形、地质、气象、水文情况，施工过程中可能对现场环境的影响，以及现场环境可能对施工质量的影响。

2）设备房屋调查

设备房屋调查，包括室内设备搬运和安装条件，室内预留管、孔、槽道、建筑装修及温湿度等设备运行环境。在既有设备房屋施工时，还应包括既有相关设备状况。通信设备供电工程施工应完成情况调查，且防雷设施和综合接地应满足条件。

3）电磁干扰调查

电磁干扰的影响复查主要针对现场的实际情况，通过专用的仪器仪表进行实地的电磁调查，复查现场电磁环境是否与原设计方案一致，有无其他突发的电磁干扰。

当上述调查结果不符合设计要求时，应及时通知设计单位。必要时，由设计单位根据实际情况和规定的程序进行设计变更。

3. 设备安装与测试

设备安装与测试是 GSM-R 无线网络工程施工的主要环节，可分为设备开箱检验、设备安装、设备测试三个阶段。

1）设备开箱检验

设备开箱检验工作应在监理的主持下，邀请主管工程师，会同设备供应商代表共同对到达施工现场的设备和主要材料进行开箱清点和外观检查。

清点内容包括设备及材料的型号、规格、数量应符合订货合同清单及设计要求，保存清点清单。清点及检验过程中发现的各类异常情况应在监理见证下由设备供货商限期解决，而后方可再进行开箱验货流程。

2）设备安装

设备安装应依据施工设计图纸、技术规范、厂家的安装手册等文件进行。

3）设备测试

设备安装完成后，要对设备进行加电测试和开通测试，以使设备能够正常运行。

4. 工程施工质量验收

工程施工质量验收是保证 GSM-R 无线网络工程施工质量的关键环节。施工部门应建立健全质量保证体系，对工程质量进行全过程控制；建设单位、设计单位、监理单位等各方按有关规定对工程施工质量进行控制。

施工单位应建立相应的施工技术标准、健全的质量管理体系和施工质量检验制度；应对工程采用的材料、配件、设备进行验收，并经监理工程师检查认可；应对各工序进行检查，并形成记录。

在施工单位自行检查评定合格的基础上，由具备规定资格的各方人员对工程施工质量进行验收。GSM-R 无线网络工程质量验收标准要遵守国家和铁路行业有关标准的规定。在系统验收时，应由具有相应资质的检测单位进行系统性能检测，并出具检测报告。

对施工质量不符合要求的部分，要返工重做或更换配件、设备，然后重新验收。对于经过返修或加固处理仍不能满足安全和使用功能的工程，严禁验收。

5. 竣工交接

通过工程施工质量验收的 GSM-R 无线网络工程，由施工部门向建设单位进行交接，而后由铁路部门对 GSM-R 无线网络进行运营、维护和管路。

（二）BSC 设备安装与调测

1. BSC 设备安装

BSC 设备安装的主要内容包括机柜及机柜配件、机柜外接电源线和保护地线、GOMU 单板、信号线等。

1）BSC 施工准备

在 BSC 设备安装前，应完成设计文件审核、施工现场勘察、设备开箱检验等准备工作。其中设备检验主要包括以下几个方面。

（1）外观检查：检查机柜外观有无缺陷、是否牢固，有无松动、扭曲变形或破损现象；标识字是否清晰，插框板名条及装饰板等是否安装齐全并合乎使用要求。

（2）配套性检查：检查安装机柜所需的各部件和附件是否配套完整。

（3）计算机终端检查：检查显示器、键盘、鼠标是否齐全，有无损坏。

（4）单板检查：检查单板型号、数量是否与装箱单内容相符，以及是否存在印制板断裂、元器件脱落等现象。

2）BSC 机框安装

（1）机框安装要求包括：机框的安装位置及安装方法符合设计要求；机框对地加固，或固定在底座上；机框安装应垂直，调节其偏差不大于机框高度的 1%，当相邻机框相互靠拢时，其间隙不大于 3 mm。

（2）BSC 机框安装步骤。根据机房的种类不同，设备机框的安装分为两种情况：在防静电地板上定位机柜和在水泥地面上安装机柜。铁路中 GSM-R 机房内大部分带有防静电地板，防静电地板机房的机架定位步骤包括：确定机柜安装位置、划线、钻孔、安装膨胀螺栓组件。具体工作包括：① 用地板吸移开安装区域的防静电地板；② 移去防静电地板的支撑件；③ 对安装区域进行卫生清理；④ 选择在水泥地面上确定膨胀螺栓组件孔位的方法；⑤ 使用安装划线模板划线并确定膨胀螺栓组件孔位；⑥ 使用卷尺确定膨胀螺栓组件孔位；⑦ 钻孔并安装膨胀螺栓组件。

3）BSC 电源线、地线安装

需要安装的电源线和保护地线包括：机柜外接 – 48 V 电源线、机柜外接 RTN 电源线、机柜外接 PGND 保护地线、机柜互连 PGND 保护地线。

安装 BSC 电源线和保护地线时需遵循布放工艺要求和绑扎工艺要求。

（1）布放工艺要求：① 电源线和保护地线布放时，应考虑到将来扩容的需要。② 电源线和保护地线布放时，应同信号线分开布放；与信号线平行走线时，相距应不小于 30 mm。③ 电缆转弯时，弯曲半径应大于电缆直径的 5 倍。④ 下走线时，电源线在机柜顶部配电盒进线孔处应留有余量，以便于电源线端子的装接，同时要保证电缆在机顶布放平整。⑤ 电源线连接至机柜内配电盒的接线端子时，走线应平直，弧度圆滑。

（2）绑扎工艺要求：① 电源线和保护地线绑扎时，应同信号线分开绑扎。② 电源线和保护地线每段绑扎距离为 200 mm。③ 采用下走线时，电源线及保护地线应从机柜正面右侧的中间立柱穿下。④ 线扣根据线缆的直径及数量选择 150 mm 或 300 mm 的规格。⑤ 线扣需朝向一致，扎紧后剪掉线扣多余部分，剪口平齐不拉尖。

4）BSC 单板安装

BSC 发货时，除 GOMU 单板，其余单板已经装配在插框中。若 BSC 中装配有 EIUa/PEUa/POUa 单板，则需要检查和设置单板拨码开关。GOMU 单板需要现场安装。

安装、拆卸、更换 BSC 单板，或对单板进行其他接触操作时，需遵守相关设备和人身安全事项，操作过程要求如下。

（1）正确佩戴防静电腕带或者防静电手套，并将防静电腕带可靠接地。

（2）更换单板硬件或芯片时要求使用简易防静电台垫。拿取或者插拔芯片应使用防静电镊子和芯片起拔器。禁止用裸手直接接触摸芯片及印制电路板上的芯片及引脚。

（3）外接线缆、端口保护套接入设备端口需要事先进行放电处理。

（4）安装单板的过程中不要用手触碰印制电路板和除跳线、拨码开关以外的器件。

（5）将暂时拆下来的单板或部件放置在防静电工具包中的简易防静电台垫上或其他

有效的防静电材料上。禁止使用白色泡沫、普通塑料袋、纸袋等非防静电材料直接包装或接触单板。

安装 GOMU 操作步骤如下。

（1）从防静电盒中取出单板，检查单板插针和插座。若有歪针、缺针、断针或插座变形则应联系售后工程师更换单板。

（2）如图 6-2 中ⓐ所示，向内推压拉手条上的自锁弹片，同时向外扳动拉手条扳手使其脱离自锁弹片，并继续向外旋转至不能旋转，确认其处于图 6-2 中②所示的位置。

（3）一只手握住单板的面板，另一只手托住单板，顺导槽将单板插入插框，然后用力推进面板，至扳手扣合面扣住插框滑道，拉手条扳手处于半合状态，如图 6-2 中③所示。

（4）如图 6-2 中④所示，双手同时迅速将拉手条扳手向内拉动旋转约 60°，使其紧扣拉手条上的自锁弹片，此时单板已经插紧到背板上，单板拉手条已插紧到插框上。

（5）将螺钉向内推压并顺时针拧紧，将单板固定，如图 6-2 中ⓑ 所示。

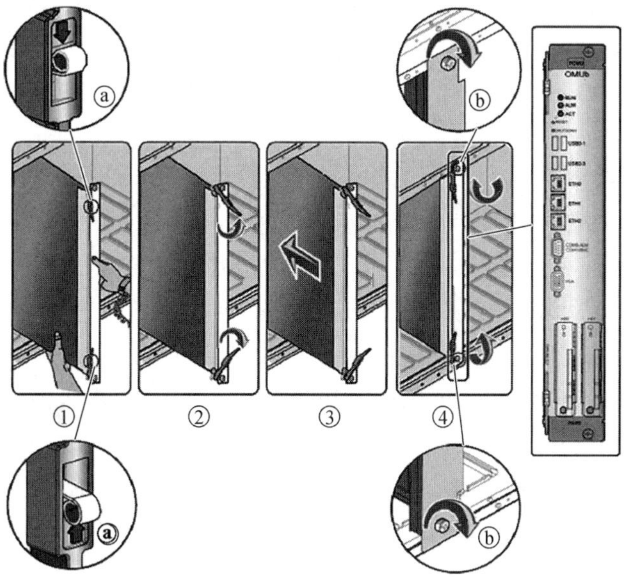

图 6-2　安装 BSC 单板示意

5）信号线安装

BSC 信号线需要按照 BSC 信号线布放要求安装，需要安装的 BSC 信号线包括时钟信号线、网线、光纤及 E1/T1 线等。信号线布放应该满足最小弯曲半径、布线原则、布放工艺要求和绑扎工艺要求。安装 BSC 信号线时应遵循如下事项。

（1）不要用力拉扯光纤，或用脚及其他重物踩压光纤，以免造成光纤的损坏。

（2）光纤连接器在未使用时必须盖上防尘帽。

（3）如果信号线接头发货时已经做好，在布放过程中要使用单板包装袋等柔软结实的材料进行包扎，以免接头损坏。

（4）布放信号线时不得损伤信号线外皮。

（5）在下挂式光纤盘上缠绕多余的光纤时，注意缠绕时用力均匀，以免损坏光纤。

（6）线缆的实际安装位置需要满足工勘要求并和数据配置保持一致。

（7）在安装信号线过程中，跨柜间多余的互连线缆应遵从线缆弯曲半径要求，整齐布放于机柜内左右两侧内。

（8）相关操作指导仅针对安装方法进行描述，线缆的实际安装位置需要满足工勘要求并和数据配置方案保持一致。

由于 BSC 机柜出线量很大，在扩容、布线时必须严格遵循布放规则，避免因走线空间的浪费而影响后续扩容。上下走线线缆的布放顺序相同，原则如下。

（1）前走线、后走线无先后顺序，遵循“前线前走，后线后走”的原则。

（2）前走线时，GTNU 交叉电缆与网线和时钟信号线应分开走线路由，GTNU 交叉电缆走左侧，网线和时钟信号线走右侧。先布放网线，再布放时钟信号线，其他信号线的布放无先后顺序。

（3）后走线时，先布放 E1/T1 线，再布放光纤。

6）检查 BSC 硬件安装

在 BSC 硬件安装完成后，需要对 BSC 机框、电源线地线、单板和信号线等进行检查，确定硬件安装符合要求。

2. BSC 设备调测

BSC 调测是指 BSC 完成硬件安装之后，通过设备调测、接口调测、BSC 软件加载调测和业务调测等步骤，使 BSC 正常工作，确保 BSC 按设计要求投入使用。具体内容包括调测 BSC 设备，依次验证 Ater、A、Pb、Abis、Gb 接口，验证 BSC 业务。

1）调测 BSC 设备

调测 BSC 设备是整个 BSC 调测的基础，设备调测完毕才能进行接口调测和业务调测等其他调测。调测 BSC 设备包括：调测 GBAM 服务器/GOMU 单板、调测 LMT、配置 BSC 时钟、加载数据配置文件、加载 BSC 主机软件、验证 BSC 主备单板倒换和验证 License 配置信息。

2）验证 Ater 接口

当 BSC 使用 GEIUT 单板承载 Ater 接口，且 GTCS 插框采用本地配置时，验证 Ater 接口 E1/T1 链路。其具体操作步骤为：在“BSC6000 本地维护终端”主界面上选择“BSC 属性”标签。单击“Ater 连接通道”，查找需要验证的 Ater 连接通道所对应的“插框号”“槽位号”“端口号”，并记录。单击“退出”，关闭界面。选择菜单“BSC 维护 | 传输和信令维护 | 接口板端口信息查询”，在弹出界面中设置“端口位置信息”（以 11 号插框 14 号槽位的 0 号端口为例），单击“查询”，查询界面如图 6-3 所示。单击“取消”，关闭界面。重复操作，验证其他 Ater 连接通道 E1/T1 链路是否正常。

3）验证 A 接口

当 BSC 使用 GEIUA 单板承载 A 接口时，需要验证 A 接口 E1/T1 链路。其具体操作步骤为在“BSC6000 本地维护终端”主界面上选择“BSC 属性”标签。单击“E1/T1 接口时隙”，弹出如图 6-4 所示界面。在“A 接口 E1/T1”标签中，查找需要验证的 A 接口所对应的 E1/T1 链路配置信息，例如 0 号插框 15 号槽位 0 号端口。单击“退出”，关闭界面。选择菜单“BSC 维护—传输和信令维护—接口板端口信息查询”，在弹出界面中输入 0 号插框、15 号槽位、0 号端口，单击“查询”，查询端口状态是否正常。单击“取消”，关闭界面。重复操作，查询其他 E1/T1 链路是否正常。

图 6-3　Ater 连接通道一端端口状态查询界面

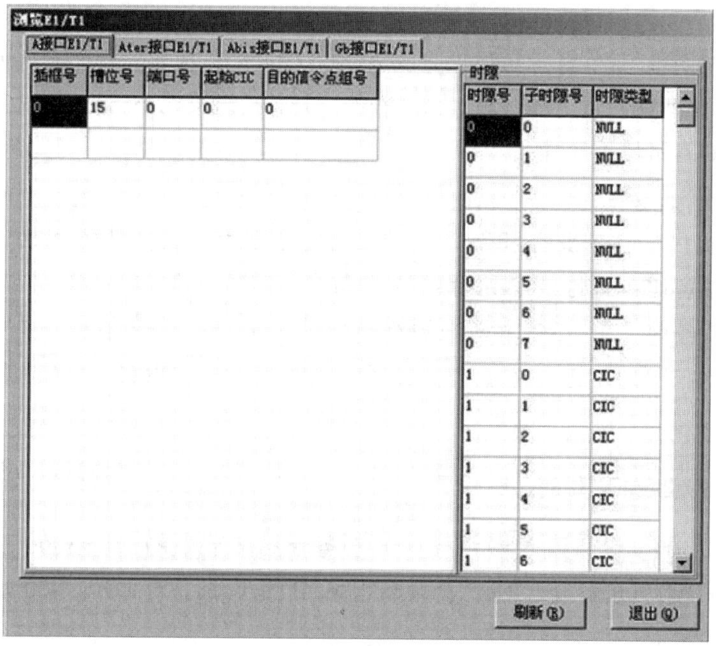

图 6-4　浏览 E1/T1 端口界面

4）验证 Pb 接口

当 BSC 使用 GEIUP 单板承载 Pb 接口时，验证 Pb 接口 E1/T1 链路。其具体操作步骤为在“BSC6000 本地维护终端”主界面上选择“BSC 属性”标签。点击“E1/T1 接口时隙”，选择“Pb 接口 E1/T1”标签。查找需要验证的 E1/T1 链路配置信息，例如 0 号插框 16 号槽位 0 号端口。单击“退出”，关闭界面。选择菜单“BSC 维护—传输和信令维护—接口板端口信息查询”，在弹出界面中输入“插框号”“槽位号”“端口号”，单击“查询”，如果“端口状态”为 “正常”，则说明 Pb 接口 E1/T1 链路正常。单击“取消”，关闭界面。重复操作，查询其他 E1/T1 链路是否正常。

5）验证 Abis 接口

当 BSC 使用 GEIUB/GEXUB 单板承载 Abis 接口时，验证 Abis 接口 E1/T1 链路。其具体操作步骤为在“BSC6000 本地维护终端”主界面上选择“BSC 属性”标签。单击“E1/T1 接口时隙”，选择“Abis 接口 E1/T1”标签。查找需要验证的 Abis 接口 E1/T1 链路所占的时隙及对应的 GEIUB 单板的配置信息，并记录。单击“退出”，关闭界面。选择菜单“BSC 维护传输和信令维护 | 接口板端口信息查询”，在弹出界面中设置“端口位置信息”（以 0 号插框 25 号槽位的 1 号端口为例），单击“查询”，查询端口状态是否正常。单击“取消”，关闭界面。重复操作，查询 Abis 接口其他 E1/T1 链路是否正常。

6）验证 Gb 接口

当 BSC 使用 GEPUG 单板承载 Gb 接口时，需要验证 Gb 接口 E1/T1 链路。其具体操作步骤为：在“BSC6000 本地维护终端”主界面上选择“BSC 属性”标签。单击“E1/T1 接口时隙”，选择“Gb 接口 E1/T1”标签。查找需要验证的 E1/T1 链路配置信息，并记录。单击“退出”，关闭界面。选择菜单“BSC 维护 | 传输和信令维护 | 接口板端口信息查询”，在弹出界面中设置“端口位置信息”（以 0 号插框 16 号槽位的 0 号端口为例），单击“查询”，查询端口状态是否正常。单击“取消”，关闭界面。重复操作，查询 Gb 接口其他 E1/T1 链路是否正常。

7）验证 BSC 业务

验证 BSC 提供的基本业务和部分特性业务是否正常。基本业务包括语音业务、数据业务、操作维护管理，特性业务包括系统间切换、定位业务和 AMR 业务等。首先，在进行各项验证任务前，在 BSC 本地维护终端启动相关接口消息跟踪；其次，使用 MS 在 BTS 小区覆盖的范围内验证基本业务；最后，测试用 MS 在 BTS 小区覆盖的范围内验证特性业务。

（三）BTS 设备安装与调试

GSM-R 基站 BTS 设备配置参照模块五任务十第二节中的 DBS3900 基站，本小节将分三部分，即 BBU3900 安装、RRU3004 安装和 BTS 调试，对 DBS3900 基站的安装和调试进行详细的介绍。

1. BBU3900 安装

基站 BTS 设备 BBU3900 安装流程如下。

1）安装配套机框

基站机房主要设置 BTS 机框和传输设备机框，它们的安装要求和安装流程与 BSC 机框要求相同。

2）安装配套机框线缆

基站配套机框线缆的安装要求和安装流程与 BSC 配线架要求相同。

3）安装 BBU 盒体

将 BBU 盒体沿滑道推入 PDU 下面 2U 空间内，拧紧 4 个 M6 紧固螺钉，如图 6-5 所示。

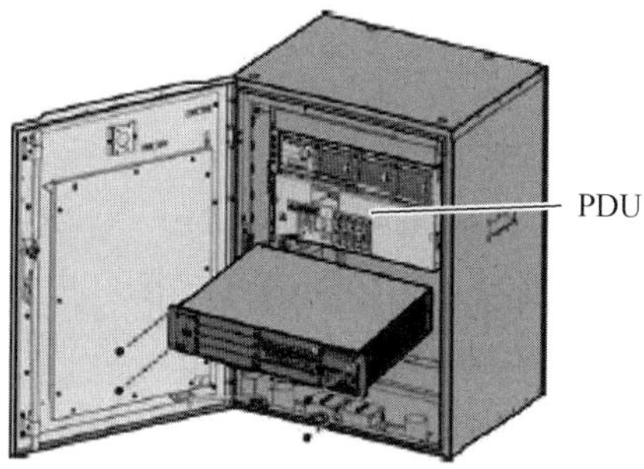

图 6-5　安装 BBU 盒体示意

4）安装 BBU 线缆

BBU 线缆连接关系如图 6-6 所示。

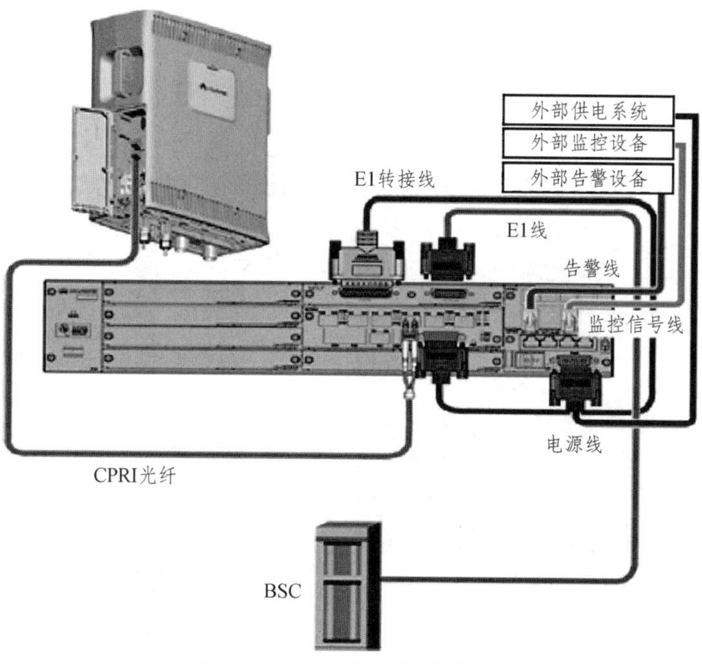

图 6-6　BBU 线缆连接关系

（1）安装电源线。

电源线的 OT 端子接到 APM30 的 LOAD3 端子上，3W3 连接器连接到 BBU 的 PWR 接口，如图 6-7 所示。

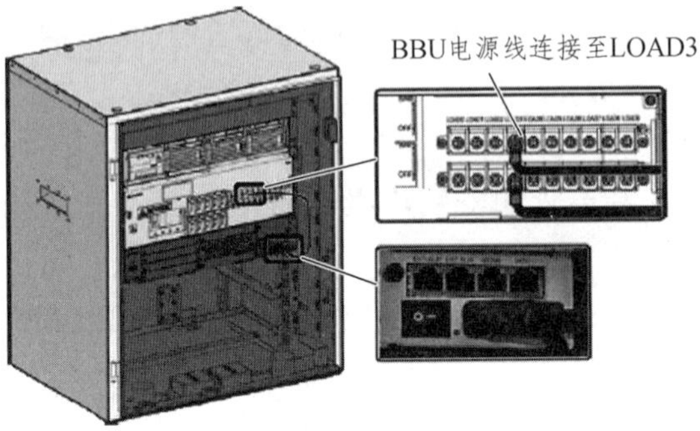

图 6-7　安装电源线示意

（2）安装 CPRI 光纤。

光纤的一端连接到 BBU 的 GTMU 面板的 CPRI0～CPRI2 接口，另一端连接到 RRU 的 CPRI_W 接口：① 将光模块插入 CPRI0～CPRI2 接口中，并将拉环折翻上去。② 将 CPRI 光纤插入光模块中，光纤沿机柜右侧引出机柜。③ 安装光纤缠绕管。

（3）安装 E1 线（无 UELP）。

E1 线的一端连接到 GTMU 单板的 E1/T1 接口，另一端沿机柜的右边引出机柜，如图 6-8 所示。① 将 E1 线的 DB26 连接器端安装在 GTMU 单板的 E1/T1 接口。② 在机柜右下角靠近接地点处剥去 E1 线的外保护皮，使 E1 线露出屏蔽层。③ 将 E1 线穿过接地夹，拧紧接地夹上的螺钉，使屏蔽层与接地夹充分接触，并将接地夹上的接地线接在 APM30 机柜的接地螺钉上。

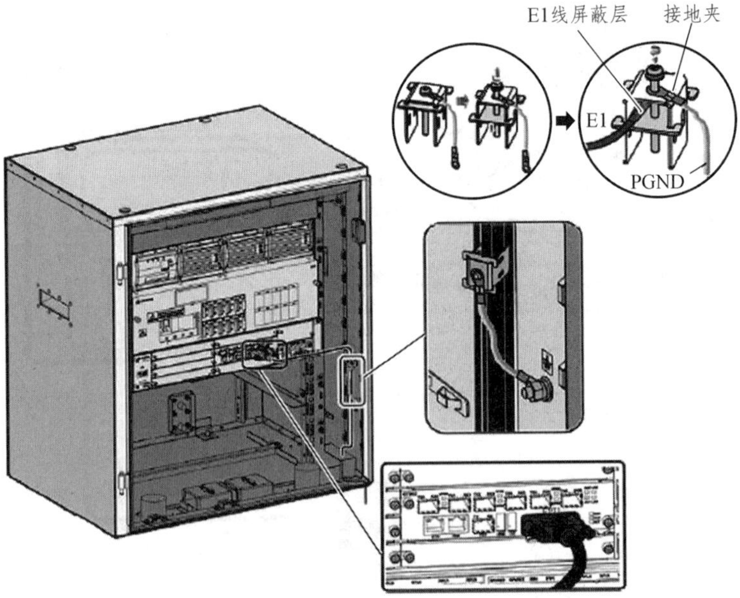

图 6-8　安装 E1 线（无 UELP）示意

（4）安装 E1 转接线（有 UELP）。

E1 转接线的一端接在 UELP 单板的 INSIDE 接口，另一端接在 GTMU 单板的 E1/T1 接口。E1 线接在 UELP 单板的 OUTSIDE 接口，另一端沿机柜右边引出机柜。

（5）安装 APMI-BBU 监控信号线。

RJ45 端连接到 UPEU 单板的 MON1 接口，另一端需要现场剪断 RJ45 接头，将 4 根芯线分别连接到 APMI 的 RX +、RX –、TX +、TX –，如图 6-9 所示。

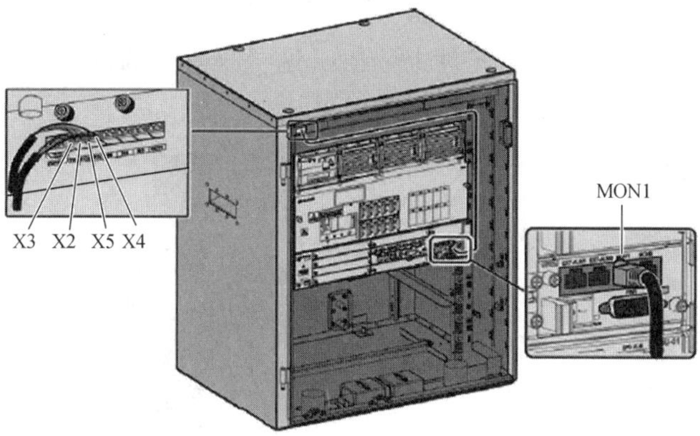

图 6-9 安装 APMI-BBU 监控信号线示意

（6）安装 EMUA 监控信号线（有外部干接点、模拟量检测需求时配置 EMUA）。

安装 EMUA 监控信号线具体操作流程如下：① BBU 单板的 MON0 接口可用时，EMUA 监控信号线的 RJ45 端连接到 UPEU 单板的 MON0 接口，DB9 一端连接到 EMUA 对应接口上。② BBU 单板的 MON0 接口不可用时，EMUA 监控信号线的 RJ45 端需要剪掉 RJ45 连接器，将 4 根裸线连接到 APMI 的 RX +、RX –、TX +、TX – 接口，DB9 一端连接到 EMUA 对应接口上。

（7）安装告警线。

告警线的一端连接到 UPEU 的 EXT-ALM1 接口，另一端连接到相应告警设备。

5）BBU 上电检查

BBU 上电检查流程如图 6-10 所示。

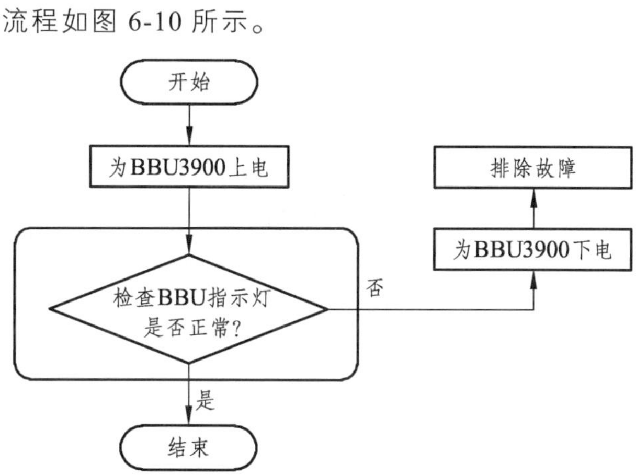

图 6-10 BBU 上电检查流程

2. RRU3004 安装

1）安装 RRU 模块

（1）安装主扣件，如图 6-11 所示。

（2）将辅扣件卡在主扣件的双头螺母之间，如图 6-12 所示。

（3）用活动扳手紧固螺母，使主、辅扣件牢牢地卡在杆体上。

（4）将 RRU 安装在主扣件上，当听见“咔嚓”的声响时，表明 RRU 已安装到位。

（5）安装第二个主扣件，使主辅扣件吻合在一起。

（6）将第二个 RRU 安装在主扣件上，当听见“咔嚓”的声响时，表明 RRU 已安装到位，安装完成示意如图 6-13 所示。

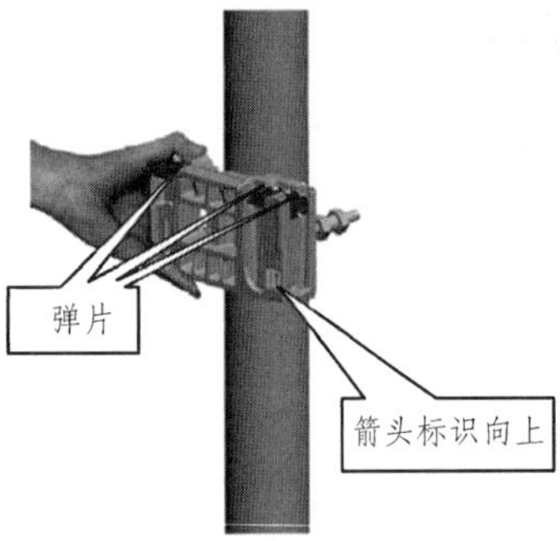

图 6-11　安装主扣件示意

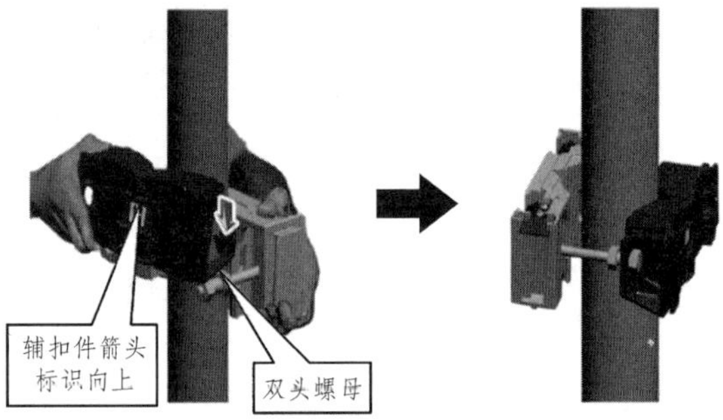

图 6-12 安装辅扣件示意

2）安装 RRU 线缆

单 RRU 线缆连接关系如图 6-14 所示。

图 6-13　RRU 模块安装完成示意

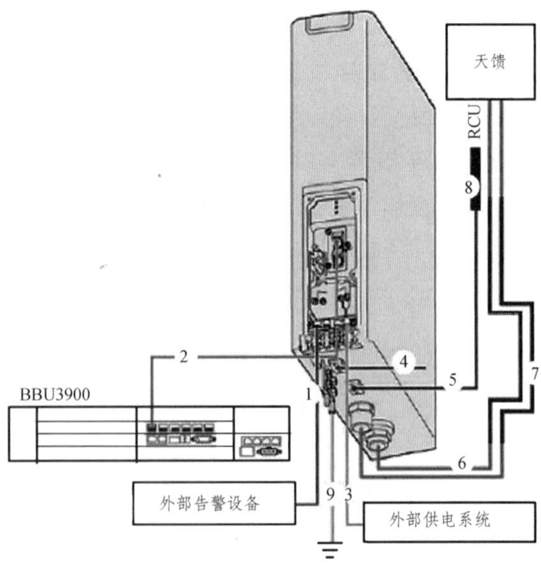

1—DC RRU 告警线；2—CPRI 光纤；3—DC RRU 电源线；4—RRU 互连射频信号线；5—RRU AISG 多芯线；6—RRU 射频跳线；7—馈线；8—RRU AISG 延长线；9—保护地线。

图 6-14　单 RRU 线缆连接关系

安装 RRU 线缆的具体操作步骤包括：① 打开 RRU 配线腔。② 确认 RRU 配线腔走线槽对应关系。③RRU 线缆安装。④ 关闭 RRU 配线腔盖板。

3）RRU 上电检查

RRU 上电检查流程如图 6-15 所示。

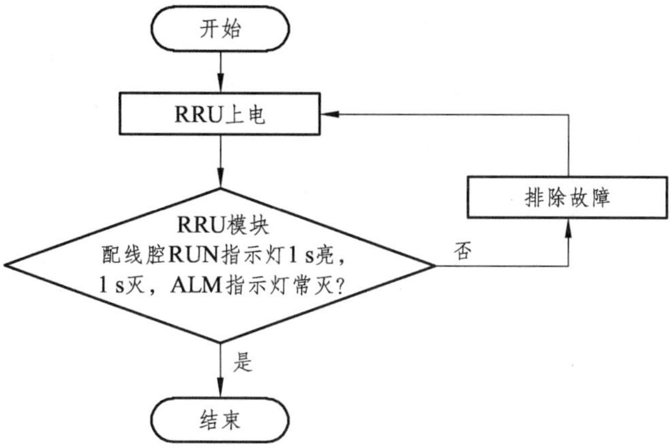

图 6-15　RRU 上电检查流程

3. BTS 调试

DBS3900 原则上统一在 BSC6000 本地维护终端（LMT）上进行调测操作。当在 LMT 上无法单独进行操作时，再与 BTS 侧的工作人员联系，共同执行调测任务，开通调试流程介绍如下。

1）运行 BSC LMT

（1）选择菜单“开始—程序—华为本地维护终端—对应版本号—BSC6000 本地维护终端”。弹出“BSC6000 本地维护终端”登录界面，如图 6-16 所示。

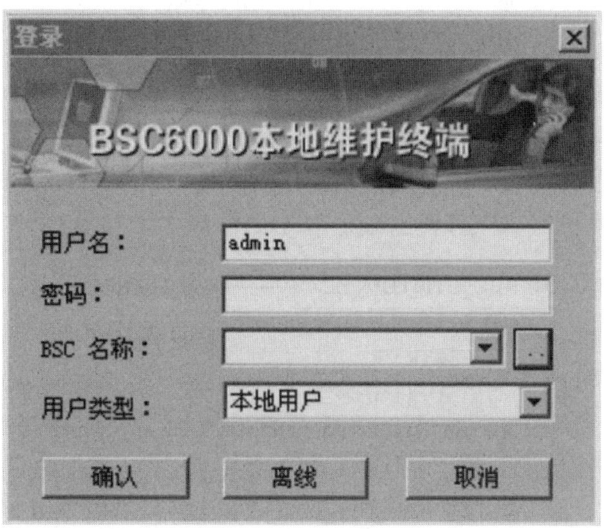

图 6-16　BSC6000 本地维护终端登录界面

（2）单击■按钮，弹出 BSC 管理界面，如图 6-17 所示。

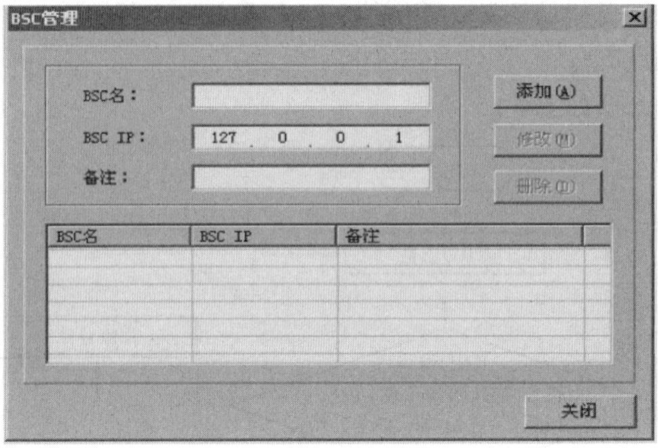

图 6-17　BSC 管理界面

（3）输入“BSC 名”“BSC IP”“备注”（可选），单击“添加”。

（4）单击“关闭”，返回。

（5）输入“用户名”“密码”，选择“BSC 名称”，选择“用户类型”为“本地用户”。单击“确认”。

2）检查传输与组网

检查传输和组网，以确保 DBS3900 传输线缆的安装和硬件配置准确无误。检查项目包括：BBU 和 BSC 间的传输，BBU 和 RRU 间的传输，级联基站间的传输以及环网基站间的传输。

（1）检查 RRU、BBU 和 BSC 间的传输。

检查 BBU 与 BSC、BBU 与 RRU 间的链路是否正常，以实现 BBU 与 BSC 间、BBU 与 RRU 间的正常传输。其操作步骤：① 单击菜单“BSC 维护—传输和信令维护—LAPD 链路维护”。显示“LAPD 链路维护”操作框。② 选择要检查的链路和站点，单击“查询”。查询结果显示在“查询结果”界面。

（2）检查级联基站间的传输。

当现场存在基站间级联时，需执行此操作。以三级基站间的级联为例，级联基站可在“BSC6000 本地维护终端”界面上查看显示的位置，如图 6-18 所示。

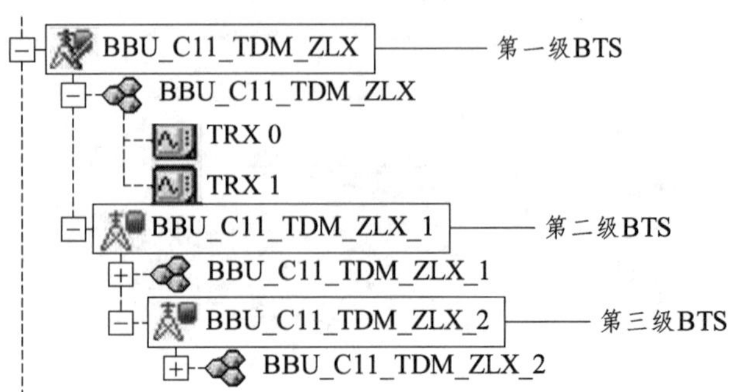

图 6-18　级联基站配置位置

检查级联基站间的传输操作步骤:

① 检查 LMT 上是否已配置了级联基站。

② 在“BSC6000 本地维护终端”界面上的左侧导航栏中，分别选中第二级基站和第三级基站，查看“基站设备面板”标签上的各单板状态是否显示为绿色，如图 6-19 所示。

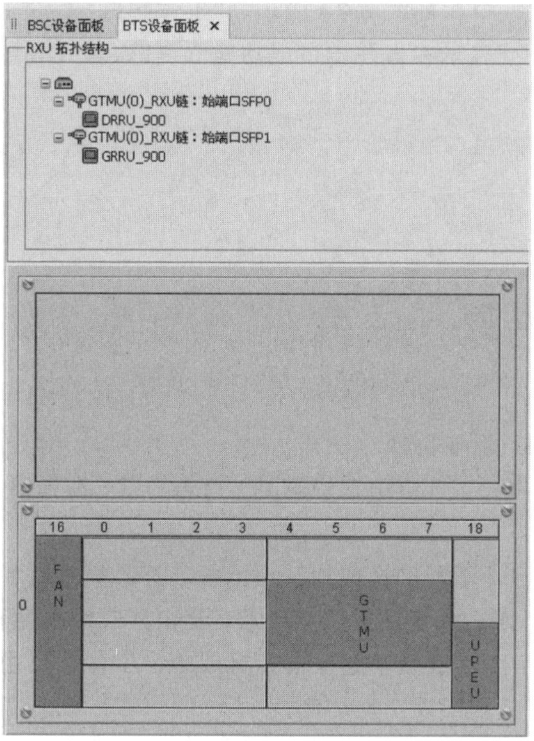

图 6-19 “基站设备面板”标签

a. 若单板状态显示为绿色，说明单板处于正常状态，结束检查任务。

b. 若单板状态显示为其他颜色，说明级联基站间的传输不正常，转步骤③。

③ 在 BTS 近端，检查第一级基站 BBU 与第二级基站 BBU 间的物理连接。正常情况下， 第二级基站 E1 线的第一对 E1/T1 芯线的“T1”应连接第一级基站 E1 线的第二对 E1/T1 芯线的“R2”，第二级基站 E1 线的第一对 E1/T1 芯线的“R1”应连接第一级基站 E1 线的第二对 E1/T1 芯线的“T2”。

a. 若链路正常，则第一级基站的“LIU1”指示灯和第二级基站的“LIU0”指示灯将由未连通时的“常亮”状态转为连通时的“常灭”状态。

b. 若链路仍不正常，请 BTS 技术工程师定位问题。

④ 在 BTS 近端，参考步骤③，检查第二级基站 BBU 与第三级基站 BBU 间的物理连接。

（3）检查环网基站间的传输。

当现场存在基站间环网时，需执行此操作。以三级基站间的环网为例，介绍如何检查环网基站间的传输，其具体操作步骤如下。

① 检查 LMT 上是否已配置了基站环网。

② 在“BSC6000 本地维护终端”界面上，选择菜单“基站维护 | 维护站点 | 维护环网”，弹出“维护环网”界面。

③ 在“设置”区域框中，选择“站点类型”和第二级基站，单击“查询”，查询结果显示在“结果”区域框中，如图 6-20 所示。“工作端口”为“0”端口，“查询结果”为“查询环网参数成功”。表示在当前端口成功建立链路，且 OML 已收到相关数据配置。

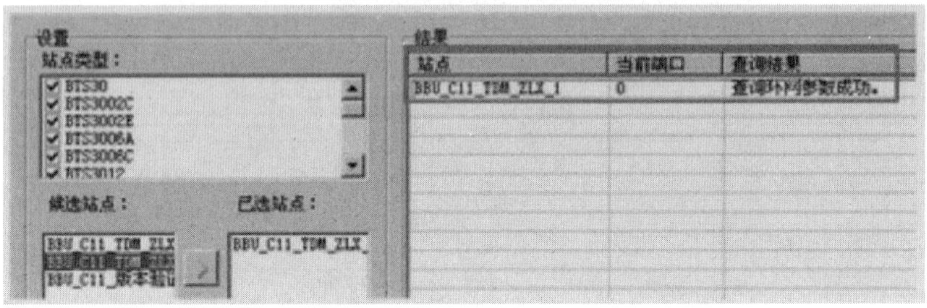

图 6-20　维护环网界面

④ 在 LMT 上检测正反环倒换。

a. 在“结果”区域框中，选中第二级基站，单击右键，在弹出的菜单上单击“倒换”。弹出“确认”提示框。

b. 单击“是”，弹出“环网倒换成功”提示框。第二级基站和第三级基站自动复位。

c. 待第二级基站和第三级基站复位完成后，查询第二级基站和第三级基站的环网信息，结果如图 6-21 所示。第三级基站反向建链成功，工作端口由原来的“0”端口变为“1”端口，说明基站可正常实现正反环倒换。

图 6-21　环网倒换结果 1

⑤ 通过手动断开环网基站间的物理连接，检测环网基站的自动倒换。当环网基站间的物理连接断开时，正常情况下，断开处的下级基站会工作在反环上，上级基站会依然工作在正环上。

a. 在 BTS 近端，断开第一级基站和第二级基站间的 E1 传输线，第二级基站将自动复位。

b. 待第二级基站完成复位后，在 LMT 上，参考前面步骤，查询环网信息，结果如图 6-22 所示。第二级基站的工作端口由原来的“0”端口变为“1”端口，表明下级基站正常完成自动倒换。

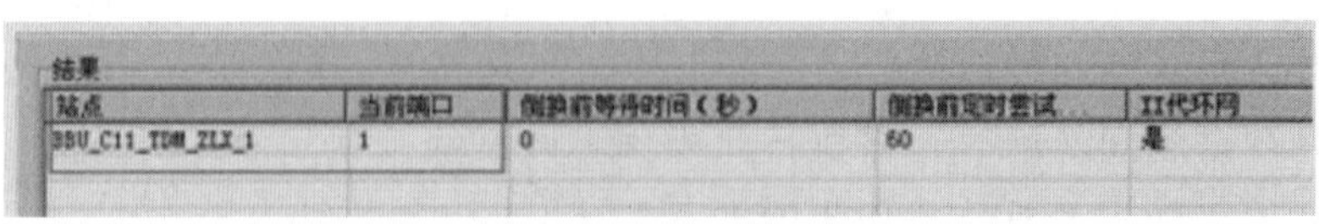

图 6-22　环网倒换结果 2

3）检查配置数据

检查配置数据，以确保配置数据准确无误。检查项目包括单板配置和状态，硬件安装与数据配置是否一致。

（1）检查单板配置和状态。

检查 BTS 各单板的配置和运行状态是否正常，其操作步骤如下。

① 单击“基站设备面板”，显示已配置的单板，检查单板配置，如图 6-19 所示。

② 检查单板状态：单板显示为绿色，表示为“正常”；单板显示为红色，表示为“故障”。

③ 进一步检查单板状态：选择要查询的单板，单击右键，选择“单板信息查询”。弹出“单板信息查询”界面，如图 6-23 所示。

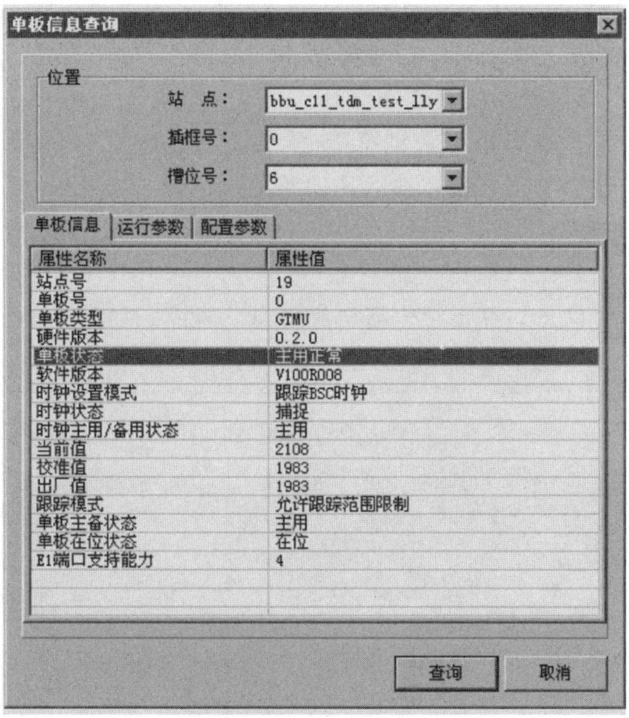

图 6-23　单板信息查询界面

④ 浏览“单板信息查询”界面，“单板状态”是否显示为“主用正常”。如果显示为“故障”，检查告警信息，转步骤⑤。

⑤ 在“BSC6000 本地维护终端”界面上，选择菜单“告警维护 | 告警浏览”，在弹出的“告警浏览”界面上查看告警，并处理告警。

（2）检查硬件安装与数据配置是否一致。

在 LMT 上通过检查单板配置和状态，检测硬件安装与数据配置是否一致，其操作流程如下。

① 在“BSC6000 本地维护终端”界面上，单击“基站设备面板”标签，检查基站的单板配置。

② 正常情况下，单板状态显示为绿色。若单板状态显示为红色，表示单板存在故障。

③ 进一步检查单板状态：选择要查询的单板，单击右键，选择“单板信息查询”，弹出“单板信息查询”界面。

④ 选择“单板信息”标签，查看“单板状态”是否为“主用正常”。

a. 如果显示为“主用正常”，则说明单板的硬件安装与数据配置是一致的。

b. 如果显示为“故障”，则查询相关的告警信息，并根据《BSS 告警参考》手册排除相关告警。

4）检查 BTS 告警信息

检查 BTS 告警信息，其具体操作步骤如下。

（1）在“BSC6000 本地维护终端”界面上的左侧导航栏中选中基站。在弹出的“基站设备单板”界面上，查看 BTS 各单板是否存在告警。检查单板状态：显示为绿色，表示单板状态“正常”；显示为红色，表示单板有“故障”，存在告警。

（2）告警维护：查看站点所有告警信息。

① 选择菜单“告警维护｜告警浏览”，弹出“告警浏览”界面。

② 任选一条告警，单击右键，在弹出的菜单中选择“告警过滤”，弹出“设置告警过滤条件”窗口。

③ 选择要查询的站点，单击“确定”。

④ 双击一条告警信息，弹出“告警详细信息”界面，如图 6-24 所示。

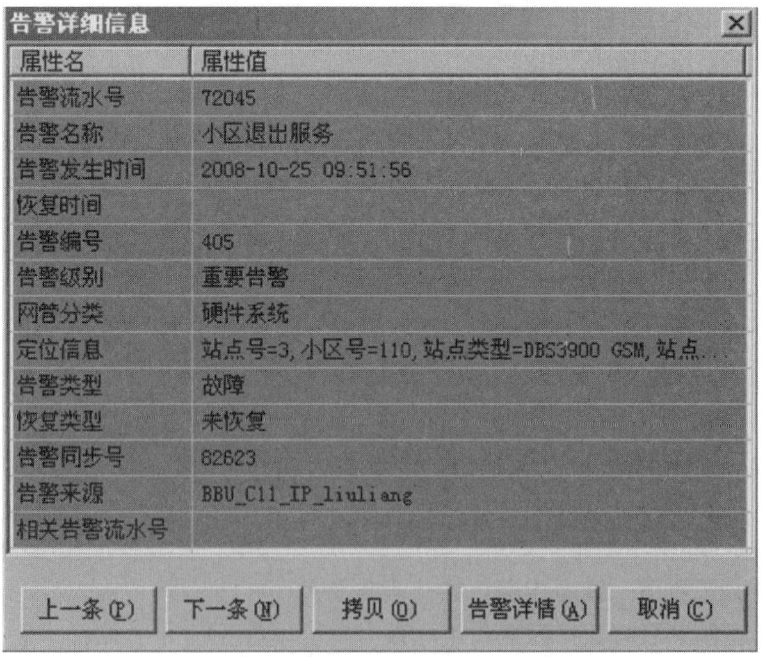

图 6-24　告警详细信息界面

⑤ 单击“告警详请”，弹出《BSS 帮助系统》文档。根据文档中的《BSS 告警参考》手册处理告警。

5）调测 BTS 业务

（1）调测 CS 业务。

调测 CS 业务是通过手机与手机之间或手机与 PSTN 用户之间的通话来检测 BTS 语音业务是否正常。具体操作步骤如下。

① 调测手机开机，并检查开机过程中自动搜索 GSM-R 网络的情况。

② 将调测手机锁定在本 BTS 内一个逻辑小区的频点上。

③ 设置调测手机的呼叫信道。

a. 在 LMT 上，选择菜单“基站维护—修改管理状态”，弹出“修改管理状态”界面，如图 6-25 所示。

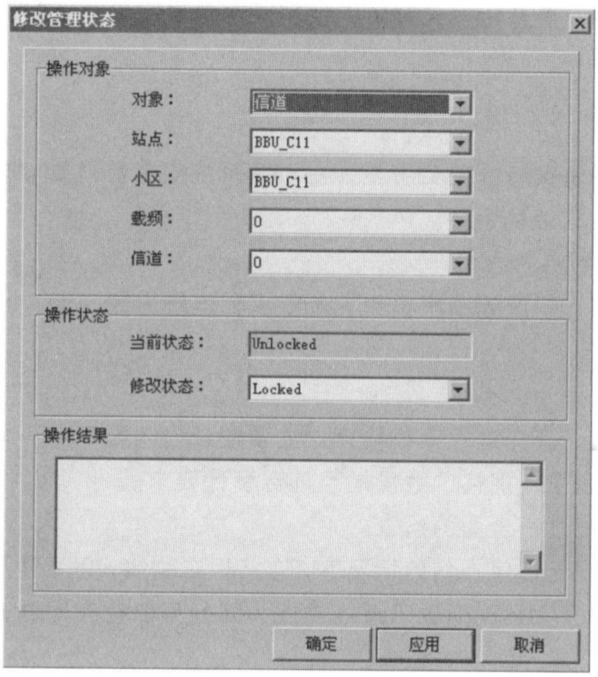

图 6-25　修改管理状态界面

b. 将小区内所有载波的 TCH 信道从“Unlocked”状态修改为“Locked”状态。若操作成功，“操作结果”区域框中会显示“修改操作状态成功”。

c. 将调测手机所绑定的频点上的一或两个 TCH 信道从“Locked”状态修改为“Unlocked” 状态，使得调测手机在该信道上进行呼叫测试。

④ 进行呼叫测试。

a. 使用一部手机呼叫另一部手机，通话一段时间后挂机。

b. 使用一部手机呼叫 PSTN 用户，通话一段时间后挂机。

c. PSTN 用户呼叫其中一部手机，通话一段时间后挂机。

⑤ 确认所有呼叫成功，且通话正常，话音质量良好。

⑥ 进行短消息业务测试，用两部调测手机互发短消息，并确认所有短消息都收发成功。

（2）调测 PS 业务。

调测 PS 业务是通过手机与计算机之间的下载、浏览等操作来确认 BTS 数据业务是否正常。具体操作步骤如下。

① 使用手机激活 GPRS 数据业务或 EGPRS 数据业务，采取多业务测试的方式调测 PS 业务。多业务测试包括彩信发送、网页浏览和文件下载。

② 确认发送彩信、浏览网页和下载文件是否正常。

③ 重复上述步骤，完成本 BTS 内其他小区的 PS 业务调测。

（四）天馈系统安装与调试

天馈系统的安装质量直接关系到整个移动通信系统的工作性能。GSM-R 天馈系统的安装流程如下。

1. 安装准备

为了保证天馈系统安装的施工质量，在天馈系统安装前需要审核设计文件，对天馈设备进行检测，进行天线的组装。

1）审核设计文件

通过审核设计图，了解天馈系统的安装要求和连接方式。

2）检测天馈设备

（1）检测天线。

天线到达现场后，应先进行天线检查，主要检查内容如下。

① 查看天线的型号、规格、数量是否符合设计要求。

② 对天线的外观进行全面的检查。

③ 在天线的外观无任何损伤的情况下，连接相应跳线，用天馈测试仪进行天馈驻波比测试。若驻波比大于 1.5，则说明天线或接头部分可能存在问题，需要重新进行测试或更换天线。

（2）检测馈线。

馈线安装前，应对馈线进行单盘检测，主要检测内容如下。

① 检查电缆盒标识、盘号、盘长、包装有无破损，馈线有无压扁损坏等现象并做好记录。

② 收集馈线的出厂测试记录、产品合格证等，根据出厂测试记录审查射频馈线的电特性和物理性能是否满足设计要求。

③ 单盘测试的电特性应符合相应的技术标准。

④ 单盘测试后，对馈线头做密封处理。

3）组装天线

天线的组装一般在塔下进行，其操作步骤如下。

（1）将天线调节支架安装在天线顶部的调节点，将定向天线固定安装在天线底部的调节点。

（2）将跳线接头与天线接头连接好并拧紧。

（3）对接头进行防水密封操作。

2. 天线的吊装与安装

1）吊装天线

如图 6-26 所示，吊装天线具体步骤如下。

（1）安装人员 A、B 上塔，安装人员 B 将定滑轮固定在铁塔平台的支架上，并将吊装绳穿过定滑轮。

（2）安装人员 D 用包装袋或胶布包扎跳线接头，并把跳线缠绕绑扎。用吊装绳在天线上支架处打结固定，用牵引绳在天线下支架处打结固定。

（3）安装人员 C 向下拉吊装绳，同时安装人员 D 向外拉牵引绳，以防天线和铁塔发生磕碰。

（4）安装人员 A、B 接住天线，解开绳结。

（5）依次完成天线的吊装后，暂不要取下定滑轮，后续还要吊装馈线。

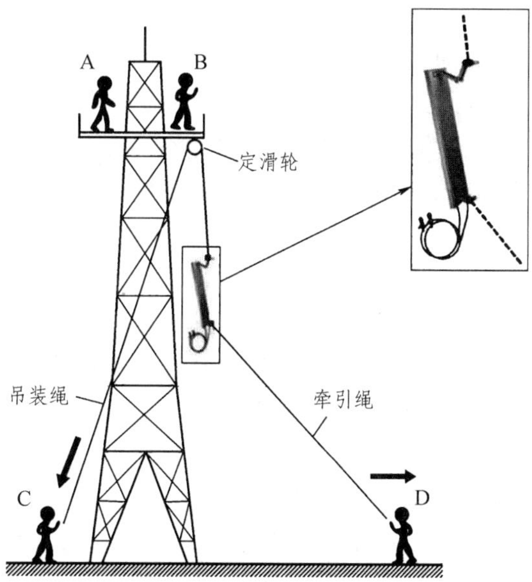

图 6-26　吊装天线示意

2）安装天线

安装天线的步骤如下。

（1）将天线固定于支架的固定杆上，松紧程度适宜。

（2）用指南针确认天线方位角，调整时轻轻扳动天线调整方向，直至满足设计指标；然后将天线下部固定夹拧紧。天线方向角误差不应大于 ±5°。

（3）轻轻扳动天线，调节俯仰角直至满足工程设计指标，然后将天线上部的固定夹拧紧。天线俯仰角误差不应大于 ±0.5°。

（4）制作天线跳线避水弯，用黑线扣将天线跳线沿支架横杆绑扎并剪去多余的线扣尾。

（5）将安装好天线的支架伸出铁塔平台，用U形固定卡把支架固定在塔身上。定向天线伸出铁塔平台距离应小于1 m，全向天线伸出塔体的距离应不小于1.5 m。天线应在避雷装置的45°保护范围之中。

（6）用螺栓连接铁塔平台护栏和天线支架，若天线支架与铁塔平台护栏不便连接，可采用焊接的办法，并在所有焊接的部分和支架表面喷涂防锈漆。

3. 安装馈线

1）制作馈线接头

馈线接头需要现场制作，其塔上部分的接头最好在地面上制作好，用海绵一类的软物包扎后再进行吊装，馈线制作步骤如下。

（1）在设计长度上保留1～2 m的余量进行馈线切割，切割过程中严禁弯折馈线。用力去掉馈线外皮，在剖开馈管根部向上的第5个螺纹处，用钢锯或专用切割工具切断馈管，切断面要保持平整。

（2）在馈线头的接口处加装螺纹钢圈和防水胶圈，如图6-27所示。凸出的毛边用裁纸刀剪掉；用毛刷或胶泥清除馈管切面和铜管内的铜屑，防止铜屑引起短路或增大驻波比。

（3）用手将馈线头螺帽对正馈管轻轻拧入，并用扳手将其拧紧。

图6-27　馈线头制作

2）粘贴色环

每切割完一根馈线，就要在馈线两端和中间贴上相应的色环。在馈线的一端，距馈线接头200 mm处粘贴色环；在馈线的另一端，距末端200 mm处粘贴相同的色环。

3）吊装馈线

如图6-26所示，吊装馈线的步骤如下。

（1）安装人员D用包装袋或胶带包扎馈线接头，用吊装绳在离馈线接头约0.4 m处打结固定，用牵引绳在离馈线接头约4.4 m处打结固定。

（2）安装人员C向下拉动吊装绳，同时安装人员D向外拉扯牵引绳，以防馈线和铁塔发生磕碰。

（3）安装人员A、B接住馈线，并将馈线多点固定在铁塔平台，以防馈线滑落。

（4）依次吊装完6根馈线后，安装人员B取下定滑轮。

4）连接跳线与馈线

在铁塔平台处将具有相同色环标识的馈线和天线侧跳线相连，并对接头做密封防水处理，具体操作流程如图6-28所示。

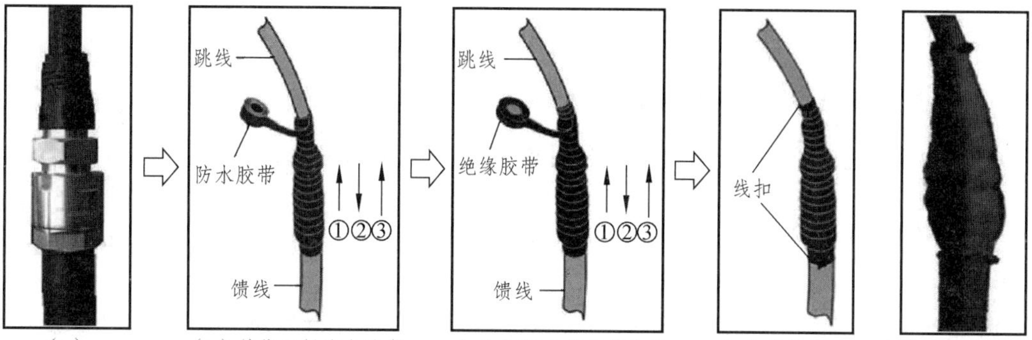

（a）（b）缠绕三层防水胶带（c）缠绕三层绝缘胶带（d）绑扎线扣（e）完成后效果

图 6-28　跳线与馈线连接操作流程

5）布放馈线

布放馈线的步骤如下。

（1）根据工程设计的要求对馈线排列进行设计，确定排列与入室方案。同一馈线应是整条线缆，禁止中间接头。

（2）一边理顺馈线，一边用固定夹把馈线固定到铁塔或走线架上，每隔 1.5～2 m 安装馈线固定夹，相邻两条馈线安装馈线夹的距离为 2～4 cm。

（3）在馈线接地点处，必须先安装馈线接地夹，再固定馈线，且馈线的最小弯曲半径应大于馈线直径的 20 倍。

6）馈线入室

馈线通过馈线窗入室的步骤如下。

（1）馈线进入室内的入口处必须安装馈线窗、护套和防水填充物，金属馈线窗需防雷接地。

（2）馈线的尾部入室要做一个避水弯，制作避水弯时，馈线弯曲半径要大于馈线直径的 20 倍。

（3）在距馈线窗 1 m 处的馈线上粘贴色环。将所有的馈线穿入后，再拧紧紧固件以密封馈线窗。

4. 接地处理

1）安装室外接地排

室外接地排应安装在馈线密封窗附近，最佳位置为馈线窗的上下方，在现场实际安装中应根据工程设计图纸确定接地排的安装位置。室外接地排要安装牢固、保持水平。

2）馈线接地处理

馈线接地夹的安装与馈线的布放同时进行。每根馈线的避雷接地位置一般为 3 处：距馈线接头 1 m 范围内，位于铁塔底部的馈线上和馈线进入馈线密封窗的外侧。当馈线长度超过 60 m 时，应在馈线中间增加馈线接地夹，一般为每 20 m 安装一个。

5. 测试天馈系统

天馈系统安装完毕后，需要对天馈驻波比、天线、馈线和跳线逐项进行检查，对不符合要求的项目进行整改。

（五）直放站设备安装与调试

GSM-R 光纤直放站的安装与调试包括漏缆、近端机和远端机的安装与调试。

1. 漏缆安装与调试

1）施工准备

漏缆施工前，应根据设计图和铁路公里标对下列内容进行复测：① 隧道外架挂漏缆区段的电杆位置、杆距、杆高及漏缆长度；② 隧道内漏缆架挂位置、长度；③ 区间机房位置、供电方式及供电路径。漏缆铺设时，还需要考虑路径上有无遮挡物，线缆的弯曲能否满足设计要求。

2）漏缆单盘测试

漏缆到达现场后，需要进行开盘检验。检查标识、盘号、盘长，包装有无破损，漏缆有无压扁损坏等现象，并做好记录；根据出厂测试记录审查漏缆的电特性和物理性能（低烟、无卤、阻燃、防紫外线），满足设计需要。

在现场进行漏缆的单盘测试（驻波比、环阻、绝缘等），指标应符合设计需求。单盘测试后，用热可缩帽做密封处理。

3）隧道内漏缆支架安装

隧道内漏缆支架的安装应符合下列要求：① 支架孔的位置及孔距应符合设计要求，距离轨面高度一般为 4.8 m，孔距一般为 0.8 ~ 1.5 m。② 支架孔施工应采用打眼作业车，保证施工精度和质量。③ 支架孔的直径宜为 19 mm，孔深应为（70 ± 3）mm。孔应平直，不得成喇叭状。④ 采用吊夹固定漏缆时，吊夹间距为 1 ~ 1.3 m，防火夹层为 10 ~ 15 m。⑤ 隧道内无衬砌面时，应采用钢丝承力索吊挂电缆方式，支架宜采用 40 mm × 40 mm × 4 mm 角钢，孔深应为 120 mm，角钢间距应符合设计要求。⑥ 在电气化区段隧道内安装支架时，只有在关闭该段接触网供电情况下，方可进行吊挂作业，两端还应设防护人员。

4）隧道内漏缆敷设

隧道内漏缆敷设应符合下列要求：① 漏缆应吊挂在隧道侧壁，槽口朝向线路侧，距轨面的吊挂高度一般为 4.5 ~ 4.8 m。② 电气化区段隧道内吊挂漏缆应在接触网回流线的两侧。不得已设在同侧时，漏缆同轴电缆与回流线、接地母线的距离不应小于 0.5 m。③ 电气化区段隧道内敷设漏缆，只有在关闭该段接触网供电情况下，方可进行吊挂作业，两端还应设防护人员。④ 隧道内漏缆宜采用机械施工，施工时运载轨道车不得猛起动或急刹车。当采用人员抬放、展放时，人员间隔不超过 5 ~ 7 m，以免漏缆拖地。⑤ 漏缆在敷设施工过程中严禁急剧弯曲，弯曲半径要符合有关要求。⑥ 漏缆敷设时，尽可能不与其他线缆交叉，如无法避免时，漏缆应布设在外侧。⑦ 与既有漏缆间距不小于 30 cm。

5）隧道外漏缆支撑杆安装

隧道外漏缆支撑杆安装应按照下列要求进行：① 漏缆支撑杆埋设深度应符合有关规定；混凝土杆杆体裂纹应符合有关技术标准规定。② 单独立杆路架设漏缆时，支柱之间的距离、隧道口及设备房屋处距离第一根支柱距离应符合设计要求；承力索与柱顶之间的距离不大于 0.3 m。③ 钢丝承力索宜采用 7×2.2 mm 镀锌铜绞线。

6）隧道外漏缆敷设

隧道外漏缆敷设应按下列要求进行：① 漏缆吊挂方式及高度应符合设计要求，吊挂高度宜距轨面 4.5～4.8 m。在电气化区段，与回流线的距离不应小于 0.6 m，在回流线或 PW 线加绝缘保护的区段，不应小于 0.2 m，与牵引供电设备带电部分的距离不应小于 2 m。② 漏缆上吊夹前，钢丝承力索应加（300±30）kg 的张紧力，吊挂后漏缆垂直应保持在 20 °C 时 0.15～0.2 m 范围内；漏缆与支柱的间距不应小于 150 mm。③ 漏缆在敷设施工过程中严禁急剧弯曲，弯曲半径要符合有关要求。④ 漏缆过轨时应换接阻抗相同的射频电缆。⑤ 与既有漏缆间距不小于 30 cm。

7）漏缆连接器安装

漏缆连接器安装应按下列要求进行：① 漏缆连接器安装应包括固定连接器、阻抗转换连接器、DC 模块、功率分配器及终端匹配负载。② 固定接头必须保持原电缆结构开槽间距不变。③ 接头应保证电特性指标，对驻波比过大、阻值过大、绝缘不良、衰耗偏大的接头应锯断重接。④ 连接器装配完毕后进行质量检查。⑤ 连接器装配后在接头外部应进行防护。⑥ 连接器应可靠地固定在承力索或电杆上。

8）漏缆及连接器检测

漏缆及其连接器安装结束后，应检测内外导体直流电阻、绝缘介电强度、绝缘电阻、电压驻波比等，应满足设计要求。

2. 近端机和远端机的安装与调试

下面以 COMLAB 光纤直放站为例，说明近端机和远端机的安装与调试过程。

1）施工准备

在安装近端机和远端机前，要做好设备验货和安装工器具准备工作。

（1）设备验货。

检查外包装是否完好，无明显碰坏；核对序列号；检查设备配置是否与图纸要求一致；检查架内设备、配件配置是否齐全。

（2）工具、仪器、仪表准备。

安装直放站需要光功率计一台（测量光缆衰耗），光源一台（与光功率计配合使用测量光缆通断），万用表一台（测量电压和判断连线的通断）和安装工具一套等。

2）近端机安装

（1）主机安装。

主机安装要求：

① 立式机柜的安装位置，排列顺序均应符合设计要求。机柜或机箱的安装必须牢固

稳定，加固应符合设计的抗震要求。

② 立式机柜与同列机架应成一条直线，无明显参差不齐，整列机架允许偏差为 2 mm；机柜的安装垂直度应满足上、下偏差不大于机柜高度的千分之一。

③ 机柜的承载体必须坚固、水平且防静电，具有长期稳定性；安装后不得有影响美观的明显几何偏差。

④ 安装时，确保机柜内部走线正确整齐美观，标签清晰。

⑤ 安装完毕后，要保持机身洁净。

（2）馈线连接。

① 馈线的上下走线根据 MU 机柜里的 3 dB 电桥 IN 接口的方向确定。

② 连接馈线时注意 MU 3 dB 电桥的上下走线，如 3 dB 电桥 IN 接口向上，馈线就是上走线、3 dB 电桥向下就是下走线，然后将馈线接入到 3 dB 电桥的 IN 口处。馈线接入 3 dB 电桥的位置如图 6-29 所示。

图 6-29　馈线接入 3 dB 电桥位置

③ 馈线从 10 dB 的耦合器上连接到 MU 主机的 3 dB 电桥上，其连接如图 6-30 所示。

图 6-30　馈线连接示意图

（3）近端机接地。

近端机必须良好接地，近端机机柜壁下设有总接地螺栓，使用 16 mm^2 的铜导线就近接地。接地线应尽可能短，接地连接件要进行防腐处理。

（4）光纤连接。

黄色的光纤电缆设在机柜的底部，铺设在地板下；光纤电缆都是从 ODF 机柜正面的端口上接出连接到近端机的模块上。光纤线的数量根据近端机的型号而定，型号 2-2 其连接如图 6-31 所示。

图 6-31　光纤连接示意图

（5）RJ45 网线连接。

将 RJ45 网线连接到近端机的交换机上，其连接如图 6-32 所示。

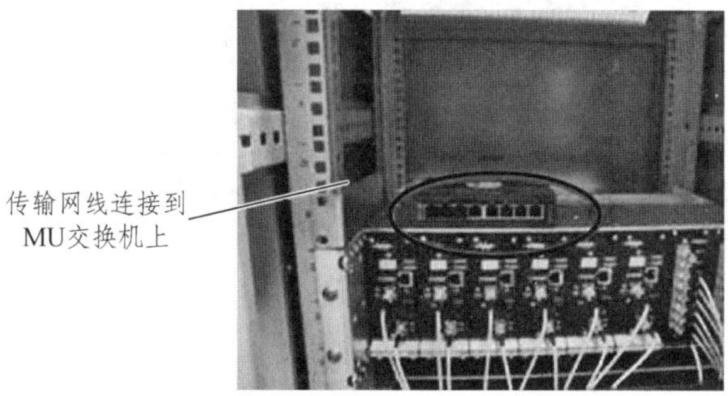

图 6-32　传输网线连接示意图

（6）电源线连接。

用于近端机的 – 48 V 直流电源提前安装并测试好，直接从近端机的空开上引出电源线接入到机房的 – 48 V 的电源上。

3）远端机安装

（1）机框安装。

① 拆下远端机上的安装支架。

② 根据设计手册，确定好需要固定的位置，并标记好需要钻孔的位置。安装位置距离牵引电机应大于 5 m。为保证远端机设备便于安装和维护，其安装操作空间需求为：两侧至少大于 600 mm，底部距离地面至少大于 1 280 mm。

③ 根据安装螺栓的大小，用冲击钻在标记好的位置钻好固定孔，将固定螺栓放入钻毕的孔内，分离开螺母和垫圈，最后将支架固定在固定的位置。

④ 安装主机必须要横平竖直，偏差为 ± 15°。

⑤ 将接地线连接至地线排上。

（2）连接线缆。

安装时，应确保机框内部走线正确、整齐、美观，标签清晰，连接光纤的操作步骤为：

① 打开远端机机盖。② 将光纤从光纤孔穿入远端机内部。③ 取下标有“主”的光纤电缆接头保护盖，将光纤插入主的 FO 模块上。④ 将光纤（FOL）接入远端机的 FO 光模块上，分别对应主、备、从，接入指定 RU 的 FO 光模块接口。

连接射频电缆：在远端机的底部取下无线射频连接器的保护盖，用 2.5 N·m 的力矩将射频线连接到远端机端口上，在每个连接器下大概 50 mm 处用自熔胶带缠上，50%的叠加缠绕，直到远端机边缘。远端机射频电缆连接示意如图 6-33 所示。

图 6-33　远端机射频电缆连接示意

4）设备开通测试

（1）调试开通条件。必须具备下列条件，直放站才能进行调测开通：① 远端机和近端机安装完成并接通电源，光纤已连接。② BTS 耦合到近端机，链路已连接并且 BTS 输出信号正常。③ 天线或漏缆电缆安装完成并测试无故障。④ Maintenance Tool 软件已安装到笔记本电脑上，并测试运行正常。⑤ 按配置表完成内部数据设置。

（2）清洁光纤插头和光模块插孔。

（3）设备加电，确认近端机与远端机的连接。

① 近端机 Tx 和 Rx 两个灯都为绿色，说明近端机到远端机光纤连接正常。

② 近端机上 MOXA 的 Ethernet 连接显示灯发光，说明 MOXA 和交换机网线连接正常。近端机上交换机显示灯为绿色，保证输出在工程需要范围之内。

（4）电平调试。在近端机登录 OMC 后点击远端机下行选项，输出功率为 28～32 dBm，说明输出在正常范围内，还可以更精确地调整输出，保证输出在工程需要范围之内。

二、GSM－R 无线网络设备调测维护实战

做好 GSM-R 无线网络设备的维护工作是 GSM-R 无线网络正常运行的重要保证，本小节首先介绍 GSM-R 无线网络维护的基本概述，然后对 GSM-R 无线网络设备的维护项目、要求和方法进行详细的说明。

（一）设备调测

1. GSM-R 无线网络维护的基本要求

（1）铁路通信维护工作应认真贯彻“安全第一、预防为主”的方针，坚持强度与性能并重的原则；优先修程修制和生产组织，提高维护工作效率；采用新技术、新材料、新工艺，提高通信设备的维护质量；充分利用信息技术，完善运行维护支撑体系，实现维护、管理信息化。

（2）铁路通信维护工作必须执行国家、国铁集团有关网络安全、通信保密的规定。

（3）铁路通信维护管理应树立“全程全网”观念，实行统一指挥、分级管理。

（4）维护工作应树立“科学维修”理念，推进全面质量管理，加强安全风险控制，优化维修作业方式，推广先进维修经验，提高通信设备维护质量。

（5）设备维护单位要建立健全维护管理制度，落实安全保密、机房、维修作业、数据制作等基本工作制度，规范备品备件、仪器仪表、台账、技术资料的使用和管理，制订岗位工作标准和维修作业标准，不断完善障碍处理流程和应急预案，提高应急处置能力。

（6）为满足设备维护和应急抢修需要，设备维护单位应配备必需的车辆、仪器仪表和工器具，建立相应的使用管理制度。

（7）维护部门应建立完整、准确的技术资料及台账。技术资料和台账应指定专人负责保管，遇有变动及时修订，每年核查整理一次。

2. GSM-R 无线网络维护的基本任务

（1）按时执行检修维护计划，使设备功能及性能符合维护指标要求。

（2）及时处理各种系统、设备障碍和用户申告，利用检测、监控和网管系统迅速准确地判断并排除故障，保证通信畅通。

（3）保持设备完好、清洁和处于良好的工作环境，努力延长设备使用年限。

（4）积极组织人员进行设备及电路分析，解决疑难问题，保证通信质量。

3. GSM-R 无线网络设备的维护方式

GSM-R 系统的通信线路、漏泄电缆和通信杆的维护由维修、中修、大修三个修程组成，其他设备实行维修修程。

GSM-R 设备的维修包括日常检修、集中检修、重点整修。日常检修是及时发现问题，

消除障碍因素，确保通信畅通的经常性检修作业，包括周期性的日常巡视、检查、测试和修理等。集中检修是按一定周期进行的设备测试和修理工作，使其强度、性能满足维修标准，包括对可倒换设备入所（基地），以及在设备使用现场组织专业人员进行的测试和修理。重点整修是对存在故障隐患、质量缺陷的设备进行一次性集中修理的工作，包括设备的软件更新、部件更换等。

中修是按一定周期集中进行的提高通信设备、设施强度与性能的维护工作。通信线路（包括光电缆、漏泄电缆、电杆和线路附属设施）中修周期一般为 7 年；对处于易腐蚀环境的通信线路漏泄电缆和通信杆，可酌情缩短中修周期。

大修是根据设备使用年限或设备运用状态，为恢复和提高通信系统的质量和能力，有计划地对相关设备进行全面整修和更换。通信线路达到使用年限符合大修条件的，应及时予以大修；改变原有设备制式的，应予投资新建。通信线路（包括光电缆、漏泄电缆、电杆和线路附属设施）的使用年限为 20 年；GSM-R 系统的交换机、无线子系统的使用年限为 10 年，HLR、DNS、SCP 等服务器设备的使用年限为 5 年。通信线路在设备使用年限内，但设备质量容量不能满足运输安全和经营需要，并且通过正常维修、中修不能解决时，可提前安排大修或新建。

4. GSM-R 无线网络设备维护需配备的主要仪表和工器具

1）GSM-R 核心网设备维护需配备的主要仪表和工器具

GSM-R 信令分析仪、GSM-R 测试手机、测试用机车综合无线通信设备（CIR）、测试用调度台、GSM-R 接口监测设备（包括 Abis、A、PR1、Gr、Gb、Gn、Gi、C、D、L 等接口）。

2）GSM-R 无线网设备维护需配备的主要仪表和工器具

GSM-R QoS 测试系统、GSM-R 场强测试仪、基站综合测试仪、天馈线综合测试仪、频谱分析仪、位仪、角度仪、电子经纬仪、通过式功率计、驻波比测试仪、手持式 GPS 定位仪、GSM-R 测试手机、GSM-R Um 接口监测设备、漏缆监测系统、铁塔监测系统、干扰检测设备、GSM-R 无线系统本地维护终端（LMT）、直放站综合测试仪、功率计、光源、光功率计、电池容量测试仪、交直流稳压电源和天馈线及漏缆专用工具等。

5. GSM-R 设备维护应具备的技术资料

1）GSM-R 核心网设备维护应具备的技术资料

工程竣工资料、验收测试资料、网络拓扑结构图、各类图纸（设备平面图、布线图等）、设备和备件台账（含设备和备品备件型号与版本、数据配置、端口运用、配线等）、业务开通/设备配置数据制作流程、业务信令流程、设备资料（说明书、维护手册、操作手册等）、仪器仪表使用说明书和应急预案。

2）GSM-R 无线网设备维护应具备的技术资料

工程竣工资料、验收测试资料、无线网系统组网图、各类图纸（设备平面图、布线图等）、无线系统设备和备件台账（含设备和备品备件型号与版本、数据配置、端口运用、配线等）、基站、直放站、天线参数（方位角、俯仰角、高度）调整记录（含初始配置）、无线场强、QoS 测试资料、设备资料（说明书、维护手册、操作手册等）、仪器仪表使用说明书和应急预案。

（二）BSC 设备维护

1. BSC 设备的维护项目与周期

1）BSC（含 PCU）设备的维修项目与周期

BSC（含 PCU）设备的维修项目与周期见表 6-1。

表 6-1　BSC（含 PCU）设备的维修项目与周期

类别	序号	项目与内容	周期	备注
日常检修	1	告警实时监控	实时	网管监控，发现问题及时处理
	2	设备巡视，查看设备运行状态	日	
	3	单板（模块）运行状态检查		各单板运行正常无告警
	4	BSC 各接口状态检查	月	网管检查
	5	BSC 信令链路检查		网管检查
	6	系统配置文件备份		数据备份无误，备份文件至少保持 1 年，配置调整后及时备份
	7	时钟同步状态校对		与时间同步系统误差小于 1 s
	8	时钟同步状态检查		网管检查，满足设备手册中相关参数限值的要求，频率精度应优于 4.6×10^{8}
	9	设备清扫		清洁无灰尘
	10	系统日志文件备份		至少保持 1 年
	11	风扇检查、清理防尘网	季	有施工或防尘不佳的机房要增加防尘网清理次数
集中检修	1	资源统计	年	设备端口、处理能力、license 等
	2	系统健康状态检查、分析		检查单位提交检测报告，分析检测结果并采取相应措施
	3	主备用板卡切换实验		
重点整修	1	隐患整治		
	2	问题板件整修，更换配件		
	3	版本升级		
	4	其他项目整治		

2）BSC 无线系统性能质量标准

无线系统性能质量指标包括：BSC 主处理器负载、业务和信令信道可用率、业务和信令信道分配成功率、业务和信令信道掉话率（8 W）、坏小区比例（8 W）、忙小区比例、越区切换成功率（8 W）、无线系统接通率、SDCCH 忙时负荷、TCH 每信道忙时话务量、PDTCH 信道利用率及平均占用率、动态 PDTCH 转换 TCH 成功率、Gb 接口丢包率、上下行 TBF 分配成功率和 Gb 接口上下行链路平均速率（kb/s）等。以 BSC 主处理器负载指标为例，质量标准要求月平均负荷≤60%，月峰值负荷≤80%，其他指标可以参考铁路通信维护规则，不再赘述。

2. BSC 设备的维护方法

BSC 设备的维护工作主要包括网管巡视和设备巡视两部分。网管巡视是指通过网管中心的网管系统对分布在各处的设备进行远程集中监测和管理；设备巡视是指在设备现场对设备进行检查和操作。

1）网管巡视

BSC6000 本地维护终端 LMT 采用图形化用户界面，完成对 BSC6000 系统的操作维护和数据配置，并提供详细的在线帮助信息，如图 6-34 所示。

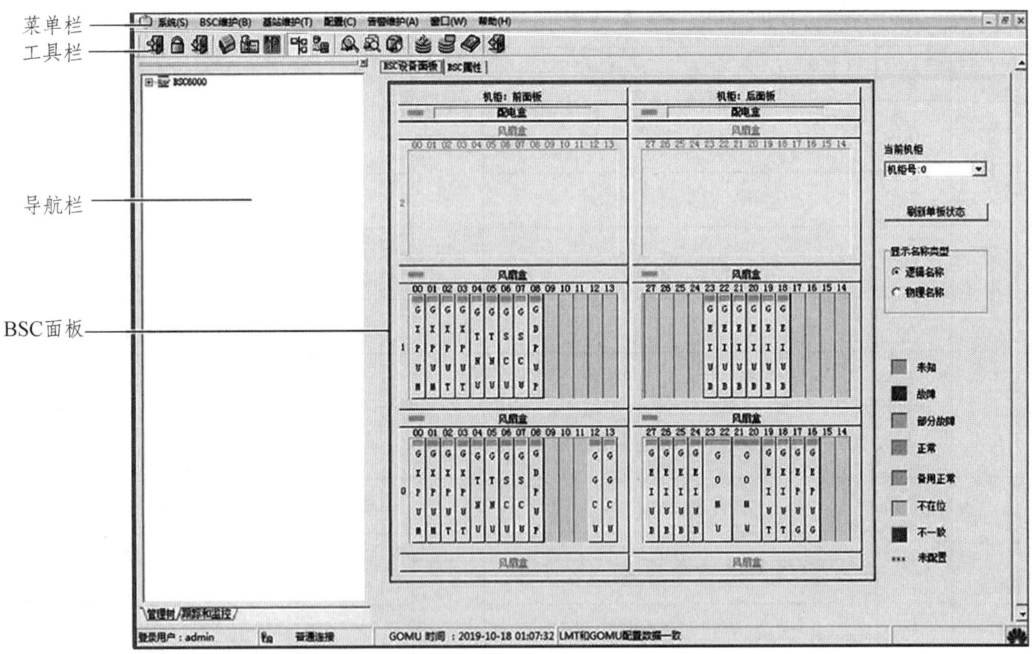

图 6-34　BSC6000 本地维护终端主界面

（1）查看活动告警。

选择菜单“告警维护—告警浏览”，或单击快捷菜单，弹出界面，如图 6-35 所示。

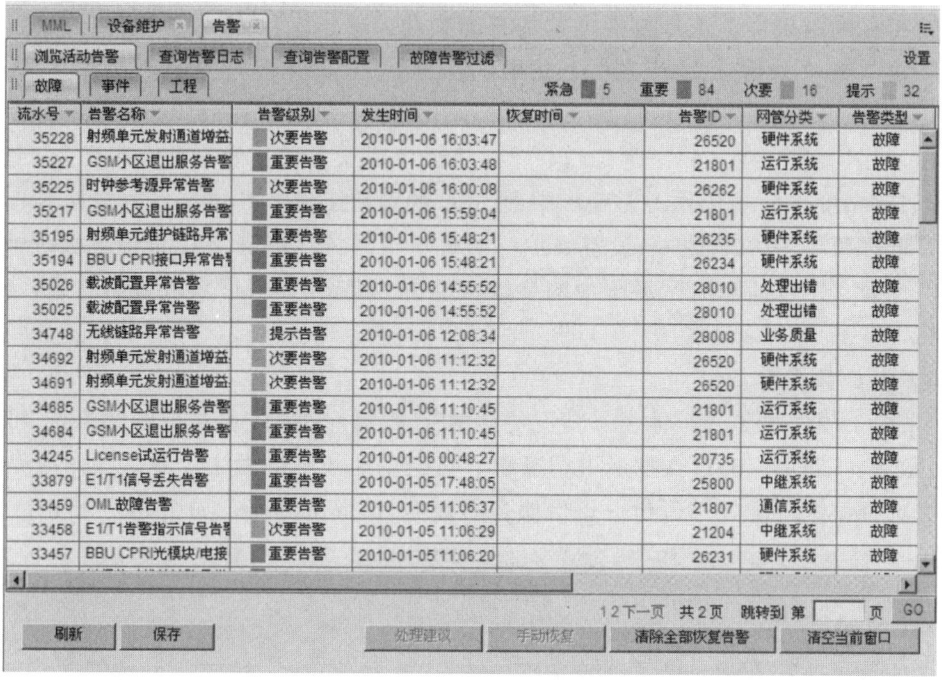

图 6-35　告警浏览界面

（2）上传 BSC 日志文件。

① 选择菜单“BSC 维护—日志维护—BSC 日志文件上载”，弹出界面，选择“日志类型”，单击“查询”，查询结果界面如图 6-36 所示。

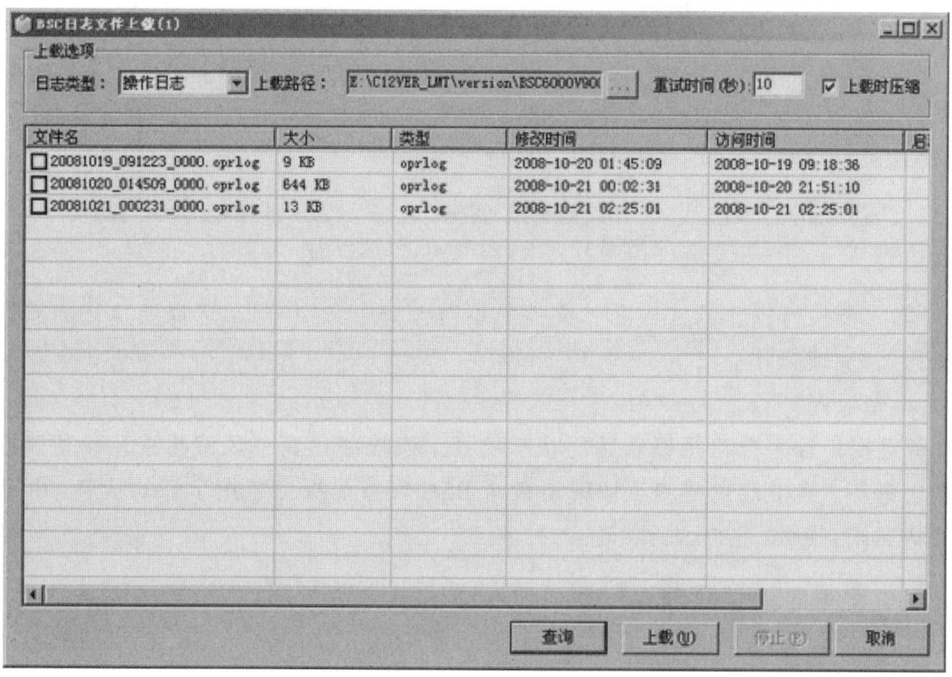

图 6-36　BSC 日志文件上载查询结果界面

② 在查询结果中，选择需要上载的日志文件，单击按钮，选择日志文件存放的路径，再单击“上载”，完成文件上载操作。

（3）查询 BSC 时钟状态。

BSC 时钟精度正常、稳定地工作，才能保证各项业务和功能正常地实现。可在 LMT 上检查时钟精度，此项操作不影响和中断 BSC 的正常工作。具体操作方式如下。

① 选择菜单“BSC 维护—设备维护—BSC 单板时钟状态查询”，查询单板时钟状态。

② 设置“定位信息”区域框中的参数，单击“查询”，可以获取查询结果，状态显示正常。

（4）BSC 数据库备份。

如果由于硬件故障或其他突发情况导致 BSC 数据库丢失，会造成系统无法及时恢复的严重故障。定期对 BSC 数据库进行备份，可避免此故障的发生。具体操作流程如下。

① 选择菜单“配置—备份—备份服务器数据”，弹出界面，如图 6-37 所示。

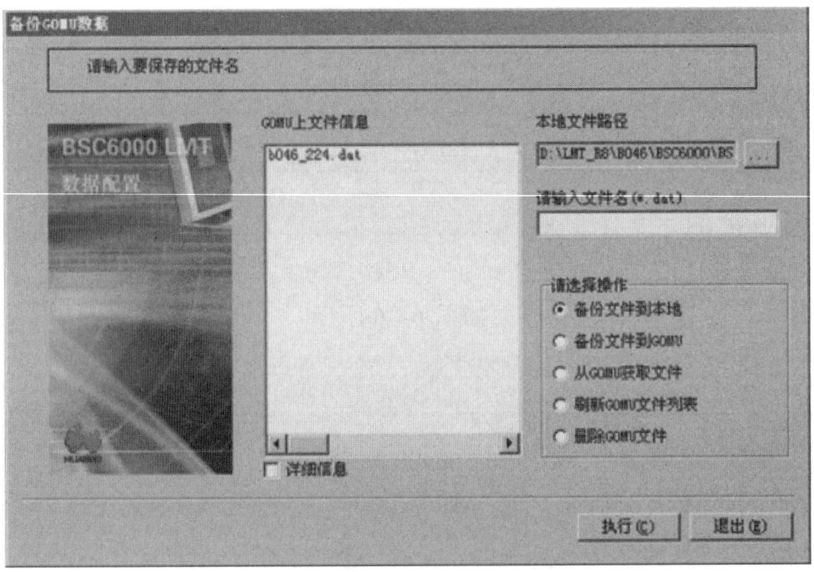

图 6-37　备份 GOMU 数据界面

② 输入要执行操作的文件名（文件名不得含有中文字符），选择要执行的操作，单击“执行”，完成操作。

2）设备巡视

设备巡视工作主要包括设备运行状态检查、连接线检查、风扇检查、设备清扫、机房环境检查等，其中最重要的工作就是查看 BSC 设备面板上各指示灯的状态，并通过指示灯的状态来判断设备的运行状态。

3. BSC 设备的故障处理

1）告警的管理

BSC 告警管理功能方便用户监控 BSC 的运行状态，实时了解 BSC 的故障信息以便及时采取相应措施，其主要提供以下功能：

（1）告警过滤。

BSC对于重复故障告警、重复恢复告警和重复事件告警进行过滤处理，被过滤告警不再上报。

（2）告警屏蔽。

操作员可以按照告警ID对单条告警进行屏蔽，也可以通过设置对象告警屏蔽条件对基站、小区、单板的某个告警或所有告警进行屏蔽，减少衍生告警上报数量。

（3）告警提示。

当故障告警发生时，BSC系统支持通过发送E-mail、托盘闪烁提示、电话通知、短消息提示、终端发声、告警箱声光提示等方式通知操作员。

（4）告警信息处理。

操作员可以浏览告警实时信息、查询历史告警信息，同时根据告警联机帮助提供的告警详细处理建议对告警进行相应的处理。BSC可以保留90天内的10万条历史告警信息。

BSC管理过程主要包括告警产生、告警上报、告警处理过程。各单板自动检测相关告警并上报给GBAM服务器/GOMU单板，GBAM服务器/GOMU单板将告警信息处理后形成不同级别的告警，分送给LMT或iManager M2000服务器。用户通过LMT或iManager M2000客户端进行告警操作，管理告警信息。

2）更换单板

（1）查看故障单板面板的“ACT”指示灯是否亮。

（2）从故障单板上拔下线缆。

（3）从插框中拆卸故障单板。

（4）将备用单板插入插框。单板自动加载，此时单板RUN灯处于闪烁状态。

（5）安装新单板上的线缆。

（6）单板RUN灯处于闪烁状态（1 s亮，1 s灭）时，通过在LMT上选择菜单“BSC维护—设备维护—BSC单板信息查询”，在弹出的界面设置“定位信息”区域框中的参数，单击“查询”，查看“单板状态”标签中的“可用状态”是否为“正常”。

（7）通过在LMT上选择菜单“BSC维护—软件信息查询—查询单板版本信息”，在弹出的界面中，设置“查询模式”和“选择单板”区域框参数，单击“查询”，把“软硬件信息”标签中的查询结果与单板版本配套关系表比较，确认是否符合版本配套关系。

（8）在LMT的告警浏览窗口中观察是否有单板故障等相关告警。

（9）更换BSC接口板，结束。

（三）BTS设备维护

1. BTS设备的维护项目与周期

BTS设备的维护项目与周期见表6-2。

表 6-2　BTS 设备的维护项目与周期

类别	序号	项目与内容	周期	备注
日常检修	1	告警实时监控	实时	网管监控，发现问题及时处理
	2	设备巡视，查看设备运行状态	年	现场巡视，封闭线路结合天窗修进行；有施工或防尘不佳的机房要增加防护网清理次数
	3	接头、连接线检查		
	4	风扇检查、清理防护网		
	5	设备清扫		
	6	基本业务测试		现场测试语言、智能网、GPRS等业务
集中检修	1	基站环倒换	年	
	2	主控板切换	2 年	
	3	发射机平均频率误差测试	3 年	（1）从设备投入运用第 2 年开始测试，3 年之内完成所有基站设备的性能测试 。 （2）使用基站综合测试
	4	发射机均方根相位误差测试		
	5	发射机峰值相位误差测试		
	6	发射机 RF 载波平均发射功率测试		
	7	发射机 RF 载波平均发射功率时间包络测试		
	8	发射机领道功率测试		
	9	接收机静态参考灵敏度电平测试		
	10	接收机阻塞特性及杂散响应测试		
	11	接收机互调特性测试		
重点整修	1	隐患整治	根据需要	
	2	问题板件整修，更换配件		
	3	版本升级		
	4	其他项目整治		

2. BTS 设备的维护方法

BTS 设备的维护工作主要包括网管巡视和基站巡视两部分。

1）网管巡视

基站维护终端系统界面分为三部分：导航窗口、浏览窗口和状态窗口，如图 6-38 所示。

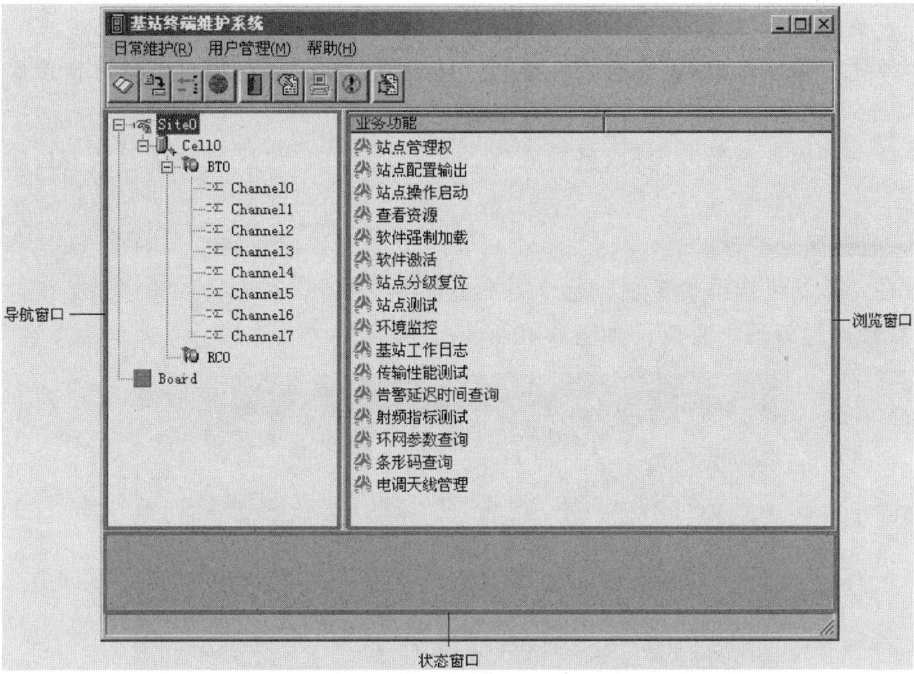

图 6-38　基站维护终端系统界面

通过网管对 BTS 设备进行的主要操作有查看基站的端口状态、对设备的单板进行诊断及测试、数据制作等。

（1）小区属性管理。

① 在“基站终端维护系统”窗口的左边选中“Cell”，在右边双击“小区属性管理”。弹出“小区属性管理”窗口，如图 6-39 所示。

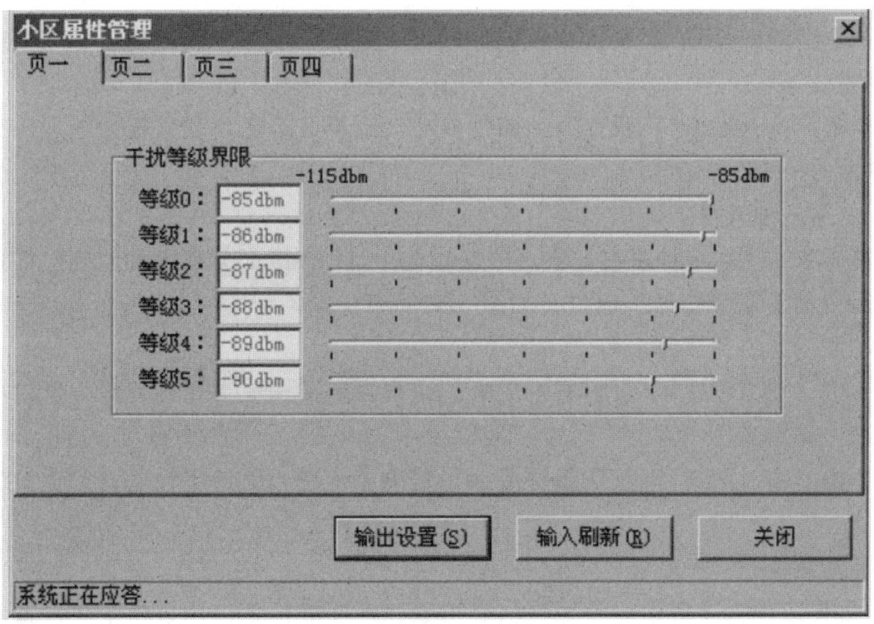

图 6-39　小区属性管理窗口

② 设置各个属性值。

③ 单击“输出设置”。设置属性成功。结果显示在“小区属性管理”窗口底部的状态栏中。

④ 单击“输入刷新”。获取属性成功。结果显示在“小区属性管理”窗口底部的状态栏中。

（2）载频属性管理。

① 在“基站终端维护系统”窗口的左边选中“RC”，在右边双击“载频属性管理”。弹出“载频属性管理”窗口，如图 6-40 所示。

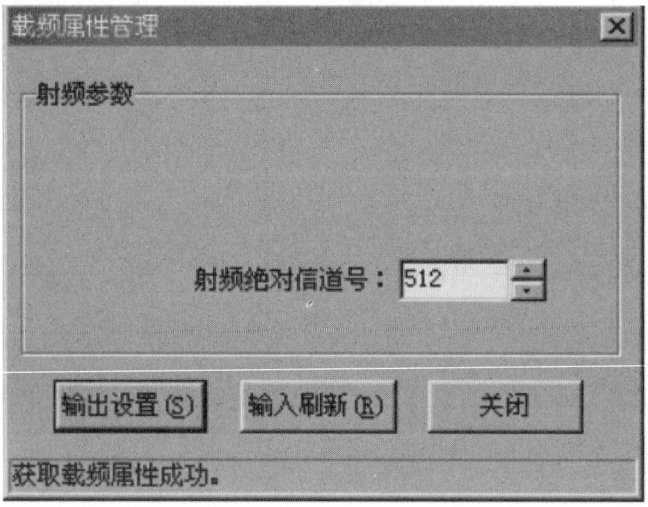

图 6-40　载频属性管理窗口

② 设置“射频绝对信道号值”。

③ 单击“输出设置”。设置载频属性成功。结果显示在“载频属性管理”窗口底部的状态栏中。

④ 单击“输入刷新”。获取载频属性成功。结果显示在“载频属性管理”窗口底部的状态栏中。

（3）信道属性管理。

① 在“基站终端维护系统”窗口的左边选中“Channel”，在右边双击“信道属性管理”。弹出“信道属性管理”窗口，如图 6-41 所示。

② 设置适当的参数值。

③ 单击“输出设置”，设置属性成功，结果显示在“信道属性管理”窗口底部的状态栏中。

④ 单击“输入刷新”，获取属性成功，结果显示在“信道属性管理”窗口底部的状态栏中。

2）基站巡视

基站巡视工作主要包括设备运行状态检查、连接线检查、风扇检查、设备清扫、机房环境检查等，其中最重要的工作就是查看设备面板上各指示灯的状态，并根据指示灯的状态判断设备的运行状态。

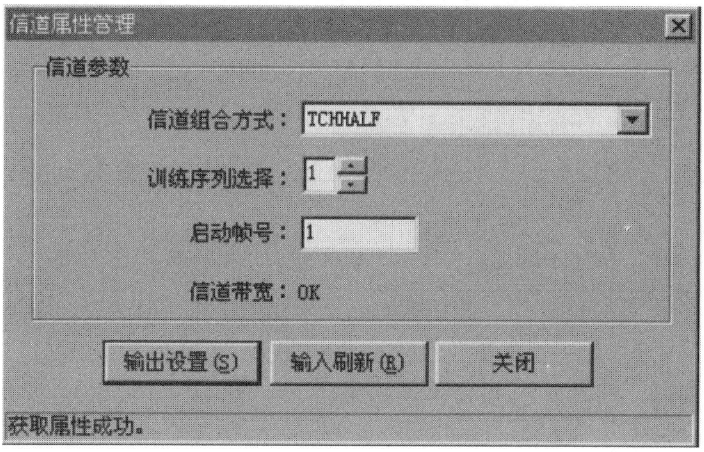

图 6-41　信道属性管理窗口

3. 基站故障处理

1）基站故障的分类

基站故障一般可分为以下几类：基站硬件故障、基站软件故障、交流引入故障（短路、断路更换开关）、熔丝、更改室内外走线、停电后恢复供电等直流故障（更换开关、熔丝，更换整流模块，更换监控模块，修改开关电源参数等）、蓄电池故障、调故障、基站传输故障、基站动力环境监控设备故障。

2）基站故障的处理

GSM-R 基站设备发生故障时，应按先抢修后调查的原则，迅速组织抢修，减少对运输生产安全的影响。当网络维护中心管理人员通过监控系统得知某基站出现告警或设备故障时应通知维护部门。在接到故障报告后，维护人员必须在规定时间之内赶到现场处理。在规定的时限内处理故障后，维护部门要将故障处理的详细经过、更换材料和遗留问题等情况详细记录并上报。

基站故障处理的一般流程为：先检查电源设备，检查传输设备，最后检查 BTS 设备对电源部分，主要检查开关电源输出、设备电源输入（指示灯）；对传输部分，需要在传输网管配合下检查 SDH（PDH）告警灯，进行远环、近环测试；对 BTS 设备部分，通常检查连线、模块工作状态，在网管配合下进行相应的维护操作。

（四）漏缆及天馈系统维护

1. 漏缆及天馈系统的维护项目与周期

漏缆及天馈系统的维护项目与周期见表 6-3。

表 6-3　漏缆及天馈系统的维护项目与周期

类别	序号	项目与内容	周期	备　注
日常检修	1	天馈线、杆塔外观检查	月	风、雨天气及防洪重点区段应增加临时检查次数
	2	漏缆径路检查		
集中检修	1	接头检查	半年	
	2	天馈线、杆塔紧固件检查		
	3	天线俯仰角、方向角检查测试		使用仪器仪表进行测试
	4	天馈线密封、强度检查		
	5	天馈线驻波测试		使用仪器仪表进行检查、测试
	6	漏缆驻波比测试		
	7	漏缆直流电阻、内外导体绝缘测试、接头检查、整修及更换		
	8	漏缆吊挂件、吊线、固定件检查		
重点整修	1	隐患整治	根据需要	
	2	其他项目整治		

2. 天馈系统的维护方法

天馈系统的维护主要包括外观检查、俯仰角与方位角调整、驻波比测试、径路检查、性能测试、防雷接地检查等。

3. 天馈系统的故障处理

1）天馈系统故障处理的一般流程

当天馈系统发生故障时，可以引发驻波比告警或通信性能指标下降。对天馈故障进行定位的最有效方法就是进行驻波比测试，通过测试可以大致确定故障点，然后再采取相应措施进行解决。

2）天馈系统故障处理举例

在巡视过程中发现的常见天馈故障可以采取表 6-4 的处理方法。

表 6-4　常见天馈故障的处理方法

序号	故障原因	处理方法
1	因室外跳线与天线的接头松动或进水，导致驻波比不合格	除去接头的进水，紧固接头并密封处理
2	因主馈线接头密封不良导致接头进水，引起驻波比不合格	拆开主馈线接头，倒出接头里的积水后晾干，裁掉因进水发生氧化的部分，重新制作主馈线接头，连接后并做密封防水处理
3	因主馈线室内接头制作不规范、松动或损坏，导致驻波比不合格	重新制作、紧固或更换主馈线室内接头
4	因避雷器与馈线连接松动，导致驻波比不合格	重新紧固避雷器与馈线的接头
5	因室内跳线与避雷器接头松动，导致驻波比不合格	重新紧固跳线与避雷器的接头
6	室内跳线与机柜接头松动，导致驻波比不合格	重新紧固室内跳线与机柜的连接

（五）直放站设备维护

1. 光纤直放站设备的维修项目与周期

光纤直放站设备的维修项目与周期见表 6-5。

表 6-5 光纤直放站设备的维修项目与周期

<table>
<tr><th>类型</th><th>序号</th><th>项目与内容</th><th>周期</th><th>备注</th></tr>
<tr><td rowspan="10">日常检修</td><td>1</td><td>告警实时监控</td><td>实时</td><td>网管监控，发现问题及时解决</td></tr>
<tr><td>2</td><td>远端、近端机光模块收、发光功率测试</td><td rowspan="4">月</td><td rowspan="3">通过网管检查测试</td></tr>
<tr><td>3</td><td>远端机上行功放输出功率测试</td></tr>
<tr><td>4</td><td>远端机下行功放输出功率测试</td></tr>
<tr><td>5</td><td>系统时间校对</td><td>与时间同步系统误差小于 1 s</td></tr>
<tr><td>6</td><td>设备巡视，查看设备运行状态</td><td rowspan="5">季</td><td>现场巡检，封闭线路内结合天窗修进行</td></tr>
<tr><td>7</td><td>基本业务测试</td><td>现场测试语言呼叫、智能网、GPRS 等业务</td></tr>
<tr><td>8</td><td>连接线检查</td><td rowspan="3">现场巡检，封闭线路内结合天窗修进行</td></tr>
<tr><td>9</td><td>直放站机柜的清扫</td></tr>
<tr><td>10</td><td>远端机蓄电池、UPS 及光缆引入等设备检查</td></tr>
<tr><td rowspan="4">集中检修</td><td>1</td><td>远端机备用光纤测试</td><td>年</td><td></td></tr>
<tr><td>2</td><td>射频输出功率测试</td><td rowspan="3">2 年</td><td>实测值与设置值误差 ±2 dBm，使用仪器仪表测试</td></tr>
<tr><td>3</td><td>增益测试</td><td>增益指近端机射频输入与远端机射频输出之间的增益，实测值与设置值误差 ±3 dB，使用仪器仪表进行测试</td></tr>
<tr><td>4</td><td>远端机主、从输出信号电平差测试</td><td>满足设计值或近期网优值，使用仪器仪表测试</td></tr>
<tr><td rowspan="4">重点整修</td><td>1</td><td>隐患整治</td><td rowspan="4">根据需要</td><td></td></tr>
<tr><td>2</td><td>整修零部件，更换配件</td><td></td></tr>
<tr><td>3</td><td>版本升级</td><td></td></tr>
<tr><td>4</td><td>其他项目整治</td><td></td></tr>
</table>

2. 直放站设备的维护方法

直放站设备的维护工作主要包括网管监测和直放站巡检两部分。

1）网管监测

通过网管中心的网管系统，可以实现对沿线各直放站的监测与管理。直放站网管的主要功能为查询直放站运行状态、控制与调整直放站运行参数、显示告警。

（1）近端机监控功能。

① 查询功能主要包括设备编号、版本号、监控中心地址、近端机 IP 地址、从站数量、光收发模块故障、电源模块故障、耦合信号功率值等。

② 控制功能主要包括设备编号、近端机 IP 地址、近端机 MAC 地址、监控中心地址等。

③ 告警功能主要包括电源掉电、光收发模块故障、电源模块故障、光端机收无光告警、光端机发无光告警等。

（2）远端机监控功能。

① 查询功能主要包括设备编号、下行功放开关状态、下行输出功率、上行最大增益及下行最大增益、上行功放故障及下行低噪放故障、光收发模块故障、设备过温报警、下行驻波告警、开门告警、电源模块告警等。

② 控制功能主要包括设备编号、下行功放开/关、上行功放开/关、整机上行增益值、整机下行增益值、ALC 起控值等。

③ 告警功能主要包括上行低噪放故障、下行功放故障、光收发模块故障、设备过温、下行输出过功率、下行功放大驻波告警、开门告警等。

2）直放站巡检

直放站巡检工作主要包括设备运行状态检查、连接线检查、风扇检查、设备清扫、机房环境检查、设备指标测试等，其中最重要的工作就是查看设备面板上各指示灯的状态，并根据指示灯的状态来判断设备的运行状况。

3. 直放站设备的故障处理

1）直放站故障处理的一般流程

在直放站网管监测过程中发现告警，可根据告警信息初步确定故障位置和故障原因，如果在网管侧不能排除故障，还需要和现场维护人员联系，由维护人员在设备现场进行配合，最终排除故障。

在直放站日常巡检过程中，通过观察各设备面板的指示灯的状态来判断设备的工作状态。如果指示灯异常，就要初步进行故障定位，然后通过测试相关端口的性能参数，必要时要和网管中心联系，进行故障分析，确定故障位置，最终排除故障。如果指示灯显示正常，也要测试一些重要指标。根据指标的变化，提前判断可能出现的问题，做好预防工作。

2）COMLAB 光纤直放站故障处理举例

（1）网络非冗余告警。

每台远端机 RU 的 MOXA 有两个网络口，分别设置了 IP，通过主、从两个链路连接到 MU，再连接至 OMC 网管，其中任何一路网络中断就会出现网络非冗余告警。处理流程：

① 连接故障模块 MOXA，此时其中一个 IP 可以连通（ping 数据包），另一个不通。② 确定是主网络不通还是从网络不通。③ 现场处理时，先到 MU 查看光模块状态灯及交换机状态灯状态，将计算机连到 MU 的交换机连接（ping）故障 RU 的 IP 地址，判断网络链路是否连通。④ 如不通，则将网线连到光模块网口再连接（ping）故障 RU；如能 ping 通，则是这根网线问题，将其更换即可；如还不通，则把此模块光纤换到附近正常模块判断；如果能通，则是此模块故障，更换模块；如不能通，这时可以排除 MU 端问题。⑤ RU 端查看模块状态灯再将网线连至交换机连接（ping）RUIP 和网管 IP，如果 RU 端 IP 不通，则更换交换机到 MOXA 的网线；网管端不通则更换交换机到模块端网线，此时故障即可解决。

（2）网络不可用告警。

处理流程：① 网管检查能否连通设备 IP。② 现场检查设备是否掉电，如没掉电，查看传输至 MU 交换机的网线是否亮灯。③ 用计算机检查能否 ping 通网管 IP。④ 如不通，检查交换机至传输设备的网线，检查传输设备至网管是否连通。

（3）MU 电源非冗余告警。

MU 电源监控由前端模块接收每个电源的+ 12 V 电压。当监测有电压时，为正常状态；无电压时，为告警状态。MU 电源非冗余告警一般原因是电源模块坏或监控线接触不良或前端模块坏。处理流程：① 网管查看电源模块状态，确定电源模块告警。② MU 电源告警一般为电源模块坏或监控线接触不良造成。③ 软件读取 PS = 3，则一般为前端模块坏。④ 用万用表测量电源输出端，确定电源模块好坏。⑤ 然后测量电源监控线，如有电压，是前端模块坏，更换模块即可。

（4）RU 电源非冗余告警。

RU 电源是由预置功放模块的 12 V 电源回路监控的，当电源模块正常工作时，线路闭合；当模块坏时，整个回路断开，这时为非冗余告警状态。RU 电源非冗余告警一般可能出现的原因是监控线松动或电源模块坏或预置功放模块坏。处理流程：① 网管查看电源模块状态，确定电源模块 1 或 2 故障。② 电源故障通常为电源模块坏或监控线接触不良造成。③RU 设备有两套电源系统，打开 RU 机盖看电源模块状态灯是否是绿色，并测量每个电源的输出是否正常。④ 如输出都正常，检查电源的监控线是否接好，用万用表二极管挡测量是否连通。⑤ 如证明电源及监控线都正常，此时可能是预功放问题，需更换预置功放。

（5）RU 链接非冗余。

RU 的光模块通过光纤与 MU 光模块相连，如果光纤光衰较大或 RU 或 MU 光模块损坏都会造成告警。处理流程：① 查看网管状态，读取 MU、RU 两端模块状态，判断网管显示故障模块。② 现场使用光功率计测量光路，测试光纤收光功率，正常应该大于 1 dBm。③ 现场查看光模块 RX、TX 灯状态，是否红灯告警。④ 将故障模块与正常模块光纤倒换连接， 观察告警有无消除，如消除，则此模块坏；如没有消除告警，则需到另一端设备处同样以此操作来确定故障模块。⑤ 链接告警首先检查测试光衰，如光衰正常，倒换光纤确定 RU 端还是 MU 端模块坏。

（6）下行预功放告警。

处理流程：①PRA 下行预功放模块出现故障，在网管中显示下行预功放失败，通常为模块故障。② 网管查看预功放工作状态，状态 OK 为正常，状态红色为故障，应更换预功放模块。

（7）近端机电源模块故障。

当在现场通过电源模块指示灯状态观察到电源故障时，首先要检测电源模块的输入/输出电压，以快速判断故障点。处理流程：

① 测量输入电压是否正常，用万用表负极接地，推荐接在电源模块的 DC + 端子，用万用表正极接电源模块的 DC + 端子，此时在万用表上应该可以显示出输入电压，如果电源电压显示在 – 54 ~ – 48 V，认为正常。如果此时电源电压超过这个范围，需要首先检测电源系统供电直到输入电压正常为止。

② 在第一步操作中，已经确认了输入电压正常，接着需要测试输出电压是否正常。用万用表的正、负极分别接在电源模块 DC 12 + 和 DC 12 – 端子，观察此时在万用表上显示的数值是否为+ 12 V。如果此时数值不是+ 12 V，可以判断电源模块已经损坏，需要更换新的电源模块；如果此时数值为+ 12 V，但设备还是无法加电，说明主板有过载，需要返厂做进一步检测。

（8）远端机状态与故障排查。

由于远端机一般位于隧道内，用于维护的时间很短，一般采用整机更换的方法。为此，首先要判断是远端机设备的问题，还是电源系统、光传输系统或射频系统的问题。

处理流程：

① 电源系统检测。

采用双电源模块及备用电池的方案，通过网管就可以快速发现故障所在点，网管上通常会有两种告警。如果电源模块告警，说明远端机内部有一个电源模块已经损坏，需要更换整个远端机；如果市电告警，此时需要检查电源供电系统。

② 光传输系统检测。

主链路告警表示主光链路有一路断开；如主、备链路同时告警，表明主光链路两路均断开，从光链路在工作；从链路告警，说明从链路断开。

测试近端机和远端机的光发和光收，光强度应该控制在 1 ~ 5 dBm。如果光发正常，光收小于 1 dBm，此时认为光衰过大，需要测试光传输通道。如果近端机光模块坏，可以更换模块；如果远端机光模块坏，需要做整机更换。

③ 射频系统检测。

采用双功率放大器的方案，如果有一个功放坏，网管会有相应的告警信息，此时更换远端机即可。如果功放工作正常，电平强度不够，需要检测远端机射频端口电平，如果有输出，需要检查馈缆驻波比判断故障点；如果无输出，更换远端机。

典型案例

一、案例背景

某日，广州局新建高铁线路中 GSM-R 网络基站出现 El 端口故障，查看传输状态正常，基站 DCTB 背板结构如图 6-42 所示。

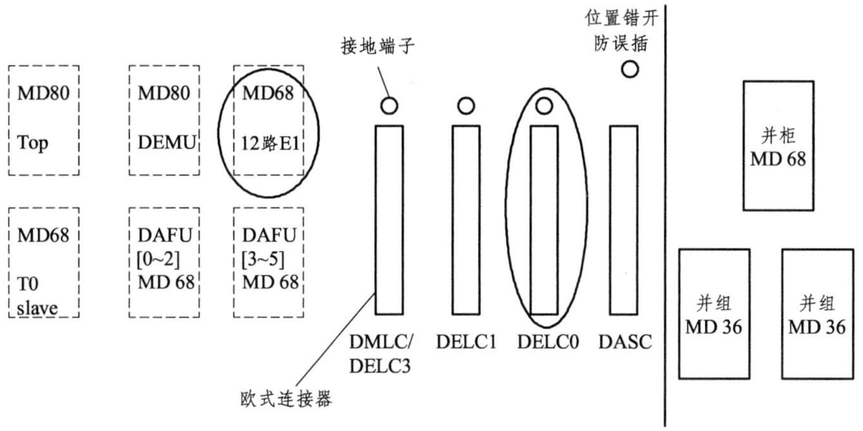

图 6-42　DCTB 背板结构示意图

二、案例分析

由于检查传输无异常，排除传输通道问题，基本定位为基站设备问题导致 E1 故障，常见的基站 E1 通道故障原因如下：

（1）基站传输线缆或接头故障。

（2）基站 2.048 Mb/s 接口板 DELC 单板故障。

（3）基站其他硬件故障。

三、故障处理

根据可能存在的原因，故障定位及处理过程如下。

（1）现场在 DDF 架上对基站进行自环，查看 DTMU 面板 LIU1、LIU2、SWT 指示灯状态，在 SWT 灯灭状态下，LIU1 指示灯亮，LIU2 指示灯灭，也就是基站的第一对 El 处于不通状态，第二对 E1 处于通状态。

（2）初步判断为基站顶部到 DDF 架的 E1 线单个纤芯故障导致第一对 El 故障，重新布放 El 线，告警未恢复。

（3）现场使用万用表对连接 El 线缆的 DELC 单板插针进行测量，发现第一对 E1 的插针电阻是无穷大，也就是机顶到主控板 DTMU 不通，排除 El 线缆故障。

（4）把 DELC 单板从 0 槽位挪到 1 槽位，再次测量电阻，均正常。

（5）咨询设备研发工程师，确认信号流走向 DELC—DCTB—DCTBMD68E1—DCCUTran—DCMB—DTMU，因现场只有第一对 E1 故障，判断故障是由 DCTB 背板引起。

（6）协调 DCTB 单板现场更换，告警消失，业务恢复正常。

课程	GSM-R 通信系统应用与维护	任务	GSM-R 无线网络工程施工及设备维护实战
班级		姓名	

活页笔记

自我分析与总结

课程	GSM-R 通信系统应用与维护	任务	GSM-R 无线网络工程施工及设备维护实战
班级		姓名	

同步练习

1. 选择题

（1）GSM-R 室外天线主要指标有（　　）。

A. 方向性　　B. 驻波比

C. 增益　　D. 功率容量

（2）在基站维护台中，用 SHUTDOWN 命令人工闭塞某个载频时，该载频下正在进行的通话将会（　　）。

A. 掉话　　B. 不会受到影响，直到释放后系统闭塞该信道

C. 切换至其他载频或者相邻小区　　D. 不确定

（3）关于为运行中的基站更换故障的单板，下列说法正确的是（　　）。

A. 必须戴防静电手腕，避免不戴防静电手腕直接触摸端口

B. 必须关闭基站电源，然后更换单板，以免带电操作引起单板故障

C. 在更换载频单板之前，应该在维护台上闭塞该载频，更换完成后，再解锁载频

D. 在更换完成后，应该检查单板是否正常运行

（4）在调测新基站的过程中，如果 Abis 接口传输不通，我们可以通过哪些手段来判断故障（　　）。

A. 检查线缆质量和端口质量

B. 检查是否有线序问题

C. 进行端口环回测试，来判断故障的发生范围

D. 检查 BTS 主控板是否正常

（5）如发现某区域有盲点，则可以采用（　　）。

A. 调整天线的方位角　　B. 调整天线的俯仰角

C. 调整发射功率　　D. 调整频率数据

2. 填空题

（1）COMLAB 直放站设备网口灯，正常显示为绿灯、_____ ，黄灯、_____ 。

（2）COMLAB 直放站 MOXA 模块正常工作时，状态灯为：ready 灯_____，P1 口 TX、RX 灯_____。

（3）光模块正常工作时，FOINSP 灯_____、FOANDT 灯_____、TX，RX 灯_____。

（4）4.直放站近端机的主要由_____等模块组成。

（5）直放站网管告警等级由低到高分为三级：_____（黄色），_____（紫红色），_____（红色）。告警恢复颜色为绿色。

3. 简答题

（1）铁路无线通信维护工作应遵循什么原则？实行什么维护模式？

（2）GSM-R 直放站的作用？

（3）GSM-R 系统施工应执行什么方针和规定，严禁做什么？

实操

1. 现场按照 BSC 设备的维护项目与周期内容，对 BSC 设备进行年月表模拟作业。
2. 现场按照 BTS 设备的维护项目与周期内容，对 BTS 设备进行年月表模拟作业。

课程	GSM-R 通信系统应用与维护	任务	GSM R 无线网络工程施工及设备维护实战
班级		姓名	

任务与考核

任务名称		GSM R 无线网络工程施工及设备维护实战		
任务	知识技能目标	考核项目	自我评价	教师评价
GSM-R 无线网络工程施工	1. 了解 GSM - R 无线网络工程施工流程。 2. 熟悉 BSC、BTS、天馈、直放站设备安装与调测	BSC 设备安装步骤（10 分）		
		BTS 设备安装步骤（10 分）		
		天馈设备安装步骤（10 分）		
		直放站设备安装步骤(10 分)		
GSM R 无线网络设备调测维护实战	1. 了解 BSC、BTS、漏缆及天馈、直放站设备周期维护项目。 2. 掌握 BSC、BTS、漏缆及天馈、直放站设备的维护方法	BSC 设备的维护方法(15 分)		
		BTS 设备的维护方法(15 分)		
		漏缆及天馈设备的维护方法（15 分）		
		直放站设备的维护方法（15 分）		
总分 100 分				

附　录

常用术语汇总表

英文缩写	英文全称	中文全称
AC	Authentication Center	确认中心
AGCH	Access Grant CHannel	允许接入信道
APN	Access Point Name	接入点名称
ATP	Automatic Train Protection	车载设备
AUC	AUthentication Center	鉴权中心
BCCH	Broadcast Control CHannel	广播控制信道
BCH	Broadcast CHannel	广播信道
BITS	Building Integrated Timing Supply System	大楼综合定时供给设备
BSC	Base Station Controller	基站控制器
BSIC	Base Station Identity Code	基站识别色码
BSS	Base Station Subsystem	基站子系统
BTS	Base Transceiver Station	基站收发信机
CBC	Cell Broadcast Center	小区广播中心
CBCH	Cell Broadcast CHannel	小区广播信道
CC	Country Code	国家码
CCCH	Common Control CHannel	公共控制信道
CCH	Control CHannel	控制信道
CDMA	Code Division Multiple Access	码分多址
CGI	Cell Global Identifier	全球小区识别码
CPRI	Common Protocol Radio Interface	通用无线协议接口
CSD	Circuit Switch Data	电路交换数据业务
CTCS	Chinese Train Control System	列车运行控制系统
DABB	Abis Bypass Board for DTRU BTS	E1 旁路板
DCCH	Dedicated Control CHannel	专用控制信道
DCCU	Cable Connection Unit for DTRU BTS	信号转接板

续附表

英文缩写	英文全称	中文全称
DCOM	Combining Unit for DTRU BTS	合路单元
DCSU	Combined cabinet Signal connection Unit for DTRU BTS	并柜信号转接板
DDPU	Dual-Duplexer Unit for DTRU BTS	双双工单元
DELC	E1 Signal Lightning-Protection Card for DTRU BTS	E1 信号防雷单板
DEMU	Environment Monitoring Unit for DTRU BTS	环境监控单板
DFCB	Filter Combiner Unit for DTRU BTS	空腔合路滤波器模块
DFCU	Filter Combiner Unit for DTRU BTS	空腔合路滤波器模块
DGPS	GPS Processing Unit for DTRU BTS	GPS 信号处理单元
DMLC	Monitor Signal Lightning-Protection Card for DTRU BTS	监控信号防雷单板
DNS	Domain Name Server	域名服务器
DPTU	Packet Transmission Unit	分组传输单元
DRX	Discontinuous Reception	不连续接收
DSAC	Signal Access Card for DTRU BTS	扩展信号接入单板
DTMU	Transmission/Timing/Management Unit for DTRU BTS	基站的基本传输及控制功能实体
DTRU	Double-Transceiver Unit	收发信机单元
DTX	Discontinuous Transmission	不连续发射功能
EFN	Engine Function Number	机车功能号
EIR	Equipment Identity Register	设备识别寄存器
eMLPP	Enhanced Multi-Level Precedence and Pre-emption service	增强多优先级与强拆
FAC	Final Assembly Code	工厂装配码
FACCH	Fast Associated Control CHannel	快速辅助控制信道
FCCH	Frequency Correction CHannel	频率校正信道
FDMA	Frequency Division Multiple Access	频分多址
FET	Fixed Electrical Tilt	固定电下倾
GBAM	GSM Back Administration Module	GSM 后台管理模块
GCR	Group Call Register	组呼寄存器
GDPUC	GSM Data Processing Unit for CS service	GSM 电路业务处理单元

续附表

英文缩写	英文全称	中文全称
GDPUX	GSM Data Processing Unit for eXtensible service	GSM 电路业务扩展处理单元
GE	Gigabit Ethernet	千兆以太网
GEHUB	GSM E1/T1 High level Data Link Control Unit for aBis	GSM Abis 接口 32 路 HDLC over E1/T1 接口单元
GEIU	GSM E1/T1 Interface Unit	GSM E1/T1 接口单元
GEIUA	GSM E1/T1 Interface Unit for A	GSM A 接口 E1/T1 接口单元
GEIUB	GSM E1/T1 Interface Unit for aBis	GSM Abis 接口 E1/T1 接口单元
GEIUP	GSM E1/T1 Interface Unit for Pb	GSM Pb 接口 E1/T1 接口单元
GEIUT	GSM E1/T1 Interface Unit for aTer	GSM Ater 接口 E1/T1 接口单元
GEPS	GSM Extended Processing SubRNCk	GSM 扩展处理插框
GEPUG	GSM E1/T1 Packet Unit for Gb	GSM Gb 接口 32 路 FR over E1/T1 接口单元
GFGUA	GSM Fast ethernet and Gigabit ethernet Unit for A	GSM A 接口 FE 或 GE 自适应电接口单元
GFGUB	GSM Fast ethernet and Gigabit ethernet Unit for aBis	GSM Abis 接口 FE 或 GE 自适应电接口单元
GFGUG	GSM Fast ethernet and Gigabit ethernet Unit for Gb	GSM Gb 接口 8 路 FE 自适应电接口单元
GGCU	GSM General Clock Unit	GSM 通用时钟单元
GGSN	Gateway GPRS Support Node	网关支持节点
GMPS	GSM Main Processing SubRNCk	GSM 基本处理插框
GMSC	Gateway Mobile Switching Center	网关移动交换中心
GOGUA	GSM Optic Gigabit ethernet Unit for A	GSM A 接口 2 路 GE 光接口单元
GOGUB	GSM Optic Gigabit ethernet Unit for aBis	GSM Abis 接口 2 路 GE 光接口单元
GOIUA	GSM Optic Interface Unit for A	GSM A 接口 STM-1 光接口单元
GOIUB	GSM Optic Interface Unit for aBis	GSM Abis 接口 STM-1 光接口单元
GOIUP	GSM Optic Interface Unit for Pb	GSM Pb 接口 STM-1 光接口单元
GOIUT	GSM Optic Interface Unit for aTer	GSM Ater 接口 STM-1 光接口单元
GOMU	GSM Operation and Maintenance Unit	GSM 操作维护单元
GPRS	General Packet Radio Service	通用分组无线业务子系统
gprsSSP	GPRS Service Switching Point	GPRS 业务交换点

续附表

英文缩写	英文全称	中文全称
GRIS	GPRS Interface Server	接口服务器
GROS	GPRS Home Server	归属服务器
GSCU	GSM Switching and Control Unit	GSM 交换和控制单元
GSM	Global System of Mobile Communication	全球移动通信系统
GSM - R	Global System for Mobile Communications–Railway	铁路专用移动通信系统
gsmSSP	GSM Service Switching Point	GSM 业务交换点
GTCS	GSM TransCoder SubRNCk	GSM 语音处理插框
GTMU	GSM Transmission and Timing and Management Unit for BBU	GSM 主控传输单板
GTNU	GSM TDM switching Network Unit	GSM TDM 交换网络单元
GXPUM	GSM eXtensible Processing Unit for Main service	GSM 主业务处理单元
GXPUT	GSM eXtensible Processing Unit for Transmission	GSM 传输处理单元
HLR	Home Location Register	归属位置寄存器
HON	Hand Over Number	移动用户切换号码
IMSI	International Mobile Subscriber Identity	国际移动用户识别码
IN	Intelligent Network	智能网子系统
IP	Intelligent Peripheral	智能外设
ISDN	Integrated Services Digital Network	综合业务数字网络
IWF	Interworking Functionality	互联功能单元
LA	Location Area	位置区
LAI	Location Area Identity	位置区识别码
LAPD	Link Access Protocol on the D channel	D 信道上的链路访问协议
LMT	Local Maintenance Terminal	本地维护终端
MCC	Mobile Country Code	移动国家号码
MET	Manual Electrical Tilt	手动可调电下倾
MGW	Media Gateway	媒体网关
MNC	Mobile Network Code	移动网号
MS	Mobile Station	移动台
MSC	Mobile Switching Center	移动交换中心

续附表

英文缩写	英文全称	中文全称
MSIN	Mobile Subscriber Identification Number	移动用户识别号码
MSISDN	Mobile Subscriber International ISDN/PSTN number	移动用户的 ISDN 号码
MSRN	Mobile Station Roaming Number	移动用户漫游号码
MT	Mobile Terminal	电台
NSS	Network and Switching Subsystem	网络子系统
OMC	Operation and Maintenance Center	操作维护中心
OSS	Operation Support Systems	操作维护子系统
PCH	Paging CHannel	寻呼信道
PCU	Packet Control Unit	分组控制单元
PLMN	Public Land Mobile Network	公共陆地移动网络
PSDN	Packet Switched Data Network	分组交换公共的数字网络
PSTN	Public Switched Telephone Network	公共交换电话网络
RACH	Random Access CHannel	随机接入信道
RADIUS	Remote Authentication Dial In User Service	认证服务器
RBC	Radio Block Center	无线闭塞中心
RCU	Remote Control Unit	电调天线内部移相器驱动马达
RET	Remote Electrical Tilt	远程控制电下倾
RRU	Remote Radio Unit	射频远端处理单元
SACCH	Slow Associated Control CHannel	慢速辅助控制信道
SCEP	Service-Creation Environment Point	业务生成环境点
SCH	Synchronization CHannel	同步信道
SCP	Service Control Point	业务控制点
SDCCH	Stand-Alone Dedicated Control CHannel	独立专用控制信道
SGSN	Serving GPRS Support Node	GPRS 服务支持节点
SMAP	Service Management Access Point	业务管理接入点
SMP	Service Management Point	业务管理点
SMSC	Short Message Service Center	短消息服务中心
SSS	Switching Sub-system	移动交换子系统

续附表

英文缩写	英文全称	中文全称
TAC	Type ApprovalCode	型号批准码
TBF	Temporary Block Flow	临时块流
TCH	Traffic CHannel	业务信道
TDM	Time Division Multiplexing	时分多路复用
TDMA	Time Division Multiple Access	时分多址
TFI	Temporary Flow Indicator	临时流量指示器
TFN	Train Function Number	车次功能号
TMSI	Temporary Mobile Subscriber Identity	临时移动用户识别码
TRAU	Transcoder And Rate Adaptation Unit	编码速率适配单元
UBFA	Universal BBU Fan unit type A	通用 BBU 风扇单元
UEIU	Universal Environment Interface Unit	通用环境接口单元
UELP	Universal E1/T1 Lighting Protection unit	通用 E1/T1 防雷单元
UPEU	Universal Power and Environment interface unit	通用电源环境接口单元
USCU	Universal Satellite card and Clock Unit	通用星卡时钟单元
VBS	Voice Broadcast Service	语音广播
VGCS	Voice Group Call Service	语音组呼
VLR	Visitor Location Register	拜访位置寄存器

参考文献

[1] TB 10088—2015 铁路数字移动通信系统（GSM-R）设计规范.

[2] TB 10006—2016 铁路通信设计规范.

[3] Q/CR 850—2021 铁路数字移动通信系统（GSM-R）基站子系统设备测试方法.

[4] TB/T 3231—2010 GSM-R 数字移动通信系统应用业务调度命令信息无线传送系统.

[5] TB 10621—2014 高速铁路设计规范.

[6] YD/T 1105—2001 900/1 800 MHz TDMA 数字蜂窝移动通信网通用分组无线业务（GPRS）设备技术规范：交换子系统.

[7] YD/T 1110—2001 900/1 800 MHz TDMA 数字蜂窝移动通信网通用分组无线业务（GPRS）设备技术规范：基站子系统.

[8] YD/T 910.21—1998 900/1 800 MHz TDMA 数字蜂窝移动通信网无线接口第二阶段信令部分.

[9] 钟章队，等. 铁路 GSM-R 数字移动通信系统[M]. 北京：中国铁道出版社，2008.

[10] CTCS-3 级列控系统总体技术方案[M]. 北京：中国铁道出版社，2008.

[11] 刘朝英，等.高速铁路列车运行控制技术[M]. 北京：中国铁道出版社，2016.

[12] 铁运〔2013〕3 号 铁路 GSM-R 数字移动通信系统编号计划（V3.0）.

[13] TB/T 3372—2017 铁路数字移动通信系统（GSM-R）接口监测系统技术条件.

[14] TB/T 3483—2017 CTCS-3 级列控车载设备技术条件.

[15] TB/T 3325—2013 列车无线车次号校核信息传送系统.

[16] TG/TX 106—2014 铁路通信维护规则.

[17] Q/CR 541—2016 CTCS-3 级列车运行控制系统铁路数字移动通信系统（GSM-R）网络需求规范.

[18] TG/TX 206—2015 铁路 GSM-R 数据管理办法.

[19] TG/TX 207—2012 铁路 GSM-R SIM 卡管理办法.

[20] TJ/DW 185—2016 铁路数字移动通信系统（GSM-R）数字光纤直放系统技术要求.

[21] TB/T 3367—2016 铁路数字移动通信系统（GSM-R）数字光纤直放站.

[22] TG/TX 205—2012 铁路通信铁塔管理办法.

[23] YD 5102—2010 通信线路工程设计规范.

[24] Q/CR 723—2019 铁路无线电干扰监测和台站数据管理系统技术要求.

[25] TB 10760—2013 高速铁路工程静态验收技术规范.

[26] Q/CR 9520—2018 高速铁路通信工程细部设计和工艺质量标准.

[27] TB/T 3530—2018 CTCS-3 级列车运行控制系统系统需求规范.